真實的快樂

AUTHENTIC

HAPPINESS

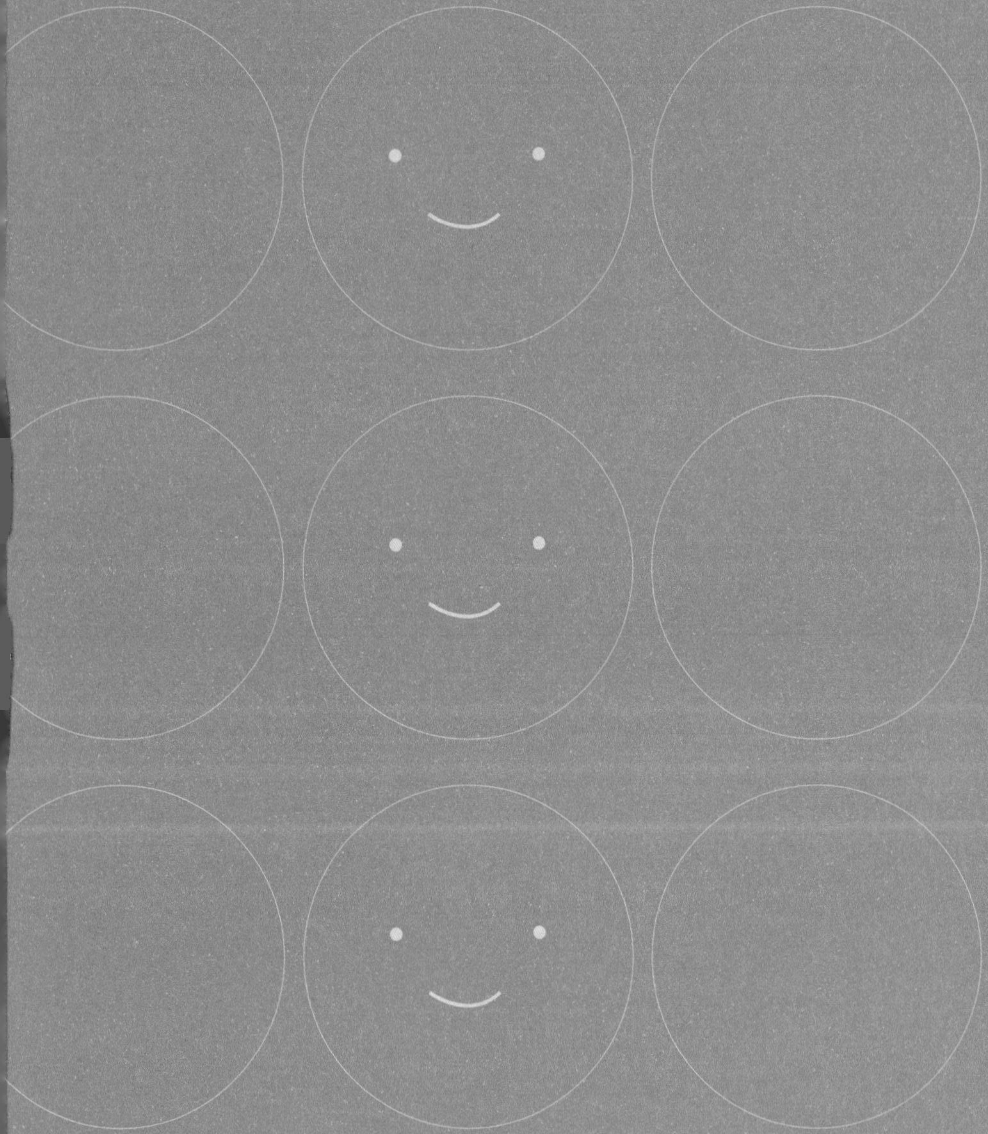

真實的快樂

AUTHENTIC HAPPINESS

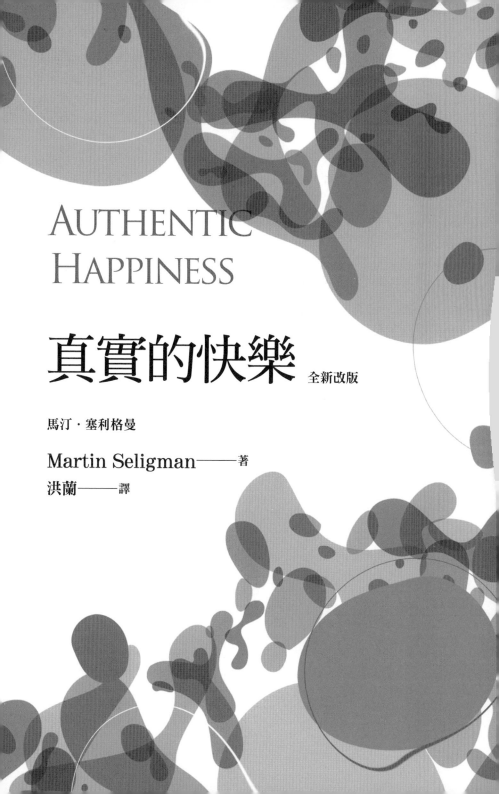

AUTHENTIC HAPPINESS

真實的快樂 全新改版

馬汀・塞利格曼

Martin Seligman——著

洪蘭——譯

《大眾心理學叢書》

出版緣起

王榮文

一九八四年，在當時一般讀者眼中，心理學還不是一個日常生活的閱讀類型，它還只是學院門牆內一個神祕的學科，就在歐威爾立下預言的一九八四年，我們大膽推出《大眾心理學全集》的系列叢書，企圖雄大地編輯各種心理學普及讀物，迄今已出版達三百多種。

《大眾心理學全集》的出版，立刻就在臺灣、香港得到旋風式的歡迎，翌年，論者更以「大眾心理學現象」為名，對這個社會反應多所論列。這個閱讀現象，一方面使遠流出版公司後來與大眾心理學有著密不可分的聯結印象，一方面也解釋了臺灣社會在群體生活日趨複雜的背景下，人們如何透過心理學知識掌握發展的自我改良動機。

但十年過去，時代變了，出版任務也變了。儘管心理學的閱讀需求持續不衰，我們仍要虛心探問：今日中文世界讀者所要的心理學書籍，有沒有另一層次的發展？

在我們的想法裡，「大眾心理學」一詞其實包含了兩個內容：一是「心理學」，指出叢書的範圍，但我們採取了更寬廣的解釋，不僅包括西方學術主流的各種心理科學，也包括規範性的東方心性之學。二是「大眾」，我們用它來描述這個叢書的「閱讀介面」，大眾，是一種語調，也是一種承諾（一種想為「共通讀者」服務的承諾）。

經過三十多年和三百多種書，我們發現這兩個概念經得起考驗，甚至看來加倍清晰。但叢書要打交道的讀者組成變了，叢書內容取擇的理念也變了。

從讀者面來說，如今我們面對的讀者更加廣大、也更加精細（sophisticated）；這個叢書同時要瞭解高度都市化的香港、日趨多元的臺灣，以及面臨巨大社會衝擊的中國沿海城市，顯然編輯工作是需要梳理更多更細微的層次，以滿足不同的社會情境。

從內容面來說，過去《大眾心理學全集》強調建立「自助諮詢系統」，並揭櫫「每冊都解決一個或幾個你面臨的問題」。如今「實用」這個概念必須有新的態度，一切知識終極都是實用的，而一切實用的卻都是有限的。這個叢書將在未來，使「實用的」能夠與時俱進（update），卻要容納更多「知識的」，使讀者可以在自身得到解決問題的力量。新的承諾因而改寫為「每冊都包含你可以面對一切問題的根本知識」。

在自助諮詢系統的建立，在編輯組織與學界連繫，我們更將求深、求廣，不改初衷。

這些想法，不一定明顯地表現在「新叢書」的外在，但它是編輯人與出版人的內在更新，叢書的精神也因而有了階段性的反省與更新，從更長的時間裡，請看我們的努力。

目錄

真實的快樂

第三篇 在生活的華廈中

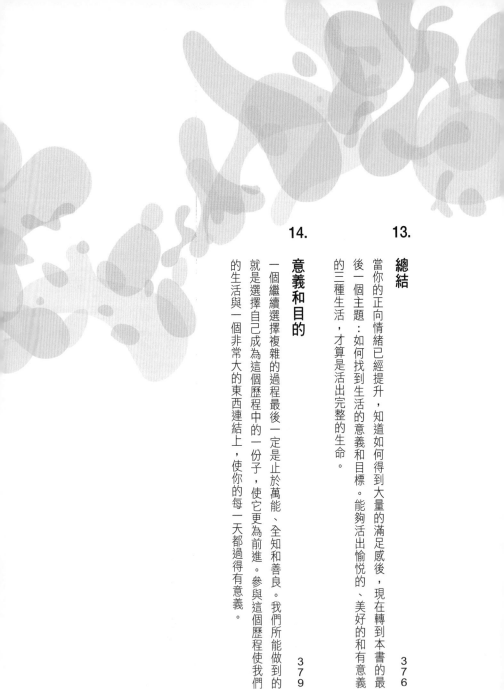

推薦的話

心理學終於以嚴肅的心情去對待快樂、有趣、歡喜了。馬汀・塞利格曼送給我們一個禮物——一個追尋繁茂充實生活的有用指南。

——丹尼爾・高曼（Daniel Coleman），《EQ》（*Emotional Intelligence*）作者

塞利格曼將最新最好的心理學應用到人類最老最基本的問題上：我們如何能夠快樂？我們如何能做個好人？這本書開啟了一個新領域，一個令人振奮心情、非常重要、非常有用的領域。我對它的成功很樂觀。

——瑪莉・派佛（Mary Pipher），《可以這樣老去》（*Another Country*）作者

一本對快樂非常有洞察力的科學和個人的反思，出自我們這個世代最有創意、最有影響力的心理學家。

——史帝文・平克（Steven Pinker），《語言本能》（*Language Instinct*）作者

一本令人驚異的書，充滿了實用智慧和快樂本質的真正來源。它帶給我們深層的了解。塞利格曼肯定了我們有選擇的權力，他對新的和舊的心理學的觀點非常有說服力，非常的精彩，這本書可以重新建構道德的品格。

——史蒂芬・柯維（Steven R. Covey），《與成功有約》（*7 Habits of Highly Effective People*）作者

《真實的快樂》是一本關於活力、正向情緒的書，帶給我們生活無限的力量。馬汀・塞利格曼是正向情緒的先鋒，寫了這本會對許多人造成真正影響的一本好書。

——凱・傑米森（Kay Redfield Jamison），《躁鬱之心》（*An Unquiet Mind*）作者

馬汀・塞利格曼在進行一項任務：將「正向心理學」這個心理學新領域中許多驚人的發現，運用到增進讀者的心理、道德和精神上的幸福。作為一個正向心理學的奠基者，又是一位妙筆生花、動人心弦的創作者，他真的非常適合這項工作。只有一個人可以寫得出《真實的快樂》這本書，但是無數的讀者會因他而受惠。

——**羅伯・賴特（Robert Wright），《性・演化・達爾文》（*The Moral Animal*）作者**

馬汀・塞利格曼是正向心理學新運動的最著名發言人，這是一門專注在心理健康而不是心理疾病的新學問。在這本對人們非常有用的書中，他指出正向情緒的特質和策略，告訴你如何培養真實的快樂，如何更常感受到這種快樂的心情。塞利格曼教授使我對心理學的未來充滿了樂觀和真實的快樂。

——**安德列・威爾（Andrew Weil），《自癒力》（*Spontaneous Healing*）作者**

《真實的快樂》是一本充滿智慧、令人愉悅的書。馬汀・塞利格曼寫了這本非常實用的書，引導讀者在生活中作正向的選擇。

——**凱洛琳・梅斯（Caroline Myss），《慧眼視心靈》（*Anatomy of the Spirit*）作者**

暢銷書《學習樂觀・樂觀學習》的作者，在他最新的實用易讀的人類情緒指南中，將心理學的領域推向了一個新的境界。「為了要脫離使生命痛苦的狀態，反而忽略生命最主要的目的——找出生命的意義。……但是現在，它終於走到了解正向情緒，建構長處和美德（strength and virtue），為亞里斯多德所謂的『美好人生』提供指引的時候了。」塞利格曼在前言中提到。值得慶幸的是，他對快樂冗長的稱頌，並沒有辜負這本書副標題展現出的充滿野心的承諾。塞利格曼不只是像傳道般散佈快樂的好處，像是：比較快樂的人是比較健康的、比較有生產力，而且婚姻也比較幸福。他同時也提供了信念量表，甚至建置了一個互動式的網站幫助讀者增加生命中的快樂指數。他認為試著改正弱點是沒有幫助的，應該要將像是幽默、原創力、慷慨等這些長處發揮在日常生活與人的互動之中，才是獲得快樂的更好方法。懷疑論者會想要知道從一本書中學習到快樂的可能性，他們的懷疑其來有自，但塞利格曼確實提供了態度的調適方法跟練習的工具（包括自評式問卷跟練習範例）來解釋這個課題。

——出版家週刊（*Publishers Weekly*）

專文推薦

將科學心理學知識推向大眾心理學的應用

吳英璋 教授

當遠流主編轉達好友洪蘭教授囑咐我幫她剛翻譯好的，塞利格曼的《真實的快樂》一書寫「推薦」時，我嘴巴上是毫不猶豫地立刻答應下來，但內心裡卻有種不安穩的攪動，是吸引與排斥兩股力量的攪動。好友洪蘭教授屬於那群被我歸類為「無可救藥的理想主義者」的一員，每次看到她，就會想到薛西佛斯在推那顆大石頭，滿臉堅毅的神色，努力朝山頂推去；不只是有「知其不可仍為之」的決心，還有一份清楚的理想國藍圖。多年來她不曾稍懈，且一有空就試著將值得介紹給國人的好書翻譯成中文出版。所以她的囑咐，當然沒有第二句話，立刻「做」就是了。但是塞利格曼這個心理學界的大師卻同時擁有吸引我與排斥我的魅力。

筆者當年帶著偏向哲學思維的、有限的精神分析概念（雖然在高中階段，也大膽地接觸佛洛伊德〔Freud〕，但能瞭解的終究有限）與對佛洛伊德的憧憬進入台大心理系，很快地就被該系秉持的「正統心理學—科學取向的心理學」擊垮。大學四年、碩士班二年、博士班五年來，令我十分習慣以類似自然科學與生物科學的「科學心理學觀」看待所有有關人的研究。我可以接受哲學、社會學、文化學、文學、歷史學等等對人的探索是重要且有貢獻的，而心理學於人的「學問」中之所以有所貢獻，就必須從「科學的心理學」著手。交代我個人的背景，是要說明我是在這種主觀的「信念」下，接觸塞利格曼的研究貢獻的。他與梅耶（Maier）、歐弗麥爾（Overmies）於一九六七、一九六八、一九六九年的研究，指出憂鬱（depression）的行為病理學（behavior pathology）之可能發展方向，他並且於一九七五年將之集結成《習得無助》（Learned Helplessness）一書，做了相當完整的統合整理。於同一年（1975），艾顯克（Eysenck）也整理出兩階段論（two-factor theory）對焦慮相關症狀的病理理念架構與可以衍生的應用，呼應渥普（Wolpe）的系統減敏感法。其在臨床的診斷、衡鑑以及治療上，得到相當好的成效。因此，令我等臨床心理工作者培養出一種深深的期待，期待「習得無助」亦可以解決臨床上的另一大問題：「憂鬱」。

「憂鬱」的臨床現象比「焦慮」複雜。我以自己有限的臨床經驗，在擔任台北市立療養院心理室的主任時，還曾經向同事們報告塞利格曼的「習得無助」的行為病理研究，並主張這個模式至少可以協助解決「反應性憂鬱」（reactive depression）。才報告完不久，一九七八年塞利格曼即與阿伯賽遜（Abramson）等人提出歸因模式（attributional model）的「改良的習得無助」。甫看完該篇報告時，還替塞利格曼辯解，認為他與班都拉（Bandura）一樣，可以接受「認知的」（cognitive）研究取向，發展「行為—認知」的心理病理模式，但另一方面，他應該還會將「習得無助」原本的行為模式繼續發展下去。當時，我在臨床工作上以「習得無助」行為模式搭配格瑞瑟（Glasser）的「真實治療」（reality therapy），協助憂鬱或有自殺傾向的個案，「看到」他（們）的「行為與行為結果」間的關係；這些個案均獲得有效的改變，更令我期待塞利格曼堅持他原來的研究路子—雖然也同時接受行為認知取向的結合研究理念。

但是塞利格曼就這麼地放下他的「學習無助」了。他在這本《真實的快樂》書中，甚至說他從開始就反對行為主義的取向。似乎有「過河拆橋」的嫌疑：塞利格曼的學術成就，主要是建立在「習得無助」的模式上，至今仍經常被引用。

侯藍（Holland）與塔羅（Tarlow）曾於一九七〇、八〇年代試著區辨大眾心理學

（public psychology）與科學心理學（scientific psychology）兩種心理學。前者指稱的是每個人每天應對各種人（對象）時，所集結自經驗的，並將之運用於與他人應對之中的「關於人的知識」；每個人都有一套自己的「關於人的知識」，亦即每個人都擁有一套自己的「大眾心理學」。科學心理學則包含了「探究的方法」、「經由探究所累積的關於人的瞭解與行為原則」，以及「由前兩者衍生而成的改變行為心理狀態的技術」；而其使用的「方法」，通常一定包括「有系統的觀察」，因此通常亦一定依循某種實驗法則。相對於大眾心理學，科學心理學處理的內容，常常離開了心理與行為的表象，就如同物理學探討的分子、原子、夸克，或運動三大定律都是各種物理現象表象背後的「知識」一樣。因此，要將科學心理學對應回到大眾心理學，而令「心理學之科學知識」可以應用於每個人日常生活中的種種狀況裡，的確需要大費周章。不過，七〇年代之後，較嚴肅的討論生活中各個面向的、適應的、偏向「課本」形式的書籍一本接一本的問市，且相當熱門（如：柏納與哈金斯〔Bernard & Huckins, 1971〕；渥錢與歌索〔Worchel & Goethals, 1989〕；莫利斯〔Morris〕一九七四年的書，到一九九〇已經出第五版；艾瓦特與達夫〔Atwater & Duffy〕一九七九年的書，到一九九九年則已經出第六版），但較輕鬆易讀如侯藍與塔羅的「使用心理學」之類的，自助式的（do-it-yourself, self help）書籍則更如過江之鯽。

認知取向的科學心理學除了有其學術環境發展上的必然條件外，這類認知的科學心理學知識在與大眾心理學結合時，更佔有絕對的優勢。

塞利格曼朝著將科學心理學知識推向大眾心理學的應用前進，或許也是心理學者應有的社會責任吧！不過，他提出「過去的五十年，心理學只關心一件事—心理與精神疾病」，令人有一竿子打翻一船人的感覺。心理學或許投注了較多的資源來探索負向的情緒與負向的心理活動（心理狀態），但是科學心理學裡所探索的心理現象，如屬於認知與實驗心理學中之感覺、知覺、思考、記憶、學習、問題解決、語言等等，基本上是「中性的」，也就是不帶有「正向」或「負向」的意涵；而在人格心理學或社會心理學裡，有「偏差人格現象」或「偏差社會互動」的研究主題，但大多數的主題仍是中性的，而且「正向的」研究主題亦有許多。如人格心理學中，人格堅韌性（hardiness）的研究主要是由Kahasa等人於一九八〇年代提出；人格復原力（resilience）的研究亦於一九八三年左右開始，由Garmezy、Haggarty等研究小組提出。至於社會心理學中，正向的主題就更多了，譬如利他行為（altruistic behavior）、對他人有利行為（prosocial behavior），幫助（help）的討論，即顯現出單只是「幫助者」與「受幫助者」的社會互動，即有相當細緻、精密的探索；寬恕（forgiveness）的研究，也大約在一九八〇年代與「宗教心理」的探索結合，而有相當好的研究成果。這些研究結果都是「正向心理學」三大部分中，「正向性格特質」與「正向社會環境（結構）」兩項的基礎。正向心理現象的探索，在心理學領域中長期以來亦累積了不少「知識」，只是從來沒有使用「正向」這個名詞。就如同華生（Watson）一九一三年提出「行為主義」時，已有足夠的研究資料可以支持「行為主義」這個主張一般，一九九一年以後逐漸於情緒研究中提出「正向情緒」，而於一九九八年以後開始較有系統地提「正向心理學」，也一樣是因為已有足夠的研究資料可以支持「正向心理學」的主張。不過，就「從科學心理學到大眾心理學的結合」而言，「命名」是一件重要的事。「命名」宣示了一種「產物」的產生，接著就可以談「它」的「上市」與「行銷」了。塞利格曼在這方面的努力是值得稱讚的。

首先是他自己的「產品」：「習得樂觀」；其次是他大力協助，支持佛德利克生（Fredrickson）的正向情緒研究的發展；第三是他組織成有系統的「正向心理學」。

(1) 習得樂觀（learned optimism）

塞利格曼所提出的「習得樂觀」是本書的重點，若就學術的觀點（科學心理學的觀點）來談，其焦點在「習得」與「樂觀」。「習得」強調的是「個人於其與環境的互動經驗中，形成了較穩定的改變」，因此，此項心理狀況「不是先天的，受天賦限制而無法改變的」，也不是「突發的，偶然的」，而是經過該項與環境互動過程，個人會從「A心理狀態改變成B心理狀態，且此項改變是穩定的（在相關的各種環境、空間狀態下，其表現是一致的）、長久的改變（在相當長的時間裡，其表現是一致性）」。如果暫時不討論樂觀內涵，將之套入前述的說明，可以轉敘述如下：「一個人於其與環境的互動中，從較不樂觀或悲觀的心理狀態，改變成較樂觀的狀態，且這項改變於各類、與樂觀（悲觀）相關的社會環境中，會有一致性的表現；於未來相當長的一段時間裡，這項改變的表現，也具前後的一致性。」至於「在何種條件下，個人的生活經驗會形成此項改變」，本書已將之詳細的說明於各種「具體的作法」裡。

其次要談的是「樂觀」的內涵。這方面的心理學研究是歸納在「個人控制感」（personal con-trol）的領域裡，討論的是「個人主觀的認定其對自己、對社會環境，對物理環境等的可控制性程度」。目前較常被討論的有「主觀知覺的控制感」（perceived control）、「自我效能感」（feeling of self-efficacy）、「習得無助」、「習得樂觀」、「正向錯覺」（positive illusion）等。各項領域雖然有其強調的特點，不過共同的基本主題是圍繞在「個人以為他的某些行為是否可以有效引起某些環境上的某種改變；亦即個人的行為與環境的變化是相關連的」、「個人的這項認定與真實狀況的符合程度」、「個人是否可以有效執行這行為；亦即個人對於自己是否做出這些行為的可控制性」等三個主題。塞利格曼已經將前述較枯燥且抽象的說明，轉化成大眾心理學的語言，寫在本書裡。他在這上面的努力與成就，令我非常佩服。

(2) 正向情緒（positive emotion）

正向心理學中的正向情緒之探究，主要立基於佛德利克生的「擴展－建立」（broaden-built）理論上。

心理學中有關情緒的研究，有許多的起伏。薛赫特（Schachter）一九六〇年代提出的「認知的情緒理論」（cognitive theory of emotion），影響了過去近四、五十年的情緒研究，儘管有許多新的模式被提出，各個模式亦有「特徵」上的差別，但基本上是討論個人之「認知」對其「情緒」的影響。當然，當時也有學者堅持研究個人之「情緒」對其

「認知」的影響，不過這方面一直要到近十五年來，有了方法上的突破，才較受重視。「擴展—建立」理論就是屬於後者的發展，將焦點放在「情緒」對「認知功能」的具體影響。這一部份，塞利格曼也將之轉換成具體而通俗的大眾心理學語言，於本書中詳細說明，令人佩服。

(3) 正向特質（positive traits）

「特質」（traits）是「人格理論」（personality theories）中，重要的理論取向之一。嚴格地說，前面提到的「習得樂觀」，亦為「特質」之一；亦即「個人穩定地表現於跨場合、跨時間的心理狀態，即為個人的特質之一」。從這個觀點延伸下來的、學術上討論許久的、性格特質是「天生的」相對於「習得的」之爭論，在此書中顯然已採取了「習得的」立場。俗諺「江山易改，本性難移」強調的是「命定的力量」；不過，由心理學的研究來看，本書的著眼點是「難移」，亦即「是難移，而不是不可移」。「習得樂觀」的特質，是每個人都可以擁有的；對某些人而言，或許可以輕鬆地擁有（天生即偏樂觀），對另一些人而言，或許較難（天生偏不樂觀），但只要有心去改變自己，則每個人都可以擁有「習得樂觀」的特質。其實塞利格曼於本書中的詳細而具體之解說，可以推論：「對每一個人而言，『習得樂觀』是很樂觀的。」

前文中提及的「人格堅韌性」以及「復原力」亦屬於「正向人格特質」。本書中除了「習得樂觀」之外，還提到個人之「長處」與「美德」（包括勇氣、宏觀、正直、公平、忠誠等），讀者或許可以將之視為科學心理學對大眾心理學的服務。

(4) 正向組織（positive institute）

正向組織強調的是「某類環境」可以較方便地引發或促成個人之「正向情緒」、「習得樂觀」、「長處與美德」等的培養與建立。發展（兒童）心理學領域在過去一百年來的研究中，有許多「親子互動」、「管教態度」、「依附行為」等的研究，朝向「兒童」成長之有利環境的探討；前文提及之「復原力」也包含了兒童青少年階段的「有利成長環境」的探討。如果將之擴大為討論「所有的人」，則整個社會（甚至整個地球）的運作是否有利於「正向情緒」、「習得樂觀」、「長處與美德」的培養，應該是一核心問題。

洪蘭夫婦兩位長久來都全力地推展「好的教育」，他們相當重視「美德」在整個教育（學校教育、家庭教育、社會教育）當中的重要性。尤其是現階段的台灣，既受全球化的衝擊，又面對建立「台灣」國家意識的波濤，「美德」在教育中應有的份量就更高了。最後要再說一次，很佩服洪蘭教授的執著，也期待這本書帶給所有讀它的人「真實的快樂」。

【推薦者簡介】吳英璋，台灣大學心理學系及研究所學士、碩士、博士，曾擔任台北市立療養院心理室主任、台北市教育局局長，現為台大心理系教授。

譯者序

洪蘭

張國榮自殺了，從二十四層樓高的屋頂跳了下來。這個高度沒有懼高症的人看了都會腿軟，更何況他是個有懼高症的人。他留下九億的財產，當名利都不是問題而他一心求死時，只有一個可能性—憂鬱症，果然報上登出他為憂鬱症所苦，就像林青霞的母親以及千千萬萬受憂鬱症折磨的人一樣，選擇死亡作為脫離苦海之計。張國榮的死使我快馬加鞭的把塞利格曼這本《真實的快樂》譯出來，不敢再拖延，因為這本書對很多人來說會是一盞明燈，是一記當頭棒喝，它使你換個角度去看你的生活。人生短短幾十年，而且過去的不能重來，有必要每天找自己或對方的短處，使生活過不下去嗎？

心理學一向只注重在病態心理或變態行為上，很少正向的去看一個正常人的行為。多少年來我們都是把正常行為視為是理所當然，把社會資源和注意力放在變態病態上；然而就像一個家庭中，父母的注意力都放在不聽話、做太保太妹的孩子身上，對那些聽話、守規距的兒女視而不見，忘掉他們也需要關愛，殊不知，越忽略正常的孩子，越容易有壞的孩子產生。

塞利格曼是第一個打破傳統，站出來大聲疾呼心理學應該重視快樂、健康的情緒，不應該投下全部的精力到研究心理疾病上。畢竟預防勝於治療，假如我們能使人們過得很快樂，心理很健康，就不必去治療憂鬱症或其他心理疾病了。經過十年的努力，他的研究取向已漸成氣候，心理學的鐘擺開始從負面情緒的研究盪向正面情緒的一端。心理學家開始問：我們如何能夠快樂？我們如何能夠有意義的過一生？

研究發現「真實的快樂」（authentic happiness）來自長處和美德的發揮：快樂不是來自好的基因或好運，它是來自你智慧的選擇。塞利格曼發展出一套測驗幫助我們找出自己的長處，教我們如何在生活上、事業上時時去運用它，來達到有意義的快樂。塞利格曼更教我們如何能隨時隨地看到孩子的長處，如何在看到後稱讚他（空洞的稱讚是虛偽），使他更想把這個長處天天發揮出來—塞利格曼說在這樣環境下長大的孩子不容易得憂鬱症，遇到挫折時比較有反彈性、可以重新站起來。塞利格曼所謂的真正快樂的境界，其實正是《禮運・大同篇》所描述的大同世界，想不到經過了二千年，地球繞了一圈又回到了同一個問題：人如何達到大同世界。這本書告訴你，快樂是自己的選擇，大同世界就從自己身邊做起。

這本書對中國人特別有用，因為我們是個憂鬱的民族，我們不敢讓自己快樂；當別人稱讚我們時，我們馬上要指出自己的缺點，去糾正別人。自己的謙虛還好，因為知道自己言不由衷；父母的謙虛常使孩子很沮喪，以為自己在父母眼睛裡就是這個樣子。許多我這個年紀的中國人一輩子不曾聽過父母的褒獎，哪怕做得再好，父母也還是說：「百尺竿頭更進一步」，這使我們一直到中年以後才對自己有信心，也就是說，在社會中打滾二十年後才慢慢發現自己沒有比別人差。信心的缺乏使我們的年輕人在社交場合不知所措，在職場上找不到自己的定位，也不敢往前衝。因此，塞利格曼特別有一章在教導父母如何找出孩子的長處，在家務的分配上盡量配合孩子的長處，愛乾淨的孩子分配掃地，愛動的孩子分配溜狗，投其所好就不會抱怨，更使孩子在長處中發揮，找到自信和快樂。

中國人說：「男怕入錯行，女怕嫁錯郎。」沒有把自己的長處發揮出來，庸庸碌碌過一生，大概是人生最遺憾的事。這本書鼓勵你找出你的長處，做你最想做的事，哪怕這件事不能帶給你名利也沒有關係。我一直認為人如果前半生沒有辦法為自己而活，後半生一定要走自己的路；人只要健康，一身養一口，溫飽應不成問題，所以只要把生活的慾望壓低，你便有勇氣去追尋你的理想，過你自己的生活。別人的眼光、別人的評語是不重要的，用別人的標準來衡量自己，永遠是個遺憾，用自己的標準才真正能體會生命的美好。

憂鬱症是這個世紀的隱形殺手，它的苦如同憂鬱症病人所說的：「比萬丈深淵還要更深一萬倍」，我們防禦它要比ＳＡＲＳ更嚴密才對。過去人們都以為真實的快樂是可望而不可及，是那種「含著金湯匙出生」或是高官厚祿、僕婦如雲的人才配享受的，沒想到塞利格曼說只要願意去改變心態，它就在你的身邊，而且還教你怎麼做。這個世界的苦難已夠多了，假如有一個不花半毛錢的方法，何不給你自己一個機會試試看呢？但願這本書會使憂鬱症永遠無法再荼毒人類。

前言

過去的五十年，心理學只關心一件事——心理與精神疾病，而且做得不錯，因為現在我們可以測量憂鬱症、精神分裂症、酗酒等過去認為是很模糊的概念，並做相當精準的描繪。我們目前已經知道這些問題是怎麼發展出來的，包括它們的遺傳因子、生物化學部份以及心理成因，最重要的是我們現在知道該怎麼去治療這些疾病。根據我最近的統計，幾十種心理與精神疾病中，已經有十四種可以用藥物及心理治療有效醫治（兩種可以完全治癒）。

但是這個進步的代價很高：為了要脫離使生命痛苦的狀態，反而忽略生命最主要的目的——找出生命的意義。人不只是要改正個人的錯誤或缺點，他還希望找出自己的長處、自己的意義。人都不願意糊里糊塗過一生。你可能會像我一樣，午夜夢迴，躺在床上想自己是怎麼從一加一等於二到一加一等於七，或是怎麼學會連加和連減法。假如你像我一樣，你可能會對心理學這個領域有點失望。但是現在，它終於走到了解正向情緒，建構長處和美德（strength and virtue），為亞里斯多德所謂的「美好人生」提供指引的時候了。

追求快樂幸福的動力是列在美國《獨立宣言》中，每一個美國人的基本權力。美國每一家書店裡，自我改進類目的書架上也都是這方面的書，然而科學上的證據卻顯示，你很難去改變自己的快樂程度。每一個人有他固定的快樂範圍，就像我們的體重一樣。正如減肥的人幾乎終究會胖回來，悲傷的人不會一直快樂下去，快樂的人也不會悲傷很久。

不過，現在新的研究卻顯示快樂的效力可以持久。一個新的運動——正向心理學（positive psychology）——告訴你如何可以達到快樂範圍的上限，本書的上半冊就在討論正向心理學及如何增進你的快樂。

這種研究的困難之一，是它必須面對快樂不能持續性增加的理論；另一個更難克服的障礙，是很多人認為快樂不是真的（inauthentic），甚至更多人認為正向的人類動機是不存在的。我把這個許多文化中都有的人性觀點叫做「根都爛掉」的教條，假如這本書要推翻任何教條的話，就是它了！

「原罪」（original sin）就是這個教條最古老的顯現。這種想法在我們民主、非宗教的現代社會中仍然存在。佛洛伊德（Sigmund Freud）把這個教條帶進了二十世紀，把所有的文明（包括道德、科學、宗教及科技進步）都定義成對抗童年性慾及攻擊性基本衝突的防衛系統。我們壓抑這些衝突，因為它引起我們不可承擔的焦慮，而這個焦慮又轉化成啟動文明的能源。我現在為什麼坐在電腦前面寫這篇序言而不跑到街上去強姦、放火殺人，主要是因為我已經被「補償」了，我已把自己包裹起來，很成功的打敗了我內在野蠻的衝動。佛洛伊德的理論雖然攤開來看時如此的荒謬，但是它卻成功地進入日常的心理治療和精神治療過程中，病人努力的尋找過去的負面衝動和創傷事件來解釋自己今天的人格。所以，電腦業鉅子比爾・蓋茲為什麼這麼好勝愛競爭，是因為潛在意識要贏過他的老爸；已故英國戴安娜王妃反對地雷，致力於地雷清除的運動，主要是她對查理王子及其他王室成員仇恨的潛意識表現。

這個爛到根的教條同時也遍布到藝術和社會科學中，影響它們對人性的看法。隨便舉個例來說（這只是幾千個例子中的一個），當代著名的政治學家古德文（Doris Kearns Goodwin）寫過一本有關美國羅斯福總統和夫人伊蓮娜・羅斯福（Franklin and Eleanor Roosevelt）的傳記，當她談到為什麼伊蓮娜奉獻一生為窮人、殘障者或黑人服務時，她認為這是種「補償作用」——補償伊蓮娜母親的自戀及父親的酗酒。古德文從不考慮伊蓮娜可能真心想為不幸的人做些事，是在追求人性的至善。諸如公平和敬業之類的動機，一開始便被排除在外；任何好事的內在，動機一定是隱藏的、負面的——如果你希望自己的分析有學術地位的話。

我不得不強烈的評斷：雖然爛到根的教條在宗教和世俗的社會是廣被接納的，但是並沒有任何一絲證據指出長處和美德是來自負面的動機。我認為演化兼納好的與壞的人格特質，道德、合作、無私和善良的特質被保留了下來，就像謀殺、偷竊、自私和恐怖行為也一樣繼續存在。這種前提的雙面性是本書下半冊的重點：真實的快樂來自找出並培養你最基本的長處，並且在每天的工作、休閒、親子遊戲中用到它。

正向心理學有三根柱石：第一是研究正向情緒；第二是研究正向特質，這裡面最主要的是長處和美德，但是能力（ability）也很重要，例如智慧和運動競技的嗜好；第三是研究正向組織，例如民主社會、家庭支柱以及言論自由，這些是美德的支柱，美德又進而支持正向情緒。自信、希望和信任的正向情緒不只在好日子時幫助我們，在景氣差、命運坎坷時對我們同樣有助益。在戰爭或動亂的時候，對正向組織或機構的了解和信心

（例如對民主、家庭支持和言論自由的信心）具有立即的重要性；而能夠體會並建立長處與美德——例如勇氣、宏觀、正直、公平、忠誠——甚至比承平時更為急迫。

自從二〇〇一年九一一恐怖攻擊事件之後，更加深我思考正向心理學的相關性。在動亂的時候，了解和減輕痛苦會增加快樂的了解和建立嗎？我想不會。一個什麼都失去了，憂鬱或想要自殺的人，在意的不僅僅是解除痛苦而已。他們迫切需要美德、生命的目的、正直及生命的意義。引發正向情緒的經驗會使負面情緒快速的消失。在本書中將能看到，長處和美德會幫助我們抵擋不幸的心理疾病，像防震保護層似的使我們不受傷害，甚至成為重建再起的關鍵。一個好的心理治療不僅是療傷，還要能幫助人們找到自己的長處和美德。

所以正向心理學是很嚴肅的看待美好的未來，假如你發現自己山窮水盡、一籌莫展、萬念俱灰，請不要放棄，天無絕人之路。正向心理學這條路帶你經過優美的鄉間，進入長處和美德的高原，最後到達永久性滿足的高峰：生命的意義和目的。

第一篇

正向情緒

過去心理學只關心心理與精神疾病，忽略找出生命的快樂和意義，所以作者要校正這種不平衡，利用累積的心理疾病與痛苦的知識，帶出更多關於正向情緒，還有個人長處和美德的知識，幫助我們追求真正的美好人生。

本書一開始先談正向情緒，著重在：

一、為何演化賦予我們快樂的感覺？這個感覺除了令我們感覺良好外，其他的功能和意義是什麼？

二、誰會有很多的正向情緒，誰又沒有？這種情緒怎麼產生，又是什麼使它消失？

三、如何能在你的生活中建立一種持久的正向情緒？並且分別說明過去、現在和未來的正向情緒，指引讀者藉由改變對過去的看法、對未來的希望以及經驗現在，將自己的情緒導向正面。

1 正向情緒和正向性格

就像美好的生活是超越愉悅的生活，一個有意義的生活則超越美好的生活。正向心理學指出一條可以到達高貴目的和超絕意義的可靠道路。

一九三二年，歐潘（Cecilia O'Payne）在密爾瓦基宣誓為修女。當她在聖母修道院發願時，決心把自己的一生奉獻給幼兒教育。她在簡短的自傳中寫道：

> 上帝賜給我無價的美德使我起步容易。過去一年在聖母修道院的日子非常愉快，我很開心地期待正式成為修道院的一員，開始與慈愛天主結合的新生活。

在同一年、同一座城市、發同樣願的丹那莉（Marguerite Donnelly）則在她的自傳中寫道：

我出生於一九〇九年九月二十六日，是家中二男五女七個孩子中的老大……在修道院見習一年期間，我教授化學和二年級拉丁文。承蒙上帝恩寵，我願善盡聖職，以宣揚教義及自我修煉。

這兩位修女以及另外一百七十八位修女，一起成為最出色的一項關於快樂和長壽的研究之研究對象。

研究人可以活多長和了解什麼情況會使人縮短或增長壽命，是非常複雜的科學問題，例如：文獻記載猶他州的人比鄰近內華達州的人長命。但是為什麼？是猶他州的空氣比較清新，還是賭城拉斯維加斯的空氣太汙濁？是摩門教（Mormon）教徒嚴謹的生活型態與內華達州人的放縱生活的不同？或者是內華達州人垃圾食物、宵夜、酗酒、咖啡、菸草的飲食型態，相較於猶他州農場新鮮的食物、禁菸、禁酒、禁咖啡的差異？有太多的混淆變項使科學家無法分離出真正的原因。

但是修女們過的是有規律的與世隔絕生活，與內華達州人大不相同，甚至跟猶他州的人也不同。這些修女都吃同樣的食物，不抽菸也不喝酒；她們都有相似的生育和婚姻歷史，都沒有被傳染過性病，擁有相同的社經地位、同樣的醫療照顧。所以上述的混淆變項在此都被剔除，但是這些修女的壽命和健康情況仍然有很大的差別。歐潘到二〇〇三年98歲了，仍然很健康，從來沒有生過一天病；相反的，丹那莉在59歲時中風，不久就過世了。我們可以確定修女的生活型態、飲食和醫療照顧都不是丹那莉早死的原因。當這一百八十位修女的自傳被拿出來研讀時，一個強烈的驚人差異出現了。回頭去看歐潘和丹那莉所寫的，你能看得出來嗎？

歐潘修女用了「非常愉快」、「很開心地期待」這兩個表達歡樂情緒的正向字眼；相反的，丹那莉修女的自傳中找不到一絲正向的氣息。請對這些修女活了幾歲毫不知情的人，針對自傳中所傳達出的正向感覺做評分時，發現落在快樂端的修女90%年過85歲仍然活著，相較於落在不快樂端的修女只有34%；同樣的，落在快樂端的修女到94歲時仍有34%的人活著，相較於落在不快樂端的修女只有11%。

以上差異真的來自她們自傳中樂觀本質的不同嗎？也許是因為她們表達不快樂情緒的程度、對未來期盼的多少、有多麼虔誠奉獻，甚至是作文寫得有多好。但是研究發現這些都沒有相關，唯一有關的是她們在自傳中所表達出的正向感覺有多強。看起來，一個快樂的修女會是長命的修女。

大學畢業紀念冊也是研究正向心理學的金礦，攝影師會叫你「看著鏡頭、微笑」，於是你盡責的擺出最好的微笑，結果發現應要求而微笑是說的容易做來難，有些人可以笑得很燦爛，有些人只能禮貌性的動一下嘴角。微笑有兩種：一種叫作「杜鄉的微笑」（Duchenne smile），紀念發現它的法國人杜鄉（Guillaume Duchenne），指的是發自內心的微笑，你的嘴角上揚、眼尾魚紋出現，而牽動這些地方的肌肉，如：眼輪匝肌（orbicularis oculi）和顴肌（zygomaticus）非常難用意志加以控制；另一種微笑叫作「官夫人剪綵的微笑」（Pan American smile），不是發自內心的，沒有杜鄉微笑的特質，與其說是快樂倒更像是低等靈長類受到驚嚇時的表情，也是我們中國人所謂的「皮笑肉不笑」。

一個有經驗、受過訓練的心理學家可以很快的區分出杜鄉微笑和非杜鄉微笑。加州大學柏克萊分校（University of California at Berkeley）的克特納（Dacher Keltner）和哈克

（LeeAnne Harker）研究了一百四十一張米勒學院（Mills College）一九六〇年畢業紀念冊上的相片，裡面除了三名女生，其餘都是微笑的，而微笑中有一半是杜鄉微笑；研究者分別在這些女生27歲、43歲以及52歲時訪問她們，詢問她們的婚姻狀況，對生命的滿意程度等等。當哈克和克特納在一九九〇年代接手這個研究時，很懷疑能否從畢業照中預測這些人的婚姻生活。結果他們很驚訝的發現，擁有杜鄉微笑的女生一般來說比較可能結婚，並維持結婚狀態，在往後的三十年中也過得比較如意。這些快樂的指標竟然從眼角的魚尾紋就可以預測出來了。

哈克和克特納質疑他們所得到的結果，開始考慮是否杜鄉微笑的人本來就比較漂亮，是她們的美貌而不是微笑的真誠預測了未來生活的滿意度。所以這兩位研究者又回頭去做美貌的評估，結果發現美貌跟婚姻是否美滿、生命是否滿足無關。一個真誠微笑的女人就是嫁得比較好、比較快樂。

以上兩項研究都很令人驚奇，因為它們的結果都顯示，一時正向情緒的描述與相片，竟然可以預測壽命長短及婚姻幸福。本書的第一篇就是有關這些短暫的正向情緒：快樂、流暢、愉悅、滿足、真誠、希望及狂喜，我特別著重在三個問題上：

- **為何**演化賦予我們快樂的感覺？這個感覺除了令我們感覺良好外，其他的功能和意義是什麼？
- **誰會**有很多的正向情緒，誰又沒有？這種情緒怎麼產生，又是什麼使它消失？
- **如何**能在你的生活中建立一種持久的正向情緒？

每一個人都想知道這些問題的答案，也很自然地轉向心理學界去尋找答案，但你會很驚訝的發現心理學完全忽略了生命的正向層面。在期刊中，每一百篇有關憂鬱、悲傷的論文，才有一篇談到快樂。我的目標之一就是提供上述三個問題有科學根據的可行答案，不幸的是對如何建構快樂的知識我們所知非常少，不像憂鬱症現在已經有教人如何解除憂鬱感覺的步驟式操作手冊。所以，在有些主題上，我可以提供確實的科學證據；在有些主題上，我只能從最新的研究去推論，建議你該如何引導自己的生活。無論如何，我都會很明白的告訴你什麼是已知的，什麼是我的推論。在下面的三章中，你會發現，我最終的目的是要校正心理學過去的不平衡，利用過去辛苦累積的有關心理疾病與痛苦的知識，帶出更多關於正向情緒，還有個人長處和美德的知識。

長處和美德怎麼溜了進來？為什麼一本有關正向心理學的書，談別的內容比談「快樂學」（happiology or hedonics）更多？快樂學家希望他的生活快樂的時候越多越好，困難的時候越少越好，而簡單的快樂理論就是：生活的品質等於好的時候減去不好的時候。快樂學不僅僅是一種象牙塔內的理論，因為許多人就是以這種方式經營自己的生活；但我卻認為這是一種幻覺，因為所有時候的感覺加起來，跟我們判斷某一事件的好壞——譬如：一場電影、一次度假、一段婚姻生活，甚至整個生命，差別很大。

普林斯頓大學心理系教授康納曼（Daniel Kahneman，譯註：二〇〇二年諾貝爾經濟獎的得主）是世界上研究享樂主義的頂尖人物，他就是靠舉出違反享樂原則的許多變項起家的。他用來測量享樂原則的儀器之一是大腸鏡（colonoscopy）：大腸鏡插入直腸後上下移動的時間雖然只有幾分鐘，患者卻覺得是永恆。在康納曼的一次實驗中，六百八十二名病人被隨機分派到一般的大腸鏡檢查，或是在結束前延長一分鐘鏡頭沒有上下移動只是靜止的狀態。大腸鏡靜止時不會像動的時候那麼不舒服，因此後面一組病人的最後一分鐘感覺比較舒服，雖然整個不舒服的過程延長了一分鐘，所以痛苦時間比另一組病人多，但因為最後的經驗是還過得去的感受，所以病人對整個事件的感覺比較正向；令人驚訝的是，他們比控制組更願意再接受這種檢查。

在你自己的生活中，應該特別處理好分手的情景，因為這個最後的鏡頭會一直留在你的記憶中，如果處理得好，你才敢再次進入親密關係中。本書將討論為什麼享樂主義會失敗，以及這對你的意義。所以正向心理學是有關快樂和不快樂的時段，兩者交織出的紋理，以及顯示出來的長處及美德，這些決定了生活的品質。出生在維也納的大哲學家維根斯坦（Ludwig Wittgenstein）從各方面來看都是一個不快樂的人，我是維根斯坦迷，收集了很多有關維根斯坦的東西，但是我從來沒有看過一張他微笑的照片（不論是杜鄉式的，還是皮笑肉不笑的）。維根斯坦是個憂鬱的人，脾氣易怒暴躁，對周遭的人非常刻薄，不過他對自己更苛刻。當他在英國劍橋沒有暖氣也幾乎沒有家具的家中舉行例行研討會時，會來回的踱方步，嘴裡喃喃的說：「維根斯坦，維根斯坦，你是多麼差勁的老師。」但是當他在美國紐約州北部綺色佳市，獨自一人躺在床上死去前，最後遺言竟是跟他的房東太太說：「告訴他們，我的一生很滿意，沒有遺憾。」真是人之將死，其言也善！

假設你可以裝一個「經驗的機器」（experience machine），終其一生只要你喜歡，它就可以刺激你的大腦，帶給你正向的感覺；我詢問過很多人，他們都寧可不要這種快樂機器，因為我們要的不只是正面的感覺而已，這個感覺必須是經過自己努力去賺來的才會香甜。然而人類卻發明了許多捷徑去取得這個良好感覺：毒品、巧克力、肉欲、血拚、自瀆以及電視，都是可引證的例子（不過我並不是說你應該戒掉所有的捷徑）。

因為我們誤以為自己可以透過這些捷徑達到快樂、愉悅、舒適、狂喜，所以許多億萬富豪的心靈都很空虛。沒有意義的尋歡只會帶來更大的空虛、更多的虛偽，使你覺得沮喪，當年老時才警覺到自己虛度了一生。

正向的感覺是來自長處與美德，自己賺來的才是真正值得的快樂感覺。過去三年，我在賓州大學（University of Pennsylvania）開授正向心理學這門課時，發現了這個真誠的價值（這門課比我過去二十年所開的變態心理學有趣多了）。我告訴學生們約翰．海特（Jon Haidt）的故事：他是維吉尼亞州一個年輕有為的教授，以給人們吃油炸蟋蟀的方式研究厭惡的情緒；後來他轉向研究道德的厭惡，給受試者穿一件T恤，告訴他這是希特勒穿過的，然後觀察受試者的表情。當他研究過很多負面情緒，弄得自己都快要受不了時，又轉而研究跟道德厭惡相反的情緒，把這種情緒叫作昇華（elevation）。他收集了很多看見人性良好一面的情緒反應的故事。一個18歲的維吉尼亞大學（University of

Virginia）新鮮人說了一則關於昇華的典型故事：

一個下雪的晚上，我們從救世軍（Salvation Army，譯註：美國的著名慈善機構）做完事回家時，在路上看到一位老太太在鏟雪，有個伙伴便請司機放他下車，我以為他要抄捷徑回家，但是當我看到他拿起圓鏟時，只感到喉頭緊縮，有東西哽在裡面，我感動的掉眼淚了。我想告訴每一個人這件事，我對這個男生產生了浪漫的感覺。

我班上的學生想知道做好事是否比找樂子更容易得到快樂，經過激烈辯論的結果是每一個人回家做功課：在下一堂課之前，分別去做一件可以帶來快樂的事，還有一件好事，然後把這兩件事寫成報告交上來。

這份作業的結果真是改變了他們的生命。做可以帶來快樂的事（如：與朋友在一起哈拉、看電影或吃巧克力冰淇淋聖代）與做好事的感覺相較之下黯然失色，當我們很自然的去幫助別人時，一天都過得很愉快。有一位大三的學生說，她的姪兒打電話問小學三年級的數學，請求她幫助，她很驚訝的發現，那整整一天自己可以聽別人訴說，了解對方想要表達的意思，而且脾氣溫和了許多，他人也比平常更喜歡自己。做好事的行為能帶來滿足，因為它動用你的能力去應付一項挑戰，當你完滿達成時便會有**滿足感**。做好事並不是伴隨著可以被分離開的正向情緒，例如：愉悅（即仁慈與愉悅並不是必然的連接在一起），它是完全的投入、完全的忘我。在那一刻，時間靜止了。一位商學院的學生說，他來賓州大學讀書是因為想賺很多的錢，使自己快樂，但是他發現自己寧可花時間幫助別人也不願拿同樣的時間逛街買東西，因為前者帶給他的滿足感更多。

要了解這種滿足的感覺，我們必須要了解每個人的長處及美德，這是本書第二篇的主題。當用到我們的長處及美德時，良好的感覺會產生，我們的生活會充滿了「真」。感覺是暫時性的，它不必成為人格特質的一部分；相反的，人格特質則有正向或負向之分，在不同的時間、不同的場合會重複出現。長處和美德是正向的人格特質，它帶來好的感覺和滿足；而妄想症（paranoia）的負面人格特質會更強化嫉妒的感覺。

樂觀的人格特質可以解釋，為什麼對修女們的片面觀察可以預測她們能活多久。樂觀的人偏向於把目前的困難解釋成暫時性、自己有主控權，以及只有在這個情境下才會如此；相反的，悲觀的人認為他的困難一輩子也逃不掉、每一件都是倒楣事，而且是自己無法操控的。明尼蘇達州羅契斯特市梅約醫學中心（Mayo Clinic）的科學家研究了八百三十九位病人的心理狀態，觀察樂觀是否可以預測長壽。梅約診所是美國非常有名的醫療機構，這裡的病人在看病前需要接受心理測驗及身體檢查，裡面有一項心理測驗就是樂觀測驗。四十年前科學家開始這項研究，到二〇〇〇年已有二百人死亡，但是樂觀的人比悲觀的人長壽19%，這個數字正好與快樂修女的相差不遠。

樂觀只是二十幾個使你長壽的優點之一。哈佛大學的維倫教授（George Vaillant）是美國最詳盡的兩項長期追蹤計畫的主持人，研究主題是他稱之為「成熟防禦」（mature defenses）的個人一生的心理剖面圖。這些心理測驗包括利他行為、延宕滿足的能力（譯註：為了將來的目標而犧牲現在的享樂；最有名的例子就是給幼稚園的小朋友糖，如果現在吃只有一顆，能再等二十分鐘則有兩顆，那些能等待的孩子到了四年級時，學業表現比較好）、對未來充滿期望以及幽默感。有些人一直沒有長大，一直都沒有這些「成熟大人」的人格特質，而其他人則隨著年齡的增加會越來越發揮這些特質。維倫教授的兩組受試者是哈佛大學一九三九～一九四四年的畢業生，以及四百五十六名波士頓市中心的居民，這項研究開始於一九三〇年代末期，受試者為十幾近二十歲的年輕人，直到二〇〇三年已是八十多歲的老人。維倫教授發現對能否成功進入老年期最好的預測因素為收入、身體健康情形與生活樂趣；而「成熟防禦」則是生活富樂趣、高收入及老年生命力旺盛的顯著預兆。這項統計結果在第一組主要為白人、信奉新教的哈佛大學學生，以及第二組背景複雜的市中心居民兩者之間，並沒有太大差異。（譯註：美國有一個字WASP描寫社會菁英，意思為白種人的新教徒〔White Anglo-Saxon Protestant〕，這種人在起跑點上比別人占有優勢；而市中心原為一個城市最繁華的地方，討生活容易，當貧民搬進來後，有錢人便搬出去住在城郊，城中心遂淪落為貧民窟。）市中心居民裡，七十六名年輕時常顯示出「成熟防禦」特質的人中，95％到現在還可以搬笨重的家具、砍木柴，甚至走二哩路、爬二層樓梯還臉不紅、氣不喘；相較六十八名從來沒有顯示這些心理衛生特質的市中心居民裡，只有53％可以做同樣的事。對哈佛畢業生而言，預測75歲時能享受到生活樂趣、婚姻幸福以及身體健康的最好方式，便是他們在中年時期所顯示出來的「成熟防禦」強度。

正向心理學是如何從無數的人格特質中，選擇出24項因素做指標呢？在一九三六年時，有人統計過英文詞彙中有一萬八千個描繪人格特質的字，而選擇哪些特質做研究，對當時著名的心理學家和精神醫師來說，是件嚴肅的大事，這些人想創造出與ＤＳＭ相對的系統（譯註：ＤＳＭ即Diagnostic and Statistical Manual of Mental Disorders of the American Psychiatric Association，這個名字很長，因此在臨床上一般只稱ＤＳＭ，即《精神疾病診斷統計手冊》）。勇氣、仁慈、原創性當然很好，應該包括進來，那麼智慧、絕對音感或準時呢？所以最後決定三個選擇的標準如下：

- 必須是每一個文化都崇尚的價值。
- 必須本身就有價值，而不是為了達成其他目的的手段。
- 必須是可以鍛鍊的。

所以智慧和絕對音感就被剔除了，因為它們不可學習；準時是可以訓練的，但是它是達到另一個目的的手段（如：效率），而且不是每一個文化都很重視。

雖然心理學可能會忽略美德，但宗教和哲學卻不會。幾千年來，不同的文化所推崇的價值其實都很相似，例如：孔子（儒教）、亞里斯多德、阿奎納斯（St. Thomas Aquinas，譯註：十三世紀義大利神學家與哲學家）、日本的武士道、〈天神之歌〉（*Bhagavad-Gita*，譯註：西元前二世紀梵文的詩歌，直譯為 *Song of the Lord*，是世界著名的宗教文獻）雖然各有不同，但是都包括以下六項基本的美德：

- 智慧和知識
- 勇氣
- 人道與愛
- 正義
- 修養
- 心靈的超越

每一種美德又可以再細分為許多，例如：智慧可以分成好奇心的強度、學習的動機、判斷力、原創力、社會智慧，以及能夠從各種觀點角度來看事情；人道又包括仁慈、慷慨、教養以及被愛和愛人的能力。幾千年來不同文化的智慧以及各種哲學的傳統所歸納出來的美德，都被正向心理學採取作為指引。

上述美德不但在承平時期是行為的指標，大難來時更幫助我們度過難關。事實上，「疾風知勁草，版蕩識誠臣」，災難時候更可以看出一個人的品德。一直到最近，我都以為正向心理學是承平時代的產物。我以為國家在打仗、貧窮、社會動亂時，人們最關心的是防禦和損失，因此所關心的應該是如何修補被破壞的科學；相反的，在國家太平、物產豐富、社會和諧時，人們想要建造一生最好的東西，所以佛羅倫斯是在麥第奇（Lorenzu de Medici，譯註：義大利望族，家族中出過三位教皇、兩位法國皇后）掌權時期，決定把稅收投到藝術文藝上而不用到軍事武力競爭上，造就了佛羅倫斯這個美麗的文化城市。

肌肉機體可區分為張力活動（tonic activity，肌肉沒有在運動時的基本電流活動；一種靜態活動）以及相位活動（phasic activity，肌肉在運動時所產生的電流升高活動；一種動態活動）兩類。大多數心理學研究的是肌肉張力型，例如：內向、高智商、憂鬱、憤怒，所有的測量都是在沒有真實世界挑戰的情況下。心理計量學希望能預測一個人在面對動態挑戰時會怎麼反應：高智商可以預測出一個人面對客人拒絕時能否機智的回答嗎？靜態的憂鬱症診斷可以預測一個人在失業時會不會崩潰嗎？一般來說可以預測，但效果不是那麼好。心理學可以預測很多種情形，但是當人們面對生命的挑戰而必須對世界做出有智慧的反應時，有許多高智商的人失敗，也有許多低智商的人成功。這些預測錯誤的產生，是因為靜態的測量並不能很好的預測出動態的反應，我把這種預測的缺陷稱為杜魯門效應（Harry Truman effect）——因為杜魯門一生並不怎麼傑出，卻能在羅斯福總統死後一躍而成美國最偉大的總統之一，令許多人跌破眼鏡。

我們需要一種心理學來解釋這些人為何可以成功，因為這是預測人的行為中缺乏的項目，好像拼圖中少了一塊。在演化中，贏得交配數（找到異性伴侶）或逃過獵食者攻擊而存活下來的人類祖先，因為在這些方面的成功，才可能把他的基因傳下來。他們靜態的人格特質——憂鬱程度、睡眠習慣、腰圍大小——可能是不重要的，除非他們顯現出杜魯門效應；也就是說，我們身體中都有遺傳自遠古的優點、長處卻不知道，要等到被挑戰時才會顯現出來。為什麼參加過第二次世界大戰的世代被稱為是「最偉大的世代」？這並不是因為他們天生有何不同，而是因為生在一個動亂的時代，將他們體內源自古代先祖的生存優點激發出來了。

當你在第八章和第九章讀到這類長處時，會發現自己的長處中有一些是靜態的、有一些是動態的；你一天可能展示這些長處幾十次。如：毅力、遠見、公平、勇氣是比較階段性動態的，你不可能在超級市場排隊付錢時展現你的勇氣，或是坐在飛機上時表現它，除非遇到恐怖份子劫機。一生中有一次動態的行為就足以讓人知道你有勇氣了。

讀到這些長處時，你會發現有些是你基本的人格特質，有些不是。我們將前者稱作**個人長處**（signature strength），本書的目的之一就是要將之與比較不是你長處的特質區分開來。我不認為你應該花太多時間去改正自己的弱點；相反的，我認為生命最大的成功與情緒最深的滿足，來自建立及發揮你的個人長處，所以本書的第二篇專注在如何找出這些長處。

本書的第三部分討論什麼是美好人生。我認為你很容易就可以找到它。喝香檳酒和開名牌跑車是愉悅的生活（pleasant life）但不是美好的生活，美好的生活是每一天都用你的長處來製造真實的快樂和豐富的滿足，這是你在生活的每一個層面：工作、愛情、教養孩子，都可以去學習做到的。

我的一個個人長處是熱愛學習，因為教學相長，我把它融入生活的一部分，每天都學一些新的東西。將複雜的觀念簡化後教給我的學生，或教自己八歲的孩子在打橋牌時如何叫牌，都會使我的內在發光。而且當我教得很好時，也能鼓舞我、給予我活力，這種良好的感覺帶給我真實的快樂，因為它來自我最擅長的地方。相反的，協調、組織、溝通並不是我的專長，我有幸碰到在這方面很好的老師教導，所以假如必要，我可以有效的組織一個委員會，但是當事情結束後，卻會覺得身心疲憊、元氣大傷。我從做委員會主席中得到的滿足感，比我從教學中得到的少，那種快樂也就不那麼真誠。

用你的長處所得到的幸福感覺是建立在真誠上的，就像幸福需要建立在長處和美德上一樣，長處和美德也必須建立在一件更重大的事物上面；就像美好的生活是超越愉悅的生活，一個有意義的生活則超越美好的生活。

那麼，正向心理學告訴我們怎樣去尋找生命的目的，達到美好生活之上的有意義生活了嗎？我並沒有大膽到敢去寫關於意義的完整理論，但是我知道它包含了對更大事物的依附認同；這件事物越大，你的生活越有意義。許多追求生命目的和意義的人投入新世紀思維（New Age thinking）或宗教組織中，渴望神蹟或神力的加持。目前心理學只著重病態行為的研究，造成一個看不見的代價——使得這些心靈空虛的朝聖者陷入一個進退兩難的境界。

就像許多心靈空虛者一樣，我也渴求生命的意義，也想超越我替自己選擇的武斷目的，但和許多心懷科學思想的西方人一樣，我認為超越上天賜予的生命目的是個站不住腳的薄弱說法。正向心理學指出一條可以到達高貴目的和超絕意義的可靠道路，而且，更令人驚異的是，可以到達一個不迷信的神界，這些在最後一章會討論到。

在你開始本書的主文之前，請很快的做一下「自我快樂評估」，這個量表是佛狄斯（Michael W. Fordyce）發展出來的，目前已有幾萬個人用過，你可以以下頁的問卷做測驗，或是上網填答（www.authentichappiness.org）。上網的好處是它可以追蹤你快樂指數的改變，也可以提供與別人相比較時你的快樂程度，這個比較是以年齡、性別、教育程度來分類的。當然在做這種比較時，請一定要記住：快樂不是競爭，真實的快樂來自提升你自己的精神層次，而不是與別人相比。

有一個問題可能在你讀這本書時一直出現——究竟什麼是快樂？定義快樂的字句比任何一個哲學的問題都多，快樂這個字是最被誤用、濫用的字之一，我只要隨手一拈就可以填滿整本書的空白。但是我不想再替這些定義添上我的定義，在本書中，我很小心的使用快樂，我所關心的是測量快樂的成分——正向的情緒及長處——然後告訴你科學上的發現是什麼，你如何可以增加快樂。

表 1-1 佛狄斯情緒問卷 自我快樂評估

一般來說，你覺得有多快樂或是多不快樂？請選出下面最能描述你一般快樂程度的句子。

_____ 10 非常的快樂（覺得狂喜、狂歡、狂樂）
_____ 9 很快樂（覺得很好、心曠神怡）
_____ 8 快樂（心志高昂、感覺良好）
_____ 7 中度快樂（覺得還不錯、愉悅）
_____ 6 有一點快樂（比一般人快樂一點）
_____ 5 持平（不特別快樂，也不特別不快樂）
_____ 4 有一點不快樂（比持平低一點）
_____ 3 中度不快樂（心情有些低落）
_____ 2 不快樂（心情不好，提不起勁）
_____ 1 很不快樂（憂鬱、心情沉悶）
_____ 0 非常不快樂（非常憂鬱、心情谷底）

請進一步考慮你的情緒，一般來說，你覺得快樂的時候百分比有多少？有多少百分比的時間你覺得不快樂？有多少百分比你覺得在持平的情緒？寫下你最好的估計，在下面填上三個問題的百分比，請確定它們加起來等於100%。

一般來說：

我覺得快樂的時間是 _______%

我覺得不快樂的時間是 _______%

我既不快樂也不覺得快樂的時間是 _______%

＊根據 3050 份對美國成人的取樣統計，一般人快樂的指數是 6.92（滿分為 10）；一般人覺得快樂的時間是 54.13%，不快樂的時間是 20.44%，持平的時間是 25.43%。

2 心理學如何迷失，我如何找到自己的路

假如把人放對位子，使他可以發揮自己的長處，能夠對社會有利的話，心理學家便有很大的發揮空間。我們是否可以有一門心理學是討論生命中好的東西呢？

「哈囉，馬汀，我知道你已經等得不耐煩，下面是結果……」

電話中，我聽出這是坎特（Dorothy Cantor）的聲音，她是美國心理學會（American Psychological Association, APA）十六萬會員的主席。她是對的，我的確等得煩躁不安，因為他們在選下一屆的主席，而我是候選人，我焦急的想知道開票的結果，但是在懷俄明州的提頓，手機的收訊非常不好。

「投票的結果怎麼樣？」我的岳父丹尼斯從擁擠的車子後座，以濃重的英國口音問我。我幾乎聽不見他的聲音，因為三個孩子在唱《悲慘世界》（*Les Miserables*）的主題歌。

我咬著嘴唇感到很挫折。是誰讓我掉進這個政治漩渦的？我本是象牙塔中長春藤加身的教授，有著充裕的研究經費、專心向學的研究生、設備齊全的實驗室，我的書是暢銷書，我在學術領域占有一片天地，主導的習得的無助和學習樂觀很有名，誰要去當APA的主席？

我需要。在等待電話再響的時候，我回想到過去四十年作為心理學家的經驗。突然間，我看到一個出身中產階級，十三歲的胖胖猶太男孩，擠入一所滿是來自在阿爾巴尼市（紐約州政府所在地）移居已有三百年的新教徒家庭小孩，還有非常有錢的猶太家庭小孩以及天主教運動員的學校。在艾森豪總統（Dwight D. Eisenhower）當政，pre-SATs（譯註：SAT為美國著名的性向測驗，大學入學的參考標準，類似我國的大學指定科目考試；pre-SAT為中學生的學測，相當於我國的國中會考）還沒有出現的時候，我通過考試進入阿爾巴尼女子學校，因為阿爾巴尼公立學校的學生無法進入好的大學，所以我的父母雖然都是公務員，卻願意從積蓄中拿出六百美金來替我繳學費。他們對於進好的大學觀點是對的，但是他們完全不能了解這五年我被阿爾巴尼女子學校學生看不起的痛苦，更別說這些女孩的母親了，一個個都是勢利眼。我要變成什麼樣的人才能使那些女校學生對我有興趣呢？或許我可以跟她們談她們的問題，我相信沒有任何一個男生肯聽女生講她們的不安全感、她們的夢魘，以及她們的幻想，我試著扮演這樣的角色，結果發現自己勝任愉快。

「是的，桃樂絲，請告訴我誰贏了？」

「票沒有……」一陣嘎嘎的電波聲，訊號又斷了。「沒有」聽起來像壞消息。

我的思緒又回到從前，我想像在一九四六年時的美國首府華盛頓特區，軍隊剛從歐洲和太平洋前線回來，有些是身體上受了傷，有些是情緒上受了驚嚇，誰能治療這些勞苦功高的美國退伍軍人？沒有他們的犧牲，哪有我們的自由？答案當然是精神科醫生，這是他們的神聖任務，從名字就可以猜到了——精神科醫生是心靈的醫生。從德國的克拉培林（Kraepelin）開始，法國的雅內（Janet）、瑞士的布魯勒（Bleuler）和奧地利的佛洛伊德，這些都是享有國際盛名的醫生，專門修補受損的心靈；但是美國短缺精神科醫生：他們的訓練時間很長（八年以上）、學費很昂貴，而且篩選非常嚴苛。不止如此，他們的診療費也非常貴，誰有時間一週五天躺在沙發上與醫生聊天呢？心理治療真的有效嗎？可否訓練相關的人來幫助治療我們的退伍軍人呢？因此國會提問：「心理學家怎麼樣？」

心理學家是什麼來的呀？一九四六年時，這些人是以什麼為生？在第二次世界大戰結束當時，心理學只是個很小的專業，大部分的心理學家都在學校裡希望找出基本的學習歷程及學習動機（他們研究的對象通常是白老鼠），以及知覺（通常是白種人的美國二年級大學生），他們的實驗是純科學，不太關心自己所發現的學習基本原則是否可以應用到別的東西上去。那些做「應用」的人有三個任務：第一是治癒心理疾病，他們大部分是做測驗而不是治療，治療是保留給精神科醫生的；第二是使一般人的生活快樂一點，工作的效率比較好，比較滿足，這通常是在工廠、軍隊或學校中工作的心理學家；第三是找出並培養有特殊天才的孩子。

一九四六年通過的《美國退伍軍人法案》（*The Veterans Administration Act of 1946*）創造出一批心理學家治療我們出了問題的退伍軍人。國會撥款訓練一批學士後的心理學家，加入精神科醫生的行列開始治療工作；事實是，許多這些人也開始治療並非退伍軍人的普通老百姓，設立診所並讓保險公司對他們的服務付費。二十五年之內，這些「臨床」（clinical）心理學家（又稱為心理治療師）比其他領域心理學家加起來的總和還多，許多州通過了法律只有臨床心理學家才可以稱為心理學家。APA主席以前一向是科學界的人擔任，現在傳到了心理治療師身上，因為他們的人數眾多，而這些心理治療師的名字對學術界的心理學家來說，卻是連聽都沒有聽過的。心理學幾乎與治療心理疾病畫上等號了。它歷史性的任務——使健康的人更有生產力，活得更實在——已退居後位，前座已被治療心理疾病占去，而第三個任務——找出並培養天才——則被完全放棄了。

只有很短的期間，學術界的心理學家（跟他的白老鼠和大二的學生）沒有受到壓迫去研究有問題的人。一九四七年，國會通過法令創立國家心理衛生研究院（National Institute of Mental Health, NIMH）提供研究經費給基礎研究（正常人以及病人），但是NIMH的主任通常是精神科醫生，所以雖然它的名字是「心理衛生」，但是很快的它就變成了National Institute of Mental Illness——一個專門研究心理疾病的地方。從一九七二年拿到研究經費的專案名稱就可以看出它的轉向了：這些專案全與心理疾病的原因和治療有關，學術界的心理學家開始調整他們的白老鼠和大二學生到心理疾病的方向去。當我在一九六八年第一次申請專案時就已經可以感受到這個壓力了，但是這對我來說並不算重擔，因為我的願望就是要減輕痛苦。

「我們可以開到黃石公園，那裡一定有公共電話。」我太太曼蒂說，孩子在後座唱得不可開交，我調過車頭往回路開。

一九六八年，我在紐約州綺色佳的康乃爾大學心理學系做第二年的助理教授，當時的年紀只比我的研究生大幾歲而已。我在賓州大學當研究生時，跟梅耶（Steve Maier）、歐佛米爾（Bruce Overmier）共同發現一個令人震驚的現象，叫作「習得的無助」（learned helplessness）：我們發現受到很痛苦的電擊卻又無能為力的狗，後來會放棄嘗試，只是低低的哀鳴，被動的接受電擊；即使後來的電擊很容易就能避開，牠們也不會去嘗試。這個研究引起學習理論學家的注意，因為動物應該沒有能力學會自己的行為與結果無關，當時流行的學習理論是：只有在行為（如：按桿）得到結果（如：食物）時，或是當按桿不再得到食物時，學習才會發生。要學會不論自己做什麼都沒有用（也就是說報酬是隨機的）需要認知能力，但當時一般認為動物沒有認知能力；而且學習理論強調的是機械化的「刺激—反應—增強」（stimulus-response-reinforcement），完全排除思考、信仰和期待。前述的理論認為動物不能了解複雜的偶發事件，無法對未來形成期待，也不能學會自己是無助的。習得的無助直接挑戰了心理學領域的核心理論。

基於以上理由，使我的同事感到興趣的不是這個現象的戲劇性或是令人震撼的病態行為

（動物看來完全是憂鬱症的現象），而是這個現象背後對理論的挑戰。我被這個現象後面的意義所啟發，開始研究人類的受苦，其實早從當年做阿爾巴尼女子學校學生的「治療師」伊始，所做的學習理論研究，只是我對受苦的成因與治療方式進行科學研究的中途站而已。

當我坐在農舍改裝過來的實驗室中，灰色的不鏽鋼桌子前寫研究專案時，並不需要像別人一樣，將自己的研究與心理病態掛鉤，習得的無助與心理疾病本來就有很大的關係。我的第一個研究計畫書以及後面三十年的研究專案，完全符合了解和治療心理疾病的架構。很快地，研究老鼠或狗可能會憂鬱變得不夠，我們開始看人類的憂鬱症；之後不到十年的時光，憂鬱的大二學生也不符要求了。第三版《精神疾病診斷統計手冊》（*DSM-III*）定義什麼叫真正的失常（disorder），除非你表現得像個病人，而且有九種嚴重徵候中的至少五種，否則不能算是真正的憂鬱。大二的學生假如可以在學校讀書，他就能發揮功能，也就不可能是真正的憂鬱症，所以不符合提供研究經費的條件。很多學術界的心理學家最後只好投降，變成精神醫學的侍女。薩斯（Thomas Szasz）這位尖嘴利舌的精神科醫生就曾說過：「心理學不過是模仿精神醫學罷了！」

和許多同事不同，我很愉快的修正研究路線，因為我不在意將研究從基礎科學軌道轉向應用，只要它還是在研究人類的受苦情況。對我來說，將論文格式改為精神醫學的格式，一切根據第三版《精神疾病診斷統計手冊》的分類來界定我的受試者，只是不方便而已，還不算偽善。

對病人來說，NIMH的作法帶來了很大的利益。在一九四五年時，沒有一種精神疾病是可以治癒的，沒有一種疾病的治療效果比不治療好，當時的方法全是鏡花水月：找出童年的創傷並不能幫助精神分裂症的人，而切除前額葉也不能減輕憂鬱症的症狀。但是五十年後，藥物和某些心理治療卻能有效的減輕至少十四種精神疾病，有兩種我認為是可以完全治癒的——驚恐症（panic disorder）以及對血和受傷的恐懼症（blood and injury phobia），我在一九九四年寫的書《改變》（*What You Can Change and What Your Can't*，中譯本遠流出版），內容詳細的介紹了這些細節。

不止如此，科學化的心理疾病成為一門新的學術領域。我們現在可以診斷、測量一些模糊的概念，如：精神分裂症、憂鬱症、酗酒；我們可以追蹤病人一生病情的發展；我們可以用實驗的方法將致病原因分離出來；最主要的是，我們發現藥物和心理治療的效應可以用來減輕病人的痛苦。這些進步幾乎全部可以歸功於NIMH研究經費的支持，它造成的功效對總共十兆美元的經費來說，真是便宜得很。

對我來說，研究的成績也非常好。我在一個疾病的模式下進行研究，三十年無間斷的受到NIMH的資助，研究動物習得的無助，然後再轉向研究人。我們認為習得的無助可能是單極憂鬱症（unipolar depression）的模式，亦即沒有躁的問題。我們測試動物與人症狀上的相似性、原因和治療方法，發現來我們診所的憂鬱症病人，和我們在實驗室中用無法解決的難題使之變得無助的人，都顯示出被動的現象，在學習上慢了下來，比控制組的人更悲傷、更焦慮。習得的無助和憂鬱症在大腦裡有相似的大腦生化缺陷；而可以使單極憂鬱症病人減輕痛苦的藥物，同樣也可以治療發生習得的無助的動物。

然而，我心中卻一直為只強調發現病因，彌補缺陷修補損壞的方式覺得不安。做為一名治療師，我看到疾病的模式對一些病人很有用，但是也看一些病人在不符合疾病模式的情境下好得很快。我看到這些病人在了解自己的長處後，所發生的成長和轉變：一個被強暴的人終於了解過去的事無法改變，但是未來卻是操在自己手上；一個病人終於了解自己雖然不是一個好會計師，但是客戶都很喜歡他的體貼；一個病人因為懂得有條理的建構日子，不再對問題做立即的反應，終於使他的思想有規律。我看到各式各樣的人類長處，並在治療中將它找出來貼上標籤，放大後變成日後面對各種打擊的緩衝器。這種建構病人的長處作為治療的方式，完全不符合每一個病人都有自己特別的毛病，一種毛病只能用一種方式治癒的傳統架構。

在研究習得的無助後，我改變了自己對這個實驗的看法，原因來自一個令人發窘的實驗結果——我一直希望它會自己消失但卻沒有。這個發現是：並不是所有的老鼠和狗在接受不可逃脫的電擊後都會變得無助，也不是所有的人在接受解不開的難題或逃不掉的噪音時都會放棄。實驗對象中，三個裡有一個永不放棄，不論我們做了什麼；然而八個之中有一個打從開始就放棄，根本不需要任何不可控制的經驗就馬上投降。剛開始時，我把這些不符合實驗假設的東西掃到地氈下，但是連續十年都看到一致性的行為模式，我終於了解是該正視它了。為什麼有些人在受苦時還不放棄？又為什麼有些人第一次接觸到困難就馬上放棄？

我停好車子後立刻衝向旅館大廳，那兒有公用電話，但是桃樂絲的電話忙線中，她可能正在和贏得主席之位的人通話。「不知道是迪克還是派特贏了！」我跟自己說。「我的對手是史因（Dick Suinn），他是科羅拉多州考林斯堡的前任市長，也是奧運選手的心理師，同時還是科羅拉多州立大學（Colorado State University）心理系的系主任。另一名對手是布里克林（Pat Bricklin），她是心理治療師同時也主持電臺節目。他們兩人過去二十年裡都花了很多時間在華盛頓特區的APA總部，而我是個外地人，從來沒有參加過他們的宴會。事實上，即使被邀請我也不會去，因為碰到開會，我的注意力長度比孩子還短。史因和布里克林做過ＡＰＡ每一個主要分會的主席──除了總主席，我卻從來沒有擔任過任何一項ＡＰＡ的職務。他們兩人還都分別做過一打以上團體的主席，我在打電話時想，上一次我做主席是在九年級的時候。

桃樂絲的電話還在忙線，我感到挫折，腦中一片空白地瞪著電話。然後我深呼一口氣，開始檢討自己的反應：我立刻假設答案會是個壞消息，忘掉自己也曾經做過擁有六千名會員的ＡＰＡ臨床心理學分會的主席，而且做得很好，我還忘記自己不能算是完全的圈外人。我讓自己覺得沒有希望，讓自己陷入驚恐，我沒有去檢查自己的優點──我是自己理論最糟的例子。

悲觀的人以特別的致命方式建構他們的打擊和挫折。他們很自然的認為造成這個挫折或失敗的原因是永久性的，普遍性的，而且全是自己不好：「這個不幸會一輩子跟著我，我做什麼事都會失敗，都是我的錯。」一頓時間，我發現自己正在這樣做：電話線忙表示我輸了這場選舉，我輸了是因為我不夠資格，而我沒有把大部分的時間投入選舉，所以是我自己不好。

相反的，樂觀的人具有韌性，可以使他們將挫折看成是單一問題，是暫時性的、別人行為的結果。從過去二十年的經驗中，我發現在不幸事件發生時，悲觀的人比樂觀的人變成憂鬱症的機率多出八倍；他們在學校的表現比較差，在運動、工作上也是如此；他們身體健康比較不好，而且比較短命；他們的人際關係比較不順，在美國總統大選時也會輸給比較樂觀的對手。當我比較樂觀時，我會假設桃樂絲還在試著撥通我的電話，告訴我我贏了；即使我輸了，也是因為臨床人士比學術人士多，人多票多，沒有辦法。畢竟我是《消費者指南》（*Consumer Report*）的科學顧問，裡面報導心理治療現在多麼的有效；我是很有能力把科學和應用聯結在一起的人，假如今年沒有贏，明年再來會很有希望。

但是我不是一個不講理的樂觀者，而是染了色的悲觀者：我認為只有悲觀者才可以寫出清醒有條理的樂觀書，每天都用我寫在《學習樂觀．樂觀學習》（*Learned Optimism*，中譯本遠流出版）這本書中的技術。我服用自己開的藥，而這帖藥很有效。現在的我正在用其中一項技術——反駁災難思想，在我瞪著電話的時候。

這個反駁的方法很有效，我的精神又振奮起來了，然後想到另外一條路。我打電話給佛勒（Ray Fowler），「塞利格曼博士，請稍等！」佛勒的祕書蓓蒂說。

在我等待時，思緒回到十二個月前在華盛頓的旅館房間裡，佛勒與他的太太珊蒂、曼蒂與我正在開一瓶加州葡萄酒，三個孩子則在沙發上跳，嘴裡唱著《歌劇魅影》（*Phantom of the Opera*）裡的歌。

佛勒60多歲，長得十分英俊，留著山羊鬍，常使我想起美國南北戰爭中的李將軍（Robert E. Lee）及羅馬皇帝奧勒流士（Marcus Aurelius）兩個人。十年前他被選為APA主席，從任職心理系主任多年的阿拉巴馬大學（University of Alabama）搬到華盛頓，APA在他接手後不久就瓦解了（雖然這並不是他的錯）；《今日心理學》（*Psychology Today*）因為失去財源宣布停刊；同時有一組不滿的學術界人士（我也是其中之一）威脅要退出，因為他們認為APA已被臨床師操縱，而這些精於政治手段的人使APA偏離學術正軌，變成支持私人開業的機構，完全忽略了科學。但是佛勒在十年之內將APA帶出赤字，會員增加到十六萬人，使APA與美國化學學會（American Chemical Society, ACS）並駕齊驅，成為世界上最大的兩個科學家組織。

我對佛勒說：「我需要一些實在的忠告，我想競選APA主席，有贏的機會嗎？假如我贏了，你認為我可以做一番值得我付出生命中三年時光的事業嗎？」

佛勒安靜的考慮這個問題，這個人向來很安靜的思考問題，他是心理學政治風暴圈中的安全島。「你為什麼想要做主席，馬汀？」，佛勒問。

「我可以告訴你，佛勒，我想把科學和實用聯結在一起；也可以說我想看到心理學挑戰這個有毒的照顧系統，因為我可以推動治療效果的研究；我還可以告訴你，我想使心理衛生的研究經費加倍。但是坦白說，這些都不是真正的理由，真正的理由不像上面那麼冠冕堂皇，你還記得電影《二〇〇一太空漫遊》（*2001: A Space Odyssey*）的最後一幕嗎？一大堆的胎兒飄浮在地球上空，不知道他們的未來在哪裡？我想我有一個使命，我現在還不知道它是什麼，但假如我是APA的主席，我會找出這個使命來。」

佛勒對我的問題思考了幾秒鐘後說：「有六個想要競選主席的人都在過去幾個星期間問過我這個問題，我的工作是使主席花在這個辦公室的時間是他一生中最好的時光。告訴你：你可以贏，也會成為一個很好的主席，這也是我的工作。就你的情況而言，我恰好講的是真心話。至於能不能值得你三年的生命，這是比較困難的問題，你有一個很好的家庭，這份工作會使你常常不在家……」

曼蒂打斷了他的話：「其實不會，我答應馬汀競選的條件之一是我們買輛卡車，他去哪裡我們就跟去哪裡。孩子們會在家上學，我們本來就主張行萬里路，讀萬卷書。」佛勒的太太珊蒂臉上蒙娜麗莎式的微笑轉換成喜悅的表情，她贊同的點頭。

「佛勒在電話上。」蓓蒂說，打斷我的回想。

「你贏了，馬汀。你不但贏了，票數還比第二名多了三倍。這次投票人數比往年多了二倍，你贏得的票數是APA歷史上最多的一次！」

我很驚訝自己居然贏了，但我的使命是什麼呢？

我需要在很短的時間內擬出施政大綱，然後找到同意我理念的人來幫忙執行。我最先想到的就是「預防」(prevention)。大部分採用疾病模式的心理學家都是著重在治療上，當病人的問題變得不可忍受時，再幫助病人解決問題。NIMH所支持的科學是強調「效率」(efficacy)，不同藥物、不同治療方式的效率，希望能結合病症和最適合它的治療法。但是我認為治療已經太晚，我們應該在這個人還正常時，預防病變的發生，如此可以避免一汪洋的眼淚。上個世紀公共衛生最重要的教訓是：治癒通常沒有把握，但是預防非常的有效——我們目睹助產士洗了手，產褥熱就能減少很多；打過預防針，小兒麻痺症就絕跡了。

我們能否找到年輕人的心理預防，使他們不會得到憂鬱症、精神分裂症或吸毒呢？我過去十年的研究就圍繞著這些問題。我發現教導十歲的孩子樂觀思考和行動的技巧，可以減低他們在青春期之後得到憂鬱症的機率一半以上。我在上一本書《一生受用的快樂技巧》（*The Optimistic Child*, 中譯本遠流出版）中，很詳盡的介紹了這些方法。所以我想「預防勝於治療」，推廣預防的好處及提升科學與實踐的重要性，應該是我做主席所要推動的主軸。

六個月後在芝加哥，我召集一個預防工作團體，開了一天的計畫會議。十二名委員中的每一個人都提出他認為精神疾病的預防方式，這裡面很多都是領域中最有名的人，但是很不幸的，他們的演講令我覺得無趣。問題不在預防的重要性或是預防的價值，而是科學怎麼這麼無趣；又把疾病模式拿出來套，把那些有用的治療法早一點用在危險群的年輕人上。這些聽起來都很有道理，但是有兩點使我很難繼續聽他們說下去。

第一，我認為我們現在所知治療病變的大腦和心智的方法，沒有辦法告訴我們如何預防這些官能症的發生。要能預防精神疾病必須來自認識並且培養一套年輕人的長處、能力和美德，例如：對未來充滿期望、希望、應對之道、勇氣、信心和敬業，這些長處的鍛鍊才能保護孩子在遭受苦難時不會變成精神病。我們可以預防一個基因上屬於危險群的小孩不得憂鬱症，假如我們先教導他樂觀的技巧及希望。住在城市內的年輕人是吸毒的高危險群，因為他生活的環境裡販毒的人很多，但是假如他對未來抱有希望，將精力花在打球等運動方面，並且在工作上具有敬業精神，就比較不會受到毒品的誘惑而上癮。但是建立這些長處來抵抗壓力並不符合疾病模式，因為疾病模式只能修補損壞，而這些人還未發病，並不屬於病人的程度。

第二，除了他們的主張沒有用之外——你能給精神分裂症或憂鬱症危險群的孩子注射好度（Haldol）或百憂解（Prozac）來預防嗎？——這樣的科學計畫只會吸引乖乖牌聽命行事的人。一門新科學需要年輕、聰明、有原創力的科學家加入，歷史上真正的進步都是因為有新血的加入。

當我走出旋轉門時，一個最反對舊制、主張破除因襲的教授對我說：「今天的會議真是無聊透頂，馬汀，你應該加入一些學術的骨幹到裡面去。」

兩個禮拜以後，我在我家後院與五歲的女兒妮可一起除草時，終於發現這個骨幹是什麼了。我必須要承認雖然寫過一本書與很多論文談孩子，其實自己並不知道該怎麼應付孩子。我是一個緊追目標、不浪費時間的人，所以假如我在除草，就是一心一意的除草。但妮可卻不是，她把草丟到空中，又唱又跳，干擾我的專心，於是我責備了她兩句，把她趕走。幾分鐘以後她又回來，

「爹地，我有話對你說。」

「什麼事，妮可？」

「爹地，你還記得我五歲以前的樣子嗎？從三歲到五歲的我每天都在哭鬧，五歲生日那天，我決定不再哭鬧了，那是我做過最難的一件事。假如我可以停止哭鬧，你也可以不要做一個壞脾氣的人。」

她的話像醍醐灌頂，妮可一句話正中要害！我是一個壞脾氣、愛抱怨的人，花了五十年時光去忍受心中的陰霾，過去的十年像朵烏雲在一個充滿陽光的家庭裡移動，我所有的好運都不是因為壞脾氣而得到，而是雖然脾氣不好，我仍然有這麼好的運氣。所以在那一刻，我下決心要改變自己。

更重要的是我了解教養妮可不是去校正她的缺點，她自己可以改變自己，只要她肯下決心，我的任務應該是培養她的長處，從她表現出來的優點中去引導、啟發她——我把這叫作「看進靈魂深處」（seeing into the soul）——幫助她建立她自己的生活。當妮可的長處發展得很好時，便可以成為幫助她對抗自己的短處與抵擋諸多人生挫折與不幸的緩衝器。我現在了解扶養孩子絕對不只著重在修正不對的地方，同時還要發掘他的長處與美德，幫助孩子在社會上找到一個可以安身立命之所，使他的正向人格特質得以全部發展出來。

假如把人放對位子，使他可以發揮自己的長處，能夠對社會有利的話，心理學家便有很大的發揮空間。我們是否可以有一門心理學是討論生命中好的東西呢？是否有一類能使年輕人覺得生命是值得活下去的長處和美德存在呢？父母和老師能否應用這門科學教養出堅強有活力的孩子，讓他準備好進入社會爭取更多的機會發揮他的長處？成人可以教導自己變得比較快樂、充實嗎？

心理學中一大堆病人受苦受難的文獻並不適用在妮可身上，她所要的，以及全世界孩子所需要的，是正向的動機——愛、仁慈、能幹、選擇及尊重生命——這些和負面的念頭一樣是動機，卻會帶給我們滿足、快樂及希望。正向心理學要問：孩子怎樣可以獲得長處和美德？因為透過長處和美德的實行才能得到正向的感覺；它還要問：什麼是培養正向心理學的機構（親密的家庭組織、民主社會、廣泛的道德範圍）？這些都是可以提升長處和美德的地方。正向心理學會領導我們走上美好生活的大道。

妮可讓我看清自己的使命，透過這本書我企圖把它說清楚。

3 幹嘛要快樂

正向情緒在演化上是有其目的的：它擴展了我們智慧的、身體的和社會的資源，增加我們在威脅或機會來臨時可動用的貯備。正向情緒開展我們的心智視野，增加我們的容忍度和創造力。

我們為什麼會覺得快樂？我們為什麼會有感覺？演化為什麼要賜予我們一個非常堅持、非常耗費我們體力的情緒狀態？情緒的這個特性讓我們的日子每天圍著它轉。

演化和正向感覺

在這個心理學家最感到舒服的世界裡，我們對一個人或一個物體的正向感覺會使我們趨近對方，而負面的感覺則使我們逃避；像是烤餅乾的香味會吸引我們去烤箱旁等著，而嘔吐穢物的臭味會使我們立刻過馬路走到另一邊去。連低等如阿米巴原蟲和蠕蟲都懂得趨吉避凶，牠們並沒有任何感覺，只是應用基本的視覺和觸覺而已。在演化的過程中，比較複雜的動物演化出了情緒生活，為什麼？

解開這個糾纏不清的結的第一個線索，來自正向和負向情緒的比較。負面情緒——恐懼、悲傷和憤怒——是我們對外界威脅的第一道防禦工事，使我們進入戰鬥位置：恐懼是危險靠近的第一個信號，悲傷是即將失落的信號，而憤怒是被侵權的反應。從演化上來看，危險、損失和侵權都會威脅到我們的生存，而且這些外在的威脅都是非輸即贏，生死一線間之事。一個人贏代表了另一個人輸，就像網球比賽，每次對方得一分你就輸一分；三歲孩子搶巧克力糖也是如此。負面情緒在非輸即贏的生存遊戲上扮演主控的角色，比賽的結果越嚴重，情緒就越強烈。當情勢越是你死我活，負面情緒就越強烈。因此天擇偏向於負面情緒，那些感受到最強烈的負面情緒的祖先，也是戰或逃的最佳倖存者，只有這樣才能將基因傳了下來，成為我們的祖先。

所有的情緒都有感覺的成分、感官的成分、思考的成分以及行動的成分在內。感覺的成分是為什麼所有負面的情緒都令人嫌惡——厭惡、恐懼、責罵、仇恨。這些感覺就像視覺、聽覺、嗅覺一樣伸展進意識界，而顛覆原來在進行的東西。行動是感覺的警鈴，一贏一輸的比賽來臨時，負面的情緒會使所有的個體立即出動，找尋什麼地方不對勁並且消滅它。情緒所引起的思考通常是專注的，不容許別的東西來分散注意力，並且將注意力導向武器而不是攻擊者的髮型，這些都是在一瞬間要完成的動作，動物必須立即反應：迎擊、逃避或是明哲保身。

自達爾文（Charles Darwin）物競天擇的理論確立以來，大家對負面情緒是演化的骨架已有一致性的看法；但是，相反的正向情緒是否有必要竟然沒有公認的看法，真是件很奇怪的事。

科學家區分真正的現象與偽現象：踩油門是個真正的現象，因為它啟動一連串的反應使你的車開始加速；偽現象只是一個測量但是沒有因果的關係，例如：汽車儀器板上車速表指針的上升並不能引得車的速度加快，它只是告訴駕駛者車子正在加速。史金納（B. F. Skinner）等行為主義者，花了半個世紀的時光爭辯心智只是種偽現象，像卡布其諾咖啡上的牛奶泡沫。他說當你看到熊來而逃跑時，你的恐懼只反映出一個事實就是你在跑開，主觀的恐懼通常是發生在逃跑的行為之後；簡單的說，恐懼不是逃跑的動力，它只是車速表而已。

雖然在行為實驗室中工作，但我從一開始就是個反行為主義者（譯註：塞利格曼博士畢業於全美最強的行為實驗室，他是行為學派大師所羅門〔Soloman〕教授的學生）。習得的無助使我看到行為主義（behaviorism）的錯誤。動物可以——人當然更會——計算事件之間的複雜關係（例如：「我怎麼做都沒用」），動物還會把這個關係推定到未來的事件中（例如：「我昨天怎麼用心做都沒用，今天雖然情境不一樣，我怎麼做還是一樣沒用。」）看出複雜關係是種判斷的歷程，而把這判斷推定到未來的事件是種預期的歷程。如果你仔細看習得的無助，會發現上述的歷程無法用偽現象來解釋，因為它的確引起行為的放棄。習得的無助是吹垮行為主義稻草屋的那陣風，它使得認知心理學得以在一九七〇年代立足學術界。

我當時就非常相信負面情緒不是偽現象，演化的證據非常具有說服力；悲傷和憂鬱不但是失敗的信號，同時也帶出退縮、放棄和自殺（在極端的情況下）的行為。焦慮和害怕表示危險仍然存在，使你準備做出逃命、防禦，或明哲保身的保存體力、縮頭不管的行為。憤怒表示權利被侵犯，將引起攻擊入侵者的準備行為及伸張正義的呼聲。

很奇怪的是我並沒有把這個邏輯同樣應用到正向情緒上，不管是在我的理論中或我的生活上都沒有。快樂、自信、歡愉的感覺離我很遠，像霧一樣地可望不可及。在我的理論中，我懷疑這些情緒會引起什麼後果，或假如你生而不幸沒有這些好的情緒時，是否可以用後天的方法增加。我在《一生受用的快樂技巧》一書中寫道，一般而言快樂，尤其是自信，是在這個世界中有成功表現時的副產品，你不可能在事業成功之前感到高自信的愉悅，這是倒因為果。這是我當時的想法。

在個人生活中，我很遺憾的說自己很少感到快樂，即使感到快樂也很短暫、不持久。在我接觸到正向和負向情緒的文獻之前，我都把自己的情緒深埋在心中，沒有讓別人知道。明尼蘇達大學（University of Minnesota）的研究顯示，正向情緒是個人人格特質，具有遺傳性：一對同卵雙胞胎不論是愛哭還是愛笑的，只要有一個是某種情緒個性，另一個必然也是；但是假如是一對異卵雙胞胎（只有一半的基因相同），那麼他們兩人有著同樣情緒特質的可能不會比機率高多少。

你怎麼知道自己具有正向的還是負向的情緒呢？下面是測量情緒最有效的「正向情緒和負向情緒量表」（Positive Affectivity and Negative Affectivity Scale, PANAS），由韋特森（David Watson）、克拉克（Lee Anna Clark）和泰勒真（Auke Tellegen）共同發展出來（不要懼怕它的術語，這其實是一個很簡單、很有用的測驗）。你可以直接在書上做，也可上網（www.authentichappiness.org）去做。

有些人擁有相當正向的情緒，這種個性其實終其一生都如此。正向情緒的人大部分時候覺得很好，好的事情帶給他們快樂，而且這個快樂相當持久。當然，也有很多人是不快樂的，他們即使成功，也不會雀躍高興。我們大部分的人是落在這兩個極端的中間，我想這是心理學老早就知道的事。現在我們已經很清楚的知道憤怒和憂鬱在本質上的差別了，何不把力氣投到正向情緒上？

表 3-1　正向情緒和負向情緒量表

這個量表內有許多形容不同感覺和情緒的詞彙，閱讀過去並在每個詞彙前面的空格內填上最恰當的答案——即**最能描述你現下心情的選項**，並用下面的量表記錄你的答案。

1. 很少或幾乎沒有　2. 有一點　3. 中等　4. 很多　5. 非常多

______	有興趣（PA）	______	煩躁（NA）
______	分心（NA）	______	警覺（PA）
______	興奮（PA）	______	羞恥（NA）
______	不爽（NA）	______	激勵（PA）
______	堅強（PA）	______	緊張（NA）
______	罪惡感（NA）	______	決心（PA）
______	恐懼（NA）	______	注意（PA）
______	敵意（NA）	______	神經質（NA）
______	熱衷（PA）	______	主動（PA）
______	驕傲（PA）	______	害怕（NA）

計分的方式是將 10 個正向情緒（PA）項目的得分，以及 10 個負向情緒（NA）的分數相加起來，你會得到兩個從 10 到 50 的分數。

過去的理論認為我們的情緒是天生的，基因主導著人的情緒生活。假如你的情緒生活不幸並非風平浪靜，這個理論告訴你：你是無能為力的！你無法使自己快樂，你所能做的是去接受這個命運（就像我過去一樣）；你不可能駛出暴風圈，求得幸運的那批人所享受的正向情緒。

我有一個朋友連恩，他的正向情緒分數比我還低，但在別人眼中是很成功的，做到證券交易公司的總裁，拿過好幾次國家橋牌比賽的冠軍，而且成名極早，在20多歲時就登峰造極了。他外表英俊，口才辯給，聰明機智，最有價值的單身漢當之無愧，但是他在感情生活上卻是一敗塗地。我曾看他在拿到橋牌冠軍時，半微笑著一個人逃到樓上去看星期一晚間的職業美式足球賽。這並不是說他不敏感，他非常知道別人的情緒和需求，也對別人的需求做出恰當的反應（這是為什麼每個人都說他「很好」），但是他自己並不覺得很好，並不因此而覺得快樂。

他所約會的女孩當然不喜歡這樣，她們覺得這男人很冷、沒有樂趣，也不會說笑。她們都對他說：「連恩，你有點不對勁。」結果，他花了五年的時光躺在紐約心理分析師的沙發上。「你有點不對勁，連恩。」心理師也這麼說，用盡方法去挖掘他童年的不幸創傷，找出為什麼他要壓抑正向情緒，結果都沒用——連恩沒有任何創傷可以挖掘，他的童年非常幸福。

事實上，連恩並沒有什麼問題，他只是在正向情緒量表的低端。演化使得很多人落在這個曲線的左邊，因為天擇會用到沒有情緒的人，也會用到感情豐富的人。連恩的冷漠情緒生活在很多場合對他是有利的——在打橋牌叫牌的時候、在貿易談判的時候、在開董事會的時候，他的不動聲色對他都是很有利的。但是他同時也和現代女性約會，這些女人覺得愉悅的男人比較有魅力。十年前，他問我該怎麼辦，我建議他搬到歐洲去住，那裡的人們比較保守，情緒不外露，對他比較有利。結果他與一名歐洲人結婚，十分美滿幸福。所以這個故事的意義是：一個人即便沒有很高的正向情緒，也有可能得到幸福。

智慧的拓廣與建立

像連恩一樣，我過去也一向覺得生活中沒什麼值得快樂的地方。那天下午在後院與妮可的談話讓我知道自己的理論是錯誤的，但是真正說服我的是密西根大學（University of Michigan）副教授佛德利克生（Barbara Fredrickson）：正向心理學不只是讓我們覺得快樂而已，它還有遠大的目標。美國有一個「鄧普登正向心理學獎」（Templeton Positive Psychology Prize），專門頒給40歲以下在正向心理學領域研究出色的年輕人，它的頭獎是十萬美金，而我很榮幸地出任選拔委員會的主席。西元二〇〇〇年第一次頒發這個獎時，得獎者正是佛德利克生博士，她的得獎作品為正向情緒功能的理論。當我第一次讀到她的論文時，三步併二步的跑上樓梯去告訴我太太：「這是改變生命的文章。」至少對我來說，它改變了我的生活。

佛德利克生認為正向情緒在演化上是有其目的的：它擴展了我們智慧的、身體的和社會的資源，增加我們在威脅或機會來臨時可動用的貯備。當我們處在正向情緒時，別人比較喜歡我們，我們在友誼、愛情和合作上都容易建功。跟我們在煩惱、憂慮時相反，正向情緒開展我們的心智視野（譯註：中國人說「人逢喜事精神爽」），增加我們的容忍度和創造力。我們在心情好時較能接受新的想法和新的經驗。

佛德利克生舉了幾個實驗的例子來支持她的理論。假設在你面前有一盒大頭釘、一根蠟燭和一盒火柴，你必須把這個蠟燭掛在牆上，但是蠟油不能滴到地板上。這項作業需要創意才能解決——把大頭釘倒出來，空盒用大頭釘釘在牆上，再把蠟燭放在盒子內，這樣油就不會滴落地板上了。在做這項實驗之前，實驗者先讓你進入正向的情緒，給你一小袋糖果、看好笑的卡通，或是叫你用感情大聲的念出一系列正向情緒的字。每種方式都很可靠的增加一些好的感覺，結果造成的正向情緒使你更可能發揮創造力，去完成這項作業。

另一個實驗是盡快的判斷一個字是不是屬於某個類別。例如類別是「交通工具」，當你聽到「汽車」和「飛機」時，就會盡快的回答「是」；但是當你聽到「電梯」時，大多數人會慢幾拍回答「是」，因為它不太符合我們心目中的運輸工具。實驗者發現假如先引發受試者正向的情緒，受試者對電梯的反應時間就會變快——正向情緒拓廣你接受的胸襟與思考的速度。同樣情形也發生在給你三個字，請你找出一個與這三者有關的字的實驗情境下，例如：找出一個字與mower（割草機）、foreign（外國）、atomic（原子能）都有關。（答案是power）

這樣智慧的拓展也發生在對小孩子和有經驗醫生的兩項實驗上。實驗者要兩組四歲的小朋友花三十秒去回憶一個「使你高興得跳起來的事情」（高能量的快樂），或是一件「使你高興得只想坐著微笑的事情」（低能量的快樂）；然後所有的小朋友都要學習一項有關形狀的作業，結果上述兩組的表現都比接受中性指導語的控制組好。在醫生的情境則是將四十四名實習醫生隨機分派到三個情況下：一組是每個人拿一小包糖果，另一組是大聲的讀人本主義者對醫學的看法，第三組是控制組；然後給所有的醫生一個很難診斷的肝病病歷，要他們大聲說出自己診斷的步驟，結果拿到糖果的那一組做得最好，最早想到可能是肝病。

快樂但是愚蠢？

雖然有以上的證據，我們還是習慣認為快樂的人都是沒有腦筋的笨蛋。很多聰明但不得人緣的棕髮女孩在「金髮美女是傻瓜」（dumb blonde）的笑話中找到安慰，我念高中時是個 wonk（這個字是 know 反過來拼），也從很多人緣好但後來沒什麼成就的同學身上找到一絲安慰。這種「快樂但愚蠢」（happy-but-dumb）的看法出自皮爾斯（C. S. Peirce）這位實用主義（pragmatism）的創始人，他在一八七八年寫道思想的功用是減輕疑慮：我們並不會思考，我們平常幾乎是沒有意識的過日子，直到有問題發生。當鞋子裡跑進小石頭時，我們才會啟動意識去分析。

整整一百年以後，艾洛伊（Lauren Alloy）和艾伯倫姆生（Lyn Abramson）這兩位聰慧的研究生，用實驗的方法證實了皮爾斯的話。她們讓大學生控制一盞綠色的燈光，有時候受試者有完全的控制權，燈只在他按下時才會亮，如果不再按一次便繼續亮；另外的時候則是不管他們有沒有按開關，燈都會自己亮。然後她們請受試者評估他們對情境的控制程度，比較沮喪的學生對他們有控制或沒有控制時的情況評估都很正確，但是不憂鬱的學生他們的表現令人吃驚，他們有控制權時對自己的評估很正確，但即使完全沒有控制權時，他們還是認為自己掌握35％的控制。

許多證據顯示，憂鬱的人比較悲傷但比較正確。憂鬱的人比較實際，他們比較能夠正確判斷自己有多少才能；而快樂的人對自己能力的評估通常超越別人對他的判斷：80％的美國人認為他們的社交技能是落在鐘形曲線的前半，大部分的工作者認為他們的工作表現比一般平均數好，大多數開車的人都認為他們開車比一般人更安全（包括那些曾經出過車禍的人）。

快樂的人記得比較多快樂的事件，甚至比實際發生的還多，而忘記了不好的經驗。相反的，憂鬱的人對兩種記憶都很好。快樂的人認為如果他們成功了，當然是自己能力的證明，既然有此能力以後一定還會再成功，但是假如他們失敗了，這失敗很快就會過去，只是運氣不好沒成功而已。憂鬱的人則對評估成功與失敗都很公平，不會大小眼，偏向哪一邊。

這種行為的確會使快樂的人看起來沒有腦筋。但是現在對憂鬱的人是否能很真實的對待成功與失敗有了爭議，因為許多實驗者無法重複得到同樣的效果。此外，贏得二〇〇〇年鄧普登獎第二名的猶他大學（University of Utah）教授艾斯平沃（Lisa Aspinwall）收集了很多證據顯示，快樂的人比不快樂的人在重要的真實生活決策上做得更好。她給受試者看一些跟健康有關的文章，例如：給愛喝咖啡的人看咖啡因與乳癌的關係，或是給愛做日光浴的人看晒太陽與皮膚癌的關係的文章。她的受試者先依樂觀量表來分類，或是讓他們回憶一些過去善行來引發正向的情緒，然後才給讀這些醫學文章。一週後請他們回憶文章中關於得癌症的危險率，正向情緒的人比不快樂的人更能正確的回憶出負面的訊息。

解決「哪一種人比較聰明」的爭執可以用下列方法：在正常的情況下，快樂的人會依賴他們過去試過且可用的正向經驗來判斷事情，而比較不快樂的人通常對事情抱著較懷疑的態度。即使過去的十分鐘內，燈光的亮與否不是他的行為可以控制的，快樂的人從過去的經驗中假設事情終究會變好，再過一會兒他們就可以掌控了，因此才會認為自己有35%的控制權。但是假如這個事件是有威脅性的（一天三杯咖啡會增加你得乳癌的可能性），快樂的人馬上就會轉換跑道，採取比較懷疑的態度及分析的心智去對待它。

綜合上述發現，我看到一個令人興奮的可能性：**正向情緒可以使我們從完全不同的角度思考事情，跳脫負面情緒的思考方式**。從三十年心理系系務會議的經驗中，我發現當我們在一間沒有窗戶、灰暗沒有生氣的房間內開會時，每個人的臉色都是陰沉的，這個冷漠的情緒使我們對所有事情都不滿，嚴苛的加以批評。當我們開會討論哪一個人最適合聘進來當教授時，通常一個都沒有通過，因為不論對方有多強，總有人可以找到他的缺點，不通過聘任。在過去的三十年裡，我們拒絕了許多優秀的年輕學者，這些人後來都成為世界知名的心理學家。

所以，冷漠、負面的情緒會激發一種戰鬥的思考方式：集中注意去挑毛病然後宣判出局。相反的，一個正向的情緒會使思想進入創造性、容忍性、建構性、寬大、非防禦性的大道。這種思考方式不是去挑毛病而是去看優點，看看這個人進來會為系裡帶來什麼樣的榮耀。跟負面情緒的思考比起來，這甚至都在大腦不同的區域處理，說不定也有不同的神經傳導物質在做媒介。

你可以選擇你的方式和設計你的情緒以適合手邊的工作。下面是需要批判性思考的作業：研究所入學考試、計算綜合所得稅、決定要開除誰、處理一直失戀的問題、面對國稅局查稅、校對編輯、在競爭激烈的運動競賽中做定輸贏的決策、決定上哪一所大學。在下雨天，直靠背的椅子上，安靜無聲像監牢一樣的房間內做上述這些事，你的情緒是緊張的、悲傷的，這些對你不但沒有妨礙，反而可能使你的決定更為敏銳。

相反的，任何需要用到創造力、想像力或廣泛思考的作業，例如：計畫一個行銷提案、增加生活的樂趣、考慮一個新的事業跑道、決定該和誰結婚、選擇嗜好或競爭性不強的運動、從事創意寫作時，你應該在一個會提升情緒的地方來做這些事（在舒適的椅子上，悅耳的音樂，陽光普照的天氣，充滿新鮮空氣的環境）。如果可能，請邀請你信任的朋友一起做這些事。

建立身體的資源

像歡樂這種高能量的情緒使人好嬉戲，而嬉戲可以建構身體的資源。小松鼠的嬉戲包括用最快的速度奔跑，彈跳到空中，在空中改變方向，落地後立刻拔腿往另一個方向跑；小猴子在嬉戲時也會利用小樹枝的彈性，將自己像弓弩一樣彈射到空中。這些遊玩的方式其實都被成人用來逃命和保命。你可以把遊戲看成在建立肌肉強度及心臟血管的適應性，以便未來能逃避獵食者，並使自己在打架、獵食及求愛技術上更完美。

身體健康狀態及長壽是體能的指標，已經有很多證據顯示，正向的情緒可以預測健康狀態和長壽。目前規模最大的研究，是在美國西南部對二千二百八十二名65歲以上的墨裔美國人所做的人口和情緒問卷。這個研究追蹤兩年的時間，結果發現正向情緒可以很強烈的預測誰存活、誰死亡以及殘障情況。在控制了受訪者的年齡、收入、教育程度、體重、抽菸與否、喝酒狀況以及疾病因素之後，研究者發現快樂的人和不快樂的人相比，死亡率減半，殘障率也減半。正向的情緒也保護人不蒼老，還記得在本書一開始時，那些寫下快樂自傳的修女比不快樂的活得長，身體也健康些，梅約醫學中心的研究也顯示樂觀的人比悲觀的活得長很多。快樂的人有比較好的健康習慣，比較低的血壓，比較強健的免疫系統。當你把這些資料和艾斯平沃的發現——快樂的人會去尋求並吸收比較多的健康危險資訊——放在一起思考，你會得到一個很清楚的結論，即快樂會延長壽命並促進健康。

生產力

或許最重要的資源建構特質是工作的生產力。雖然我們幾乎沒有辦法區分出來：是高的工作滿意度使一個人快樂？還是快樂使一個人對他的工作滿意？但是快樂的人的確比不快樂的人對他的工作滿意度高。研究發現，快樂可以增加生產力和收入。有一個研究測量二百七十二名職員的正向情緒，追蹤他們在之後十八個月內的工作表現，結果發現上司給快樂的人的考績比較高，薪水也比較多。在一個長達十五年，對澳洲青年的大型追蹤研究中，發現快樂的人比較容易找到工作，薪水也比較高。在想要區分出快樂和生產力因果關係的研究中（用實驗的方式引發快樂的情緒，然後看後來的表現），發現不論是大人或小孩，在心情好的時候做各種不同的實驗作業，如：解字謎，都會選擇比較高的目標、表現得比較好、堅持得比較久。

當快樂的人遭到不幸時

快樂的人建立自己身體資源的最後一項益處，是他們在遇到不幸事件時的應對方式。你的手可以在冰水中浸泡多久？一般來說是六十到九十秒之間，超過這個時間手就會痛了！堪薩斯的一位教授史耐德（Rick Snyder），也是正向心理學創始人之一，他曾在電視節目《早安，美國！》（*Good Morning America*）中，試驗過這個方法來證明正向情緒可以對抗不幸。他先給節目工作人員做正向情緒的測驗，發現有一個叫吉布遜的人分數比別人高出很多；然後在現場節目中，請所有工作人員都將手放入電視攝影機前的冰桶，除了吉布遜，所有人都在九十秒之前將手從冰桶中抽開，只有他坐在那兒微笑，手放在冰桶中直到廣告插播為止。

快樂的人不但比較能忍受痛苦，而且在受威脅時比較注意健康和安全，正向情緒同時還能**去除**負向情緒的作用。佛德利克生給學生看電影《岩礁》（*The Ledge*）中的一段：一個人沿著大廈的窗沿一點一點的前進，突然之間他的手鬆掉，掛在高空，下面是車水馬龍……。這時，學生的心跳聲在屋頂上都聽得見，他們替主角緊張。之後，學生又再看了四場電影片段：「海浪」引發出滿足感；「小狗」引發出娛樂感；「樹枝」沒有引發任何感覺；「哭泣」引發悲傷的感覺。「海浪」和「小狗」兩段都使學生的心跳減慢，而「哭泣」則使心跳率更高。

建立社會的資源

我最小的女兒卡麗七週大時開始了她社交發展的第一步。她在吃奶時，常常停頓下來望著母親笑，母親回笑，卡麗喉嚨裡發出快樂的聲音，嘴笑得更大；當這程序完成時，母女之間愛的聯結就形成了，有這種安全依附（secure attachment）的孩子長大後，在各方面都表現得好，包括毅力、問題解決、獨立性、探索性及熱忱。有正向的情緒而且可以很好的表達出來，不但是母子連心的關鍵，也是所有愛情和友誼的關鍵。我最好的朋友並不是心理學家（雖然我和這些人共事的時間很長，有共同的背景、共同的經驗），也不是其他專業領域的知識份子，而是跟我一起打撲克牌、橋牌和排球的人。

有一種顏面麻痺的病叫「莫鼻爾士症候群」（Moebius Syndrome），患者因此無法微笑，無法用臉來顯示正向情緒，所以再友好的談話，病人臉上都是無動於衷的冷漠表情，這種人無法交到朋友。當我們感到正向情緒時，我們會表示出來，引發別人的正向情緒，但是假如沒有得到回應時，支持這份愛和友情之舞的音樂就被中斷了。

一般心理學的研究集中在病態行為上，他們去看憂鬱的、焦慮的或憤怒的人，問他們的生活型態及人格特質。我自己也做了二十年這種研究，最近狄納（Ed Diener）和我決定去做相反的事，看看最快樂的人的生活型態和人格特質。我們隨機挑了二百二十二名大學生，用六種不同的測驗去測量他們的快樂程度，然後挑了最快樂的前10%的學生來做研究。這些非常快樂的人與一般的人、不快樂的人之間，有一個很重要的差別：

社交生活的豐富與充實。最快樂的人是獨處時間最短的人，也是花最多時間在交際上的人。他們的朋友和受試者自己都在「好的人際關係」上給予他最高分。最快樂的二十二人中，只有一個人沒有男／女朋友。這些人的錢都不多，但是他們在好的和壞的事件上的經驗並沒有差別，在睡眠時間上也沒有，在看電視、運動、抽菸、喝酒和宗教活動上都沒有差別。許多研究顯示，快樂的人比不快樂的有較多的朋友，較多的好朋友，比較可能結婚，比較常參與團體的活動。

快樂的人有一個共通的特點就是利他行為。在我看到這份資料前，我一直以為不快樂的人比較能認同別人的痛苦，因為他自己感受過，應該比較會有利他行為出現，所以當我看到快樂的人比較可能是利他主義者時，真的是嚇了一跳。在實驗室中，快樂的大人和小孩比較具有同理心，也比較願意捐錢給需要的人。當我們快樂時，我們比較不會把注意力集中到自己身上，我們比較喜歡別人，甚至願意與陌生人分享我們的好運。當我們心情低落時，我們不相信別人，變得很內向，並且集中注意力到保衛自己的需求。

快樂和雙贏——從演化上重新考慮

佛德利克生的理論以及上述這些研究，讓我看到自己應該盡量把正向情緒加入生活中。就像所有落在鐘形曲線左下端的人一樣，我安慰自己說怎麼感覺是不重要的，重要的是我能成功的和外界互動就好了。但是**正向情緒是重要的，不只是它本身能帶給你快樂，還可以使你和外界的交往更成功**；如果你建立正向情緒的生活，會發現你的朋友變多了，你在友誼、愛情、身體健康、工作表現上都加分很多。佛德利克生的理論也回答了本章開始時的一個問題：為什麼正向情緒使我們感覺良好？我們為什麼會有感覺？

拓廣和建構——亦即成長和正向發展——是**雙贏**的重要特質。理想上來說，讀這一章應該是個雙贏的例子：假如我是個好的作家，應該會從寫這本書中學到很多，即使我的智慧成長，而讀者也應該有所收穫。交朋友、談情說愛、扶養孩子，這些都是雙贏的事情，幾乎所有的科技進步（例如：活字版的發明，玫瑰花和茶的絕妙搭配）都是雙贏的交流；活版印刷並沒有使原來的印刷萎縮，相反的更增大了它的經濟價值。

就像負面的感覺是「這裡有噴火龍」的警報感官系統，正確地告訴你現在處於一個非贏即輸的情況下，正向情緒也是一個感官系統，是一盞「這裡有成長」的霓虹燈，告訴你眼前是個雙贏的情況。當你活化自己的心智使它變大變廣，變得更容忍、更有創造力時，正向感覺將使你在社交上、智識的吸收上和身體的健康上更加成功，得到更多的利益。

4 你可以讓自己快樂很久嗎？

可能有一個掌管個人一般性快樂的範圍，本章的目的是問：你如何可以改變生活的環境，使你達到自己天生範圍內快樂的最高點。

快樂的公式

雖然這本書所引用的研究大多來自統計研究，但是一本友善的心理學書籍，最多只能有一個公式，才不會把讀者嚇跑，下面就是本書所用唯一的公式：

H＝S＋C＋V

H是你維持快樂的長度，S是你快樂與否的範圍廣度，C是你的生活環境，V是你自己可以控制的因素。本章只看H、S、C的部分，V是正向心理學最重要的核心部分，留在第五、六、七章中來談。

H：維持快樂的長度

區分暫時性的快樂和持久性的快樂是很重要的，暫時性的快樂很容易用巧克力糖、喜劇片、背部按摩、奉承的話、一束花、一件新襯衫達到。本書不是告訴你如何增加短暫的快樂，因為沒有人比你更知道，該如何增加自己生活中短暫的快樂；困難的是提升快樂的**持久時間**，這是無法從增加短暫快樂得到的（原因你會在下一頁的量表中看到）。第一章所做的佛狄斯快樂量表是針對暫時性的快樂，現在要了解你一般程度的快樂情形，下一頁的量表是由加州大學河濱分校（University of California at Riverside）心理系副教授凌波蜜斯基（Sonja Lyubomirsky）所發展出來的。

你可能認為本章的題目有點奇怪，你或許認為只要肯努力，每一種情緒狀態、每一個人格特質都可以得到改進。四十年前當我剛開始研究心理學時，我也是這麼想。這種「人是完全可以改變」的教條思想籠罩著當時的心理學界，當時的人認為只要肯下決心去改，只要環境可以重塑，人都可以變得更好。但是在一九八〇年代，雙生子和螟蛉子的人格研究開始出現後，前述的說法就崩潰了，而且是一敗塗地，無東山再起的可能。同卵雙胞胎的心理特質比異卵雙胞胎的更相像，而被人收養的螟蛉子的人格特質像生身父母而不像收養父母，這些研究現已達百篇以上，並且都顯示出同一結論：大約50%的人格特質是基因決定的。但是高遺傳性並不代表不可改變性，有些遺傳來的特質（如：同性戀和體

表 4-1　一般性快樂量表

在下面的句子或問句中，請圈選最適合你的分數。

1. 一般來說，我認為我自己：
   不是一個很快樂的人　1　2　3　4　5　6　7　是很快樂的人
2. 跟我的同儕比起來，我認為我是：
   比較不快樂　1　2　3　4　5　6　7　比較快樂
3. 有些人一直都很快樂，不論發生什麼事，他們都能享受生活，從每一件事中獲取最大利益——你認為上面這句話適合你嗎？
   一點都不適合　1　2　3　4　5　6　7　非常適合
4. 有些不快樂的人，雖然沒有到憂鬱症的地步，但就是不能快樂起來——你認為上面這句話適合你嗎？
   非常適合　1　2　3　4　5　6　7　一點都不適合

計分的方式是把分數加起來除以 8，一般美國人的平均值在 4.8，三分之二的人在 3.8~5.8 之間。

重）是不可改變的，而其他的遺傳特質（如：悲觀和恐懼）是很可以改變的。

S：快樂的範圍廣度——阻擋快樂的因素

你的快樂測驗分數有一半決定在你的親生父母，假如他們也來做這個測驗的話就可以獲得驗證。這表示我們腦中可能遺傳有一個掌舵的小人，促使我們到快樂或悲傷的層次去。舉例來說，假如你在正向情緒的分數不高，可能常覺得想要逃避社交活動，寧可一個人獨處。下面你會看到，快樂的人是善交際的，朋友很多，有人認為他們的快樂是來自於社交生活的圓滿；所以假如你不去對抗腦海中小舵手的指揮，就得繼續停留在不太快樂的層次——而你其實不必不快樂的。

快樂的溫度計

露絲是住在芝加哥海德公園區的單親媽媽，她的生活很需要希望，所以每週花美金五元買伊利諾州的樂透彩券。露絲需要定期的「希望」來提升自己的情緒，因為她的心情每天都很低落。假如露絲有錢看得起心理治療師的話，她的狀態應該被判定為輕度憂鬱。這種驚恐情況並非始於三年前露絲的先生遺棄她時，其實她一直都處於心情低潮下，至少從二十五年前，她還在念中學時就是如此了。

有一天，奇蹟出現了，露絲中了二千二百萬美元的樂透獎，她高興得簡直要瘋掉，立刻把工作辭了，跑到大百貨公司去血拚。接著露絲在高級住宅區買了一幢十八個房間的巨廈，還有最貴的名牌跑車，甚至把雙胞胎兒子送進私立學校就讀。但是很奇怪的，隨著時間的過去，她的情緒又低落下來。最後，到年尾時，露絲昂貴的心理治療師診斷她為慢性憂鬱症（chronic depression）——雖然她完全沒有任何可見的憂慮原因。

像露絲這樣的故事使得心理學家開始懷疑，我們是否天生就有一個快樂的範圍，而且是固定的、不可改變的；這個天生的範圍就像溫度計一樣，即使有快樂的事件發生使我們情緒上揚，它也會盡忠職守地把我們的快樂往下拉回平常的設定。有一個研究追蹤二十二名中了樂透大獎的人，發現結果他們都降回原來的快樂指數附近，贏得大獎並沒有使他們比控制組的人更快樂。但是，好消息是假如有不幸的事故發生，這個溫度計也會把你從低潮中拉出，回到你原來設定的地方。其實，憂鬱症都是事件性的，在發作後幾個月便會回到原來的設定。即使在車禍中受傷導致半身不遂的人也能很快的適應自己身體的新情況：在車禍或意外後八週，這些人正向的情緒就開始超越負向；在幾年之內，他們只比沒有癱瘓的人不快樂一點點而已。84％的嚴重殘障者認為，他們的生活是在一般人的平均值，甚至比平均值更高。這些發現支持了我們每一個人都有一個正向或負向情緒範圍的看法，這個範圍是我們決定整體快樂程度的先天成分。

快樂主義的跑步機

另一個使你不能提升自己快樂層次的是「快樂主義的跑步機」（hedonic treadmill），它使你很快地適應好的事情，然後認為是理所當然，心中不再存感激之念。當你收集到越來越多珍奇之物，職位越爬越高時，你的預期也越來越高，過去的努力帶給你的名望和財富不再能為你帶來快樂，你必須要有更多、更好，才能再覺得快樂。但是一旦達到那個層次，很快的你又適應了，又必須要再多、再好的，如此循環下去，使你快樂不起來。很不幸的是，有許多證據證明了這個跑步機的存在。

假如沒有這個跑步機的話，鴻運當頭的人應該比普通老百姓快樂得多才對。但是一般老百姓其實比那些達官貴人更快樂。研究發現，幸運的事和高成就竟然不能帶給人們長久的快樂，只有短暫的效果而已：

- 一件重大的事故（如：失業或升等）在三個月之內會失去它對快樂程度的影響力。
- 財富雖然可以帶來物質的占有，跟快樂的關係卻出奇的低。一般來說，富有的人只比貧窮的人快樂一點點而已。
- 過去五十年，富庶國家的人民收入有顯著的上升，但是生活滿意度並沒有隨之上升，還是跟以前一樣。這情形在美國及其他富有國家皆然。
- 新近的加薪可以預測工作滿意度，但是薪水高低卻不能。
- 外表的吸引力（這就像財富一樣，可以帶給你某些利益）對快樂並沒有任何作用。
- 客觀的身體健康跟快樂的相關剛好達到顯著性（即這兩樣有相關但程度不高，恰好到統計上的水準而已），而身體健康是所有資源中最有價值的一項。

不過，適應也是有限度的，有些壞的事件我們永遠沒有辦法適應，或適應得很慢。孩子的死亡或是配偶意外車禍死亡都是明顯的例子，在事件發生後四到七年，當事人還是比控制組憂傷或不快樂。照顧失智症（Alzheimer's disease）患者的家屬主觀的幸福感覺下降得很快，赤貧國家如印度和奈及利亞的人，他們的快樂程度比富有國家的國民低，雖然幾百年來他們一直是貧窮的。

所以，S變項（你天生的樂觀個性，快樂主義的跑步機效應及個人快樂的範圍）會使你的快樂無法上升。但是下面兩個因素C和V可以提高快樂的程度。

C：生活環境

關於環境這個因素，好的一面是它的確可以提升快樂，壞的部分是這種改進很昂貴又不切實際。在我討論生活環境如何影響快樂以前，請先就下面的問題寫下你的意見：

1. 美國有多少百分比的人在他一生中曾經得過憂鬱症？
2. 美國有多少百分比的人認為他的生活滿意度在中間之上？
3. 有多少精神病患者報告說他的正向情緒比負向情緒高？
4. 貧窮的黑人、失業的人、老年人和嚴重多重障礙的人，哪一種人負向情緒比正向情緒高？

你很可能低估了快樂的百分比（我就是）。回答上述問題的美國成人，認為應該有49%的人曾經得過憂鬱症，但正確答案是在8∫18%之間；認為只有56%的人覺得生活滿意度在中間以上，但是正確的答案是83%；認為只有33%的精神病患者會覺得自己的正向情緒比負向情緒高，事實上有57%的人回答他們的情緒是正向的——雖然他們有精神病。至於最後一題，列出的四組人都說他們很快樂，但是受訪美國成人中，有83%認為窮人不快樂，100%認為失業的人不快樂，38%認為老人不快樂，24%認為多重殘障的人不快樂。從上述的報告裡，我們看到大部分的美國人是快樂的，不論客觀的環境是什麼樣，但是他們同時都低估了其他同胞的快樂指數。

在一九六七年，快樂研究啟蒙之初，威爾遜（Warner Wilson）回顧文獻對快樂的了解，發現當時心理學界認為快樂的人必須要有下列這些條件：

- 高薪
- 已婚
- 年輕
- 健康

- 受過高等教育
- 不論男女
- 不論何種程度智慧
- 有宗教信仰

但是上述條件有一半是錯的。我現在就過去三十年的新發現，分項討論這些外在因素如何影響快樂，有些結果會令你大吃一驚。

金錢

「我曾經富有過，也嘗過貧窮的滋味，有錢還是比較好。」——塔克（Sophie Tucker）

「金錢買不到快樂。」——俗諺

上面兩句看似矛盾的話卻都是正確的，有一大堆文獻告訴你金錢和貧窮如何影響快樂。研究者在最廣的層次比較富有和貧窮國家人民幸福的感覺，下頁是二十九個國家、每個國家有一千人以上回答過，關於生活滿意度的問題，請你也想想自己的答案。

這項跨國的大型調查顯示了幾點：第一，塔克並沒全錯，購買力強的國家，人民生活滿意度也高；一旦國民生產毛額超過每人八千美元之後，這個相關開始消失，增加財富不能再增加生活的滿意度。所以富庶的瑞士國民比窮困的保加利亞人快樂，但是與愛爾蘭、義大利、挪威或美國人比起來就不見得了。

財富和生活滿意度的關係也有很多例外：巴西、中國大陸、阿根廷在生活滿意度上都高於他們購買力所預測的值；幾個前蘇聯國家的生活滿意度則都低於他們購買力所預測的值，日本也是一樣。巴西和阿根廷的文化價值、中國大陸的政治因素，可能支持了他們國民的正向情緒，而東歐國家從共黨統治中脫離出來時面對的健康和社會保險問題，可能拖累了國民對生活的滿意度。日本人的不滿意比較難解釋，而最窮的幾個國家——中國、印度、奈及利亞——都有相當高的生活滿意度，也是比較奇怪、不容易解釋的。整體而言，這份資料告訴我們金錢並不一定能買到快樂。上半個世紀中，富庶國家購買力的改變也帶給我們同樣的訊息：美國、法國和日本實際的購買力已經翻升一倍，但是生活滿意度卻沒有變化。

表 4-2　各國人民生活滿意度與購買力調查統計

在 1 到 10 的量表中（1 代表很不滿意，10 是很滿意），你對近來日子的滿意數字為何？

下表列出了各國家人民的平均滿意度，購買力是以美國為 100 分所做的調整值。

國家	生活滿意度	購買力	國家	生活滿意度	購買力
保加利亞	5.03	22	德國	7.22	89
俄羅斯	5.37	27	阿根廷	7.25	25
貝里斯	5.52	30	中國大陸	7.29	9
拉脫維亞	5.70	20	義大利	7.30	77
羅馬尼亞	5.88	12	巴西	7.38	23
愛沙尼亞	6.00	27	智利	7.55	35
立陶宛	6.01	16	挪威	7.68	78
匈牙利	6.03	25	芬蘭	7.68	69
土耳其	6.41	22	美國	7.73	100
日本	6.53	87	荷蘭	7.77	76
奈及利亞	6.59	6	愛爾蘭	7.88	52
南韓	6.69	39	加拿大	7.89	85
印度	6.70	5	丹麥	8.16	81
葡萄牙	7.07	44	瑞士	8.36	96
西班牙	7.15	57			

有時跨國的比較難找出真正的原因，因為富有的國家同時也有較高的識字率、較好的健康狀況、較高的教育水準，以及較多的圖書館和其他的物質。比較同一國家窮人和富人的快樂程度也許比較能找出真正的原因，這種資訊跟你的決策也比較有關係。你可能常常問自己這個問題：「多點錢可以使我更快樂嗎？」尤其在你無法決定該留在家中陪孩子玩，還是去辦公室加班的時候。在貧窮國家，當貧窮威脅到生存時，有錢絕對可以帶來幸福；但是在富庶國家，當每個人都有基本生活的保障時，財富增加所能帶來的快樂效果就微乎其微了。在美國，非常窮的人的確很不快樂，但是一旦一個人可以溫飽後，增加金錢只能增加一些或甚至不能增加快樂。而躋身《富士比》（*Forbes*）雜誌排名的前一〇〇富，平均財富一億兩千五百萬美元以上的極端有錢人，只比一般美國人快樂一點點而已。

那麼極端貧窮的人呢？有一位業餘科學家畢斯沃—狄納（Robert Biswas-Diener）曾經環遊世界，到大家認為最不可能快樂的地方去尋找快樂，他去了加爾各答、肯亞的鄉下、加州中部的佛瑞斯諾及格陵蘭的凍原。其間，他測試過三十二名加爾各答的妓女及三十一名睡在路邊的遊民他們對生活的滿意度。

凱帕娜是一名35歲的妓女，她操此業已有二十年了，母親的去世使得她必須做這行養活兄弟姐妹。她一個月回鄉探視家人一次，有個8歲的女兒也住在鄉下。凱帕娜獨自居住，工作地點為一窄小的水泥房，裡面有床、鏡子、一些碗筷及印度神像，她屬於A級的性工作者，收取每個顧客二塊半以上的價錢。

我們一般會認為加爾各答的窮人一定對生活不滿意極了，令人驚訝的是事實並非如此。整體來說，他們對生活是不滿意的（在1到3的量表中是1.93），比加爾各答大學的學生（2.43）低，但在生活的其他層面，他們的滿意度是高的，例如：道德（2.56）、家庭（2.50）、朋友（2.40）、食物（2.55），而滿意度最低的是收入（2.12）。

當凱帕娜擔心同村莊的朋友會看不起她時，她的家人卻沒有鄙視她，每個月回家一次時是她很快樂的時光，她很感謝自己賺的錢足以替女兒請保母，使孩子頭上有屋頂、米缸裡有米。

當畢斯沃—狄納比較加爾各答和加州佛瑞斯諾的遊民時，發現兩者有很大的差別，加爾各答的遊民比較快樂。在他訪談的七十八名加州遊民中，生活滿意度的平均值很低（1.29），比加爾各答的遊民還低（1.60）。在這裡有幾項的滿意度是中等，如：智慧（2.27）、食物（2.14）；然而有大多數是非常的不滿意，如：收入（1.15）、道德（1.96）、朋友（1.75）、家庭（1.84）、居住條件（1.37）。

雖然這些數據來自小型樣本，但著實教人驚訝，難以把它拋開不去思考為什麼。整體來說，畢斯沃－狄納的報告告訴我們，極端的貧窮是社會的病態，在這種環境中的人幸福感最低，但即使如此，這些人還能從他們的生活中找出一些可以滿意的事情來（加爾各答的窮人比美國的窮人更能滿足）。假如這是正確的，我們更有理由去努力減低貧窮——包括缺少機會、高嬰兒死亡率、不衛生的居住條件和飲食、擁擠、失業——但是對生活的不滿意卻不包括在內。那個夏天，畢斯沃－狄納又去格陵蘭的最北端，研究當地愛斯基摩人的快樂情形，他們還沒有電動的雪車可用。

你對金錢的看法是比金錢本身更影響你的快樂。物質主義似乎是反生產力的：在所有階層的收入中，越看重錢的人對他的收入越不滿意，也對他的生活不滿意；至於為什麼會如此，現在還沒有人知道。

婚姻

有人說婚姻是腳鐐手銬，但也有人說它是永恆的歡樂。當然兩者都不對，但是一般來說，數據支持的是後者。婚姻不像金錢，婚姻跟快樂的關係非常的強，不像金錢只有一點效應。美國的國家意見研究中心（National Opinion Research Center）在過去的三十年間調查了三萬五千名美國人，40%的已婚者說他們「非常快樂」，而只24%的未婚者、離婚者、分居者或喪偶者說他們快樂。跟別人同居（但未結婚）在美國這個注重個體的文化中是比較快樂，但是在日本和中國的聚集文化中就比較不快樂。這個快樂效果在剔除年齡、收入後依然存在，而且沒有性別差異。但是齊克果（S'oren Kierkegaard；譯註：丹麥哲學家和神學家）對不美滿婚姻所說的「惡婚不如好死」（better well-hung than ill-wed）其實是有些道理。處於不快樂婚姻中的人，他們的快樂指數比未結婚的或離婚的來得低。

那麼你是否應該趕快跑出去，找一個人來結婚呢？這個忠告只有在結婚真的能帶來快樂時，你才應該這樣做，不過大多數的婚姻研究者都這麼說。這裡還有兩種可能性你可以考慮一下：快樂的人比較容易找到對象結婚；某些第三變項（例如：外表的英俊或美貌及社交的手腕等）是造成比較快樂和比較容易結婚的原因。沮喪的人比較退縮，容易發怒、脾氣不好、自我中心，所以他們本來就不易交到朋友。就我的看法，婚姻與快樂的相關性這件事並沒有定論。

社交生活

在我們研究非常快樂的人時，狄納和我發現占最快樂的前10%的人中，每一個都有親密的生活伴侶，只有一個人沒有。你還記得前面提過非常快樂的人和一般人、不快樂的人之間最大的差別，在他們有著非常充實豐富的社交生活；非常快樂的人也是最少獨處的人，花最多的時間在社交上，朋友和他們對他們自己最高的評價都是：人際關係良好。

這個發現的正確性與婚姻和快樂的優缺點都一樣，即快樂的人的高社交性很可能是為婚姻帶來快樂的原因，而喜歡交朋友的人容易找到對象結婚，兩者很難區分因果關係。所以充實的社交生活（和婚姻）很可能會使你比較快樂，但也或許是本來就快樂的人比較容易交到朋友，所以才會有充實的社交生活，當然，這種人也很容易找到對象結婚。此外，也可能還有第三個因素，像比較外向或口才比較好，都是使得社交充實和快樂的原因。

負面情緒

為了要增加生活中的正向情緒，你是否應該想辦法減少生活中不好事件的發生以去除負面情緒呢？這個問題的答案出人意料。跟大多數人的想法正巧相反，遭受不幸與打擊並不表示你不能享有很多的歡樂。目前有許多證據說明，正向和負向情緒其實並不是互惠關係。

芝加哥大學（University of Chicago）的榮譽教授布羅本（Norman Bradburn）早期曾經調查過幾千名美國人對生活的滿意度，也問他們正向情緒和負面情緒出現的次數。他本來以為會發現一個反轉的關係——即常有負面情緒的人應該很少感到正向情緒，反之亦真。但是資料出來並非如此，而且同樣的結果被不同的實驗室重複發現了很多次。

正向和負向情緒之間只有一點負相關。也就是說，假如你的生活中有許多負面情緒，你會比一般人少一些正向情緒，但並不是活在一個沒有歡樂的日子裡。同樣的，假如你生活中有許多正向情緒，它只能多保護你一點，使你不那麼難過憂傷而已。

這個現象還有性別的差異。過去大家都知道，女性得憂鬱症比男性多二倍，也比較傾向於負面的情緒。但是當研究者開始檢視正向情緒和性別差異時，他們很驚訝地發現女性也經驗到很多的正向情緒，比男生還頻繁，情緒也更強烈。男生，就如暢銷小說家史帝芬・金（Stephen King）所說的，是「硬土」（stonier soil）做的，而女性有比較極端的情緒生活。這個差異是來自生物上（即荷爾蒙）或是女性比較願意述說強烈的情緒，目前沒有定論，但是無論如何，它打破了過去的舊觀念。

古希臘字 **soteria** 是指極高、不合理性的歡樂，這個字的相反即為 **phobia**，意指極高、不合理的害怕。從字面來說，**soteria** 來自葬禮後的盛宴，也就是說，最高的快樂來自我們最大恐懼的解除；坐雲霄飛車、高空彈跳、看恐怖電影或是戰爭期間心理疾病的減少，都是這樣的例子。

總括來說，正向情緒和負向情緒並不是兩極對立的。它是什麼？為什麼是這樣？我們現在還不知道，這也是正向心理學一個最大的挑戰。

年齡

在三十年前威爾遜的調查中，年輕人是比較快樂的，但現在已經不是如此。當研究者重新分析當年的資料時，年輕人比較快樂的現象也消失了。而我們一般人的刻板印象：老人拄著枴杖，嘴裡抱怨著每一件事情，也跟真實情況不符。一項對四十個國家、六萬名成人所做的研究，將快樂分成三個子部分：生活的滿意度、愉悅的情緒及不舒服的情緒。發現隨著年齡增長，生活的滿意度有些微的上升，愉悅情緒會稍微下降，而負面情緒則沒有改變。當我們老時，改變的是我們情緒的強度。「感覺站在世界頂端般的快樂」和「掉入萬丈深淵般的絕望」兩種情緒，到老的時候都比較少發生。

健康

我相信你會認為健康是快樂的重要條件，因為健康向來被視為是人生中最重要的一項因素。但是研究結果發現，客觀的健康情況良好與快樂的相關僅達顯著性（即有相關但很低），有關係的是我們主觀對自己健康狀態的認知。去看醫生或住院並不影響我們對生活的滿意度，只有主觀的健康跟快樂有關，而這主觀的健康也受負面情緒的影響。

很奇怪的是，即使是癌症末期的病人，整體生活的滿意度與客觀健康的人卻相差無幾。

當病得很嚴重又拖了很久時，快樂與生活的滿意度的確會下降，但是程度仍然沒有你想像的那麼多。因單一病症（如：心臟病）住院的人，他在下一年度快樂的指數其實是上升的；但是有五種以上毛病的人，他的快樂指數是下降的。所以身體有些不好並不會喚醒不快樂，但是嚴重的疾病就會。

教育、氣候、種族和性別

將這幾樣因素放在一起，是因為令人驚奇的，它們都不太會影響快樂。即使教育是拿高薪的手段（教育程度越高，薪水越高），卻不是達到快樂的方法，它只對收入很低的人有一點影響。智慧也不會影響快樂或不快樂。有太陽的溫暖氣候的確對季節性憂鬱症有幫助，但是快樂的程度並不會因氣候而改變，在內布拉斯加面對嚴冬的人認為住在陽光加州的人一定比較快樂，但是他們錯了，人們很快就適應了好的氣候，便不覺得特別快樂了。所以你夢想住在熱帶群島上，一輩子快樂的念頭可能不會實現，至少不會因為氣候好而快樂。

種族，至少在美國，跟快樂沒有一致性的關係。雖然非裔美人與墨裔美人在經濟上比較占劣勢，但是他們得憂鬱症的比例卻比白種人低很多，不過他們快樂的程度也沒有白人高（除了老人之外）。

我前面說過，性別跟情緒有關係。一般來說，男生和女生在平均值上沒有差別，但是女生在快樂和悲傷上都比男生強烈（平均值就消失了）。

宗教

在佛洛伊德之後半世紀，社會科學對宗教還是半信半疑。學術界對信仰的討論認為，它製造人的罪惡感、壓抑性欲、不容異己、反知識份子、反學術，而且是權威性的。大約二十年前，正向心理學跟信仰關係的資料出來後，人們有了不同的看法。有信仰的美國人的確比較少嗑藥、犯罪、離婚或自殺；他們同時也比較健康，活得比較長。有宗教信仰的媽媽即使孩子有殘障，也比較不會得憂鬱症。有宗教信仰的人比較不會受到離婚、失業、生病和死亡等打擊的影響。最直接相關的是，調查資料顯示有宗教信仰的人比無神論者的生活滿意度高，也比較快樂。

宗教和健康、社交性的因果關係並不奇怪，許多宗教都禁止嗑藥、犯罪和私通，都贊成助人行為、適度不縱欲及努力工作，但是宗教跟比較快樂、沒有憂鬱症和較具抗壓性之間的因果關係，並不是那麼清楚。在行為主義極盛的時期，宗教的情緒益處是把它當作社會支持，有信仰的人都要做禮拜，使他們形成一個相互支援的團體，所以信徒會覺得比較快樂。但是，我認為這中間還有更基本的關係：宗教帶給信徒希望，因為對未來有希望，使現在的生活有意義。

嚴嘉（Sheena Sethi Iyengar）是我所認識最了不起的大學生之一。她是盲人，但是在賓州大學讀書的最後一年，她橫越美國去收集學士論文的資料。她一家一家的訪問教堂，測量樂觀與宗教信仰之間的關係。她發問卷給做禮拜的人，錄音並且分析牧師的講道，仔細檢視十一種美國盛行的宗教儀式及說給孩子們聽的故事。她的第一個發現是：越是基本教義派的宗教信徒越樂觀——信奉東正教的猶太人和基本教義派的基督徒、回教徒，比改革派（Reform）猶太人和唯一教派（Unitarian）信徒樂觀。更進一步分析下去，她區分出牧師講道時，宗教儀式中和兒童故事中希望的多寡與社會支持的強弱，發現樂觀的增加主要是因為希望的增加。十四世紀中葉，英國神學家諾威奇的茱莉安（Julian of Norwich）在黑死病猖獗時所唱的靈歌，是所有文獻中最美妙的歌詞：

但是一切都會過去，一切都會平安，一切都會圓滿……上帝並沒有說：「你們不會被誘惑，你們不會受分娩之苦，你們不會生病，」祂說的是：「你們不會被打倒。」

對未來的希望與宗教信仰之間的關係，可能是信仰為什麼能抵抗絕望、增加快樂的最主要基石。意義和快樂之間的關係我在最後一章會談到。

現在你知道，可能有一個掌管個人一般性快樂的範圍，本章的目的是問：你如何可以改變生活的環境，使你達到自己天生範圍內快樂的最高點。直到最近，我們都認為快樂的人是收入豐、婚姻美滿、年輕、身體健康、受過高等教育和虔誠的信仰者，所以下面我會將影響快樂的外在生活環境變項（C）做個總結。

假如你希望有持久性的快樂，可以改變你生活中外在的因素來提高快樂的程度。你應該：

1.住在富有的民主社會裡，不要住在貧窮的極權獨裁社會（這有強烈的關係）。
2.結婚（有強烈關係，但可能不是因果關係）。
3.避免負面事件和負面情緒（只有一點效應）。
4.掌握富足的社交網（有強烈效應，但可能不是因果關係）。
5.取得宗教信仰（有一點效應）。

就快樂和生活的滿意度而言，你不需要去做下列的事：

6.賺更多的錢（錢只有一點或幾乎沒有任何效應，假如你生活無缺，有剩餘的錢可以買這本書，錢對你就沒有任何效應；物質欲越高的人越不快樂）。
7.保持健康（主觀的健康才有關係，客觀的健康無用）。
8.盡量去接受教育（無任何效應）。
9.改變你的種族，或搬到氣候溫暖的地方（無任何效應）。

無疑地，你應該已經注意到有關係的因素從不可能改變到不方便改變。即使你可以改變上面所有的外在因素，它對你也沒有很大幫助，因為它們全部加起來不過才可解釋8％～15％的快樂。幸好還有很多內在的因素可以幫助你得到快樂，所以我們接著就來討論這些你比較有主控權的變項。假如你決定要改變它們，你的快樂程度會上升而且持久——不過，這些改變都需要真正的努力才能實現。

5 對過去滿意

對好事我們不感恩，對壞事我們誇大，這兩種行為是使我們不滿意的原因。有兩種方法可以造成改變：感激會放大好處，寬恕會解除壞事情抓住你的力量，甚至可以將壞的記憶轉變成好的。

你可以活在自己快樂範圍的最高點嗎？有哪些可自我控制的變項（V）可以促進實質的改變，而且比追逐暫時的快樂更有利？

正向情緒可以用在過去、現在和未來。未來的正向情緒包括樂觀、希望、信心和信任；現在的正向情緒包括歡樂、狂歡、熱情、愉悅和流暢（這點最重要），這些情緒是人們在談到快樂時所用到的字眼；過去的正向情緒包括滿意、滿足、充實、驕傲和真誠。

以上三種情緒是不同的，而且不一定緊密連接——這一點很重要。雖然我們希望在過去、現在、未來都很快樂，但世事常不如人願。例如，我們可以對過去很滿足、很驕傲，但是現在卻很不好，而且對未來很悲觀。同樣的，你也可能現在擁有很多歡樂，卻對過去充滿了怨恨，對未來也覺得無望。當你學會這三種不同的快樂時，便可以用改變對過去的看法、對未來的希望及如何經驗現在，將自己的情緒導向正面。

我從過去開始。

請你先做下表的測驗或是上網站：www. authentichappiness. org，

表 5-1　生活滿意度量表

你可以同意也可以不同意下面的五個句子，並用 1-7 的量表來表示你對每一個句子的同意程度。7 ＝非常同意；6 ＝同意；5 ＝有點同意；4 ＝既不同意也不是不同意；3 ＝有一點不同意；2 ＝不同意； 1 ＝非常不同意。

_____ 1. 大致來說，我的生活很符合我的理想。
_____ 2. 我對我生活的現況真是滿意極了。
_____ 3. 我對我的生活完全滿意。
_____ 4. 我已得到我所想要的，生命中的重要東西。
_____ 5. 假如我可以重新來過，再活一次，我也不會做任何修改。

總分：

30-35　非常的滿意，比一般人高出很多。
25-29　很滿意，在一般人之上。
20-24　有點滿意，是美國成人的平均值。
15-19　有點不滿意，低於平均值。
10-14　不滿意，很顯然的低於平均值。
5-9　非常的不滿意，比平均值低太多。

網頁內容會告訴你與同年齡、相同性別、同樣工作的人比較起來，你的情況是如何。

許多國家、許多文化的數以萬計的人都做過這個測驗，下面是得到的一些代表值：美國老人中，男人的平均值為28，女人為26。北美洲大學生在23～25之間；東歐及中國的學生則在16～19之間。男性犯人平均值為12，醫院的病人也是。有心理疾病但未住院者在14～18之間，受虐婦女及年長的照顧病人者為21，兩個數字都很令人驚奇。

對過去的情緒可以從滿足、平靜、驕傲、滿意到怨恨、憤怒，這些情緒完全由你對過去的看法來決定。思想和情緒的關係是心理學中最古老、最有爭議的論題；而壟斷心理學七十年的佛洛伊德派看法是思想內容由情緒決定：

> 弟弟無心的隨口恭喜你的升遷，卻讓你感到一陣憤怒。你的思想像情緒怒海中的一葉扁舟，感到被他取代的嫉妒，因為他，你不再感到父母的關愛。你的思緒繼續在忽略和蔑視的記憶海洋中漂流，最後達到一個解釋——你被這個一文不值、被父母寵壞的小鬼給欺負了。

有很多文獻支持上面的看法。當一個人沮喪時，比較容易想起悲傷的記憶，而不會想起快樂的記憶。同樣的，你也很難在一個乾燥、炎熱、萬里無雲的夏天午後，去想像刺骨的寒風細雨。如果給受試者注射含有可體松（cortisone）的藥物，會引起腎上腺素的分泌，引發害怕、焦慮的感覺，使這個人感到大難臨頭的危險（雖然根本沒有危險存在）。嘔吐和反胃會使你把這個現象與自己最後吃的東西聯結起來，於是以後永遠不敢再吃，即使後來知道不是飲食出錯而是因為感染到腸胃炎，你仍然不敢再吃那樣食物。

三十年前，認知心理學的革命推翻了佛洛伊德和行為主義，至少在學術界是如此。認知科學家展示思考可以是科學研究的一個題目，可以進行測量，最重要的是，它不是反映情緒或行為。貝克（Aaron Tim Beck）這位認知治療法的始祖認為，情緒是由認知所激發的，而不是情緒激發認知。因為想到危險所以引起焦慮，想到失落所以引起悲傷，想到被侵犯所以引起憤怒。當你感到自己陷入上述三種情緒中的一種時，請仔細留意一下，便會發現導向這種情緒的思想。有許多實驗證據都支持這種看法。一個沮喪的人滿腦子都是過去不愉快的回憶，對未來的絕望，或是對自己能力的懷疑。學習如何去反駁這些悲觀的解釋可以使你脫離沮喪，結果跟服用抗憂鬱症的藥一樣有效，而且還比較不容易復發。有驚恐症（panic disorder）的人通常會錯誤的解釋身體狀況，把心跳、氣喘解釋為心臟病或中風，所以可藉由實際操作給病人看，發生在他們身上的是焦慮的徵候，而不是心臟病的前兆，藉以治癒這類病人。

在心理學上有兩種對立的看法一直無法和好：一種是絕對的佛洛伊德看法，認為情緒是思想的動力；而另一種死硬的認知看法，則認為思想啟動情緒。證據則顯示在不同的時候，兩者都會互相啟動對方。因此，二十一世紀的心理學問題是：在什麼情況下，情緒啟動思想？又是在什麼情況下，思想帶動情緒？我並不想提出完整的答覆，僅提出與本文有關的內容。

我們的情緒生活有時是立即式和反應式的，例如，感官的愉悅是立即式的情緒，不需要思考和解釋就可以啟動。在你身上沾滿泥巴時，一場熱水淋浴能使你通體暢快、非常舒服，你並不需要去想「這泥巴洗掉了」才會感到愉悅。相反的，所有過去的情緒卻都是思想和解釋所啟動的：

琳達和馬克離婚了。每次琳達聽到馬克的名字，就馬上想起他背叛她，感到一股炙熱的憤怒，雖然兩人已經離婚二十年了。

當阿布都這位住在約旦的巴勒斯坦難民想到以色列時，馬上想起他綠油油的橄欖園現在被猶太人占據了，內心感到無比的痛恨。

當阿戴拉回首前塵時，她感到很平靜、很驕傲、很安詳，感到自己克服了很多不幸的遭遇，例如，出生在阿拉巴馬州的貧苦黑人家庭讓她吃盡苦頭，但終於苦盡甘來。

在上面每一段故事中，一個解釋、一段回憶或一個思想的介入，都引起了某種情緒的出現。了解這一點後，你就明白自己為何對過去有某種感覺了。更重要的是，它是幫助你逃開教條，不讓自己被過去鎖住，不讓自己成為過去的囚犯的鑰匙。

沉溺在過去

你相信你的過去會主導你的未來嗎？這不是無聊的哲學問題，只要你認為過去會主導未來，你就變成一艘被動的船，不會主動的去改變航程。這種想法是很多人惰性強的原因，諷刺的是，它竟然是由十九世紀三位偉大的思想家達爾文、馬克斯（Karl Marx）和佛洛伊德所奠定的。

達爾文的看法是：我們是非常長遠以前、一連串過去勝利的產物。我們的祖先之所以能夠成為我們的祖先，最主要是因為他們打贏了兩場戰爭——生存和交配的戰爭。我們是所有祖先適應特質的聚集，這些特質使我們存活到現在，並讓我們生殖成功好把基因傳下去；這使我們相信未來要做的是過去祖先所決定的。達爾文在無心中成為這個「把自己監禁在過去」看法的共犯，但是馬克斯和佛洛伊德卻是自我覺識的在推動這個看法。對馬克斯而言，階級鬥爭是歷史的不可避免性，終會使得資本主義崩潰，而完成共產主義；未來經濟力量是決定在過去，即使最偉大的個人也不可能超越這個過去的力量，個人僅是過去事件總和的反映。

佛洛伊德則認為，我們一生中每一項心理事件（即使是微不足道的小事，好比說開玩笑或作夢），完全是由我們的過去所決定。童年不只是一個形式，它已決定成人的人格；我們被釘死在童年階段，在童年時許多問題未能解決，所以我們花一生的時間想去解決這些性與攻擊的衝突，但都徒勞無功。在藥物革命之前（譯註：現在的精神醫學叫作生物精神醫學，是藥物與心理治療雙管齊下），在行為與認知治療法盛行之前，心理分析師和精神醫師主要的治療時間是花在回憶病人的童年事件上面，即使到現在可能都還是談話治療的主軸。九〇年代很流行的自我幫助（self-help）運動，也是從這種過去決定未來的想法出發的。「內在的孩子」（inner child）運動告訴我們，童年的創傷雖然不是我們的錯，也不是性格使然，但卻是使我們長大成人後諸事不順的原因，只有找到童年的創傷，才能從被害人（victimization）的狀態中恢復過來。

我認為這些看法太過重視童年的重要性了，事實上，我認為過去的歷史並沒有那麼重要。其實並沒有任何實驗支持童年事件會影響成人的個性，也沒有任何證據指出過去決定未來。五十年前，許多研究者很熱心的要找童年決定成人發展的證據，他們以為可以找到很多童年不幸造成的毀滅效果，例如：父母死亡、離婚、童年得重病、被打、被忽視、遭到性虐待，都會造成成年期的行為失常。經過大規模的調查成人心理衛生和童年不幸的關係，結果成績並不如研究者所預期。

雖有一些支持的數據出現，但卻不多。舉例來說，假如母親在你11歲以前過世，你長大後比較容易憂鬱——但並沒有很憂鬱；你還必須是女性，而這效應也只在一半的研究中出現過。至於父親的過世，對你沒有任何可測得出的影響。假如你是長子，你的智商比你的弟妹高，但是只高一分。（譯註：這點現在已知是不正確的，事實上並沒有出生別效應，請參見《教養的迷思》，中譯本商周出版；以及《本性難移》，中譯本遠流出版。）假如你的父母離婚，對童年期晚期及青春期是會有一些干擾效應；但隨著你繼續長大，這些問題便逐漸消失，到成年後已不易偵查得到。

童年時的大災難可能對成年後的性格有一些影響，但是也僅只少數不易察覺的部分。簡單地說，童年的不幸不能決定長大後會有什麼樣的問題，你沒有任何理由將自己的沮喪、焦慮、婚姻不美滿、嗑藥、性問題、失業、攻擊性、酗酒或暴怒，怪罪到童年的任何事件上去。

很多這類的研究在研究方法上通常會有缺失，在熱衷於支持佛洛伊德的理論時，忘記了控制基因。一九九〇年以前，這些研究者被他們的偏見所矇蔽，沒有看到暴力的父母可能會把暴力傾向基因遺傳給他的孩子，所以孩子長大後虐待自己的孩子或犯下刑事罪行，很可能是先天的關係而不是後天的。現在有研究調查一出生便被不同家庭收養的同卵雙胞胎，等到成年後觀察他們的人格異同，這種研究便是控制了基因，因為同卵雙胞胎基因一模一樣；也有研究調查被收養孩子長大後人格的傾向，將它與生身父母與養父母的人格特質作比較。這些研究都發現，基因對成人人格有很大程度的影響，而童年事件的效果卻是微乎其微。在權威性、宗教信仰、工作滿意度、保守性、憤怒、沮喪、智慧、酗酒、幸福感及各種怪癖上，不在一起長大的同卵雙胞胎之間的相似性，遠超過一起長大的異卵雙胞胎。同樣的，收養的孩子長大後，跟親生父母在上述人格特質的相似性遠大於養父母。

這表示佛洛伊德跟他的追隨者所強烈主張的：童年事件決定成人生活的說法是完全不對的。特別強調這一點，主要是我相信有很多讀者沉溺於他們的過去，而對未來採取被動的態度，因為他們相信自己被禁錮在過去的歷史裡。這種態度也是「受害者學」（victimology）的哲學基礎，這種說法現在席捲美國，威脅到美國立國精神的個人主義，以及每個人為自己行為負責的個人責任主義。只要知道一個事實——早期生活事件對成人生活沒有或只有一點點影響——就足以解放很多人的心靈，而這心靈解放正是本章的重點。所以如果你也認為自己的過去迫使你走向一個不快樂的未來，現在你有足夠的理由丟棄這種說法。

另外一個很多人相信，最後成為「教條」的說法是情緒動力說（hydraulics of emotion），也是把人禁錮到他的過去中。當佛洛伊德提出這個說法時，他並沒有提出支持的證據，也沒有人質疑這個說法的正確性，很快就打入了文化和學術界。情緒動力事實上就是心理動力學（psychodynamics）的意思，也是佛洛伊德理論的名稱或他的學派名。佛洛伊德把情緒看成是一個系統內的力量，這個系統有著不可穿透的薄膜，好像汽球一樣，假如你不讓自己把這個情緒表達出來，它就會想辦法從別的地方鑽出來，通常是出現一種不好的行為徵候。

在憂鬱症的領域，否定上述的理論是經過一番奮鬥的。貝克發明了認知治療法，這是目前以談話治療憂鬱症中用得最廣泛、也最有效的方式。當貝克發明這個方法時，我正巧在場，一九七〇～七二年我在精神科實習，貝克是我的老闆。他回憶在一九五〇年代末期，他正完成精神科中佛洛伊德學派的訓練，被指派去做憂鬱症患者的團體治療，心理動力學的說法是治療者可以治癒憂鬱症的患者，只要你能使他打開心胸，暢談他童年的事，把壓抑的情緒宣洩出來，這個傷口就會癒合。

貝克發現憂鬱症的病人都很願意說出自己過去的錯事或傷害，而且可以說很久；問題是每說一次過去，傷口就被拉開一次，而且越說越糾纏不清，偶爾還會造成病人自殺。所以他發展出認知治療法，使人們不再受過去不幸遭遇之苦，使他們改變對現在和未來的看法。認知治療法的效果跟抗憂鬱症藥物一樣好，更好的地方是，一旦改變了人的想法，憂鬱症便不會復發，所以我認為貝克是個偉大的心靈解放者。

憤怒是另一個心理動力學受到仔細檢驗的領域。美國與東方的文化很不一樣，是一個有話直說的社會，美國人注重誠實、正義，甚至認為把憤怒發洩出來是健康的事，所以會喊叫、抗議、挑戰別人（就如電影《緊急追捕令》〔*Dirty Harry*〕中，克林・伊斯威特的「來吧！讓我痛宰你。」）。美國人之所以勇於表達憤怒的情緒，有一部分是因為相信佛洛伊德的理論，認為假如不發洩出來，這股憤怒會從別的地方冒出來，通常破壞力更大，像造成心臟病。但這個理論其實是錯的，事實正好相反，沉溺在過去及發洩憤怒情緒會製造出更多的心臟病及更多的憤怒。

後來發現，外顯的敵意表現是A型人格——心臟病關係的元凶，而時間的急迫、強大競爭壓力和壓抑怒氣與A型人得心臟病並沒有什麼關係。有一項研究找來二百五十五名醫學院學生進行外顯敵意的人格測驗，發現二十五年以後，這些學生都已成為醫師時，最憤怒的人得心臟病的機率是最不憤怒者的五倍。在另一項研究中，觀察到心臟病發作機率最高的人，是被迫等待時聲音最大、最不耐煩、最容易把憤怒發洩出來的人。在實驗室中，當男生把憤怒壓抑下去時，他的血壓其實是下降的，當他決定把情緒表達出來時，他的血壓就上升了。女性表達憤怒時也會使她的低血壓上升，相反的，以友善的方式處理侵犯行為時，血壓反而下降。

我希望提出一個更符合實驗證據的方式來看情緒。在我看來，情緒的確是被一層膜所包裹，但這是一張可以穿透的膜，叫作適應（adaptation），我們在上一章曾經提到。證據顯示當正向和負向情緒發生時，我們會暫時有情緒湧出，但是很快地情緒便回到原來的設定範圍。這讓我們知道如果不去管它，情緒會自己驅散，將能量從膜中滲出，透過一陣子的情緒均衡作用（emotional osmosis）後，這個人便會回到原來情緒的狀態。所以不論是把情緒發洩出來，或是一直在情緒中翻攪不離開，都會使情緒發酵好幾倍，把你禁錮在一個惡性循環裡，徒勞無功的處理過去已經發生的錯事。

對好事我們不感恩、不滿足，對壞事我們誇大、逢人必說，這兩種行為是使我們不平靜、不滿足、不滿意的原因。有兩種方法可以將過去的情緒帶出來，進入滿足和滿意的境界：感激會放大好處，寬恕會解除壞事情抓住你的力量（甚至可以將壞的記憶轉變成好的）。

感激

我們從行之有年的「感激量表」開始，這個量表是麥克勞夫（Michael McCullough）和艾門斯（Robert Emmons）這兩位專門研究感激和寬恕的大師所設計的。當你做完以後，請不要把分數丟掉，因為後面還會一直談到它。

我們以一千二百二十四個成人樣本的平均值為基準，來看一下你的成績。假如你的分數在35之下，你的感激指標是落在樣本左端四分之一的範圍內；分數在36～38之間，是落在樣本群的左半之內；分數在39～41之間，則是落在右邊的四分之一以內；假如你得到42分，便落在最前面的八分之一。女性的分數比男性高一點，年紀大的比年輕的高一點。

我在賓州大學教心理學已經三十年，教過的課有普通心理學、學習、動機、臨床及變態心理學等等。我很喜歡教書，但是從來沒有感受到像過去四年教授正向心理學那樣的樂趣，原因之一是在這門課中，我可以叫學生去做真實世界的調查，這很有意義，甚至能改變你的生活。

例如，有一年我出

表 5-2　感激量表

請用下面的數字表達出你對每一個句子的同意度。1= 強烈不同意；2= 不同意；3 = 有一點不同意；4= 持平；5= 有一點同意；6= 同意；7= 非常同意。

______ 1. 我生命中有非常多值得感謝的地方。

______ 2. 假如要我列出值得感謝的事，這張單子會很長。

______ 3. 我看不到這世界有什麼值得感謝的地方。

______ 4. 我對很多人都很感激。

______ 5. 我年紀越大，越能感受到生命中的人、事、物對我的幫助，他們是我生命歷史的一部分。

______ 6. 要經過很久的時間以後，我才會對某人或某事感到感激。

計分方式：

1. 請將第 1、2、4、5 題的分數加起來。
2. 顛倒第 3 題和第 6 題的分數，也就是假如你填 7 就把它改成 1，如果你填 6 就改為 2，以此類推。
3. 把改正過的第 3 題和第 6 題分數加到第一步的總和中，就是你的感激量表分數。你的分數應該落在 6-42 之間。

的題目是「做一些有趣的事及做一些有利他人的事」，把作業變成實際要去做的事。那個最不像學生的學生瑪麗莎建議舉辦一場感恩之夜，每個學生都要帶一位在他生命中很重要，但他從來沒有好好謝過的人，並且都得上臺說為什麼他要感謝這個人，而這個人事先並不知道我們上課的目的。

所以一個月後的某個禮拜五晚上，我帶了些起司和酒到課堂（譯註：美國很多討論課是在晚上舉行，老師時常帶些起司、餅乾和葡萄酒，使上課的氣氛變輕鬆），我們請了七位客人——三位母親、二位密友、一位室友及一位妹妹——他們來自全國各地，為了使這些討論可以在三個小時內結束，我們只能請三分之一的同學上臺報告。下面是派蒂對母親說的話：

我們怎麼評估一個人呢？我們可以用測量金子的方法來測量人的美德嗎？我們可以說24K金就比別的純度的金子更閃亮、更耀眼嗎？假如一個人的內在美德是這麼簡單，別人一眼就可以看到，我也不會在這裡做這場演講了。因為不是這樣，所以我要在這裡向大家描述一個我所知道最純潔的心靈，我的母親。我知道她現在正看著我，一道眉毛挑高起來，不以為然的樣子。媽，別擔心，你並不是被選為擁有最純潔的心靈，而是你是我所知道最真誠、內心最純潔的人。

每當哀傷的陌生人打電話給你，跟你談他們死去的寵物時，我都很驚訝，因為你談著就會哭起來，好像你自己的寵物過世了一樣，你給予對方最大的安慰。當我還是孩子的時候，我覺得很困惑，現在我了解這是你真誠的心在別人最需要的時候付出了慰藉。

當我談到這個我認為最好的人的時候，心中只有歡樂，沒有任何別的東西。我認為一個人一生不要求別人對你感恩，只希望別人喜歡和你在一起的時光，這是最謙恭的行為。

當派蒂念完這段話時，班上的人眼睛都溼了，她的母親更是哽咽。有一位同學說，你永遠是我的薄荷派蒂（Peppermint Patty；譯註：美國暢銷漫畫《查理布朗》中的一位女主角）。有一位學生事後說：「感謝的人、被感謝的人以及觀禮的人都在哭，我也在哭，只是不知道為什麼我會哭。」在任何課堂上哭泣都是一件不尋常的事，當每一個人都在哭時，你知道有某件事物感動了隱藏在人性中最根本的東西。

奎道寫了一首歌感謝好友米蓋爾的友誼，他用吉他伴奏唱道：

我們都是男子漢，我不會說肉麻的話，

但是我要你知道我關心你。
假如你需要朋友時，你可以相信我；
只要你一喊，我會立刻到你面前。

莎拉這樣對瑞秋說：

在我們的社會，當你在搜尋楷模時，小孩子常被忽略，我今晚特意帶了一個比我年紀輕的人來這裡，我希望這能使你重新想一想，可以做我們楷模的人一定比我們年紀大的假設。從很多方面來說，我很希望能夠像自己的妹妹——瑞秋。

瑞秋是個外向、很容易與人交談的孩子，我非常羨慕她的這種能力。雖然她年紀小，卻從不害怕走上前去跟剛認得的人說話。她從是個剛會走路的小娃兒時就如此了，我的母親帶她出去總是非常擔心，因為她會獨自走開去跟陌生人說話。當我念高三時，瑞秋跟一群我都不熟的高三大姐大交上朋友，我既驚訝又嫉妒，這些人是我的同學耶！當我問她是怎麼跟這些大家避之不及的小太妹熟悉時，她聳聳肩說，有一天放學後很自然的就跟她們談了起來，她那時才五年級……

學期末評估這門課時，很多人都寫著：「十月二十七日星期五是一個難忘的夜晚。」一的確，感恩之夜現在變成這門課的高潮，做為一個老師及做為一個人，我很難去忽略它。我們的文化中沒有一個機制或方式，去告訴別人我們是多麼的感激地球上有他，即使我們很感動想要這麼做，也會很不好意思。所以我現在教你關於感恩的兩件功課中的第一件，不僅是給那些在感恩量表低或對生命不滿意的人，而是所有讀者都可以做的：

選一個對你生命造成重要影響的人，一個你從來沒有機會好好向他道謝的人（不是你剛結識的戀人或是未來對你有好處的人），寫一段感恩的話，不要超過護貝紙的長度。這要花一點時間來寫，學生和我發現我們不論坐公車、入睡前都在想這些辭句。寫好之後，請這個人到你家或去他家，這件事最重要的是面對面而不是寫封信或打個電話的表達。不要告訴這個人你為什麼要去看他，只告訴他「我想來看你」就好了。你不一定要帶酒和起司作禮物，但一定要帶你護貝好的文章。當寒暄完畢後，慢慢的、大聲的將你寫的文章念出來，眼睛要看著對方，念時要有表情，給對方足夠反應的時間，讓兩人一起回憶使你覺得這個人對你如此重要的那件事（如果你因此十分感動的話，請寄一份副本給我：seligman@psych.upenn.edu）。

這個感恩之夜的影響極大，我不需要做實驗也知道它的威力。很快的，第一個有控制組的實驗報告出現在我的桌上。艾門斯和麥克勞夫隨機指派學生去寫兩週的日記，寫下令他們感謝的事情、令他們討厭的事情，或僅是記錄每天發生的事情。寫下感恩事件的那些學生，歡樂、快樂和對生活的滿意度都急遽的上升。

所以，假如你在感恩量表上的分數很低，或者對生活不滿意的話，以下是為你設計的第二件功課：

在未來兩週裡，每天晚上刷好牙預備上床睡覺之前，留下五分鐘的時間，回想過去二十四小時發生的事，把它寫下來；然後在另外一行，寫下你生命中值得感謝或感恩的五件事，例如：今早醒來（表示還活著）、朋友的慷慨、上帝賜給我的決心、慈愛的父母、良好的健康、滾石樂團（或其他你喜歡的藝術）。記得第一天時，先做一次本章開頭的「生活滿意度量表」及第四章的「一般性快樂量表」，把分數登記下來；十四天之後，再做一次生活滿意度及快樂量表，比較它和第一夜的成績。假如這個方法對你有效，將它列入你每晚的功課之一。

寬恕與遺忘

你對過去的感覺——滿足或驕傲、痛苦或羞慚——完全決定於你的記憶，沒有別的。感恩能增加生活的滿意度，就是因為它將過去好的記憶放大了。另一個也是感恩自己母親的學生寫道：

「媽媽說那天晚上令她永生難忘，這個作業給了我一個機會，終於能對她說出她對我的意義，接著幾天我們兩人都情緒高昂，我一直想著那天晚上的事。」

她一直感到情緒高昂是因為接下來幾天，母親對她的好一直湧進她的意識中，這些正向的思想引發她的快樂。同樣的道理也可以應用到負面情緒上。離婚的太太每一次想到前夫，就想到他的背叛和說謊；巴勒斯坦人一想到自己的出生地，就充滿了恨和被侵犯的感覺。這些仇恨的痛苦會阻擋滿足和滿意的情緒出現，使得平靜和安寧變成不可能的事。

同理對國家就如同對個人一樣。一個國家的領導人如果不斷提醒他的國民過去的歷史仇恨（不論是真的或是想像的），這個國家會變成復仇、暴力的國家。南斯拉夫總統米洛塞維奇（Slobodan Milosevic）一直提醒人民六百年來他們遭受到的迫害，結果造成巴爾幹半島十年的戰爭與滅種屠殺。塞浦勒斯大主教馬卡利歐（Archbishop Makarios）在繼位後，就一直讓人民對土耳其的仇恨發酵，使得希臘和土耳其的和解破功，導致土耳其大軍的占領與屠殺。近代美國的投機政客打種族牌，利用每一個機會煽動奴隸時代的壓迫（或強調現在白人反因為黑人有法律保護而受到歧視），製造種族仇恨，這種民族仇恨在短期內對個人很有利，但長期來說，卻是在分裂這個國家。

相反的，南非前總統曼德拉（Nelson Mandela）想要化解這種無止境的冤冤相報，在他的領導下南非不再浸淫在過去的仇恨，而向國家的統一前進。奈及利亞的戈翁（Yakubu Gowon）在一九六〇年代末期比亞夫拉（Biafran）反抗被鎮壓之後，全力說服其他人不對伊博族（Ibo）報復，阻止了一場滅種屠殺。在印度，尼赫魯（Jawaharlal Nehru）秉承甘地（Mahatma Ghandi）的遺志，在一九四七年國家分裂後不對回教徒報復，他掌控政權便停止屠殺，使印度境內的回教徒得到保障。

人類大腦的演化是為了確定我們負面的情緒會戰勝正面的情緒，以確保我們在惡劣的環境中可以生存下去。因此你必須要重寫大腦過去的歷史：用寬恕和遺忘來壓抑不好的記憶。目前並沒有很好的方法可以直接忘卻或壓抑記憶，外顯的壓抑方式會導致反作用，反而使你去想像那個不可以想的東西（例如，在五分鐘內不要去想白熊）。所以只有寬恕可以在不改變記憶的情況下，去除甚至轉換傷痛與仇恨。在我討論寬恕之前，我們需要知道為什麼人們會緊抓著過去的仇恨不放？為什麼重新改變過去不幸的歷史，不是補正過去對你之不公平對待最自然的方法呢？

很不幸的是，我們緊抓著痛苦、仇恨和要求正義是有道理的，下面是無法原諒的一些理由：

- 寬恕不是正義，它使你失去動機去抓到凶手並且嚴懲他，它使你幫助別的受害人伸張正義的憤怒消失。
- 寬恕是對凶手的仁愛，對受害者的不仁。
- 寬恕阻擋了復仇，而復仇是正當和天經地義的。

但是寬恕可以將苦恨轉換成中性，甚至正向的情緒，而使得生活的滿意度增高。「你不原諒加害者並不能傷害到他，但是寬恕卻可以使你自由。」寬恕者的身體健康，尤其是心臟血管方面，會比不寬恕者好；假如你的寬恕帶來和解的話，這個寬恕會大量的增進你和被原諒者的關係。

表 5-3 違反道義上罪惡的動機測量

請針對下面的問題表達你對曾經傷害過自己的人的感覺和想法。我們想知道的是你對這個人現在的感覺，請圈選適當的號碼。

	強烈不同意	不同意	持平	同意	非常同意
1. 我要讓他付出代價	1	2	3	4	5
2. 我盡量和他保持距離	1	2	3	4	5
3. 我希望他遭受到天譴	1	2	3	4	5
4. 我當作他不存在	1	2	3	4	5
5. 我不信任他	1	2	3	4	5
6. 我要他得到應得的報應	1	2	3	4	5
7. 我發現很難對他和善	1	2	3	4	5
8. 我盡量避免看到他	1	2	3	4	5
9. 我要報仇	1	2	3	4	5
10. 我會與他斷絕關係	1	2	3	4	5
11. 我要看到他受苦受難	1	2	3	4	5
12. 他出現的場合我不去	1	2	3	4	5

【計分方式】

□逃避的動機

請將逃避的七個項目分數加起來：2、4、5、7、8、10 和 12，你的分數是＿＿＿＿＿＿。

一般美國人的平均分數為 12.6。假如你的分數在 17.6 以上，你在逃避的前 30%；假如你的分數在 22.8 以上，那麼你在逃避的前 10%。如果你在這個測驗的分數很高，那麼 146 頁寬恕的練習對你很有用。

□復仇的動機

請將復仇的五個項目分數加起來：1、3、6、9 和 11，你的分數是______。

假如你的分數是 7.7，你與一般人差不多；假如你的分數超過 11，你在復仇的前 30%；如果你的分數在 13.2 以上，你在復仇的前 10%。假如你的復仇分數很高，你會覺得 146 頁寬恕的練習對你非常有用。

我並不想與你爭辯原諒的好處和壞處的比重，你自己去決定是否值得拋開過節。因為這個比重代表著你的價值觀，而我的責任是呈現給你看不原諒和生活滿意度的負相關。

你可以原諒一個侵犯行為多少，決定於你對寬恕缺點和優點之間的理性平衡，以及你的人格特質。右表提供麥克勞夫和他的同事所發展出來的量表，讓你知道自己對生活上重大侵權行為的原諒程度。在做這個測量之前，請先想一個最近嚴重傷害過你的人。

如何寬恕

「媽媽被謀殺了，地毯和牆上都是血……」一九九六年的元旦，寬恕心理學家沃辛頓（Everett Worthington）的弟弟麥克打電話告訴他這件駭人聽聞的慘劇。當他到達納克斯維爾時，屋子被翻得一場糊塗。他後來做到了寬恕，這是一件很不容易的事，我建議想原諒而做不到的人去看他的書。

他描述了五個步驟，稱之為REACH。

R是回憶（recall），盡量以客觀的方式去回憶這個傷痛，不要把對方惡魔化，也不要自怨自艾。深呼吸一口，慢慢的把事情在腦海中再想一次。沃辛頓描述他如何想像當時的情景：

> 我想像兩個年輕人準備搶劫一幢黑暗無燈光的房子……，他們站在黑暗的街上，眼睛在搜索。「就這兒了吧！」有一個人說，「顯然沒有人在家，一點燈光都沒有。」「車道上也沒有車。」另一個說。「他們可能去參加除夕晚會。」這兩人不知道母親不開車，所以車道上不會有車。「啊，糟了，我被看見了，這個老女人哪裡冒出來的，真是糟透了，事情不應該是這樣的，她可能認出我，我會去坐牢，這個老女人毀了我一生。」

E是同理心（empathize），從加害者的觀點來看為什麼他要傷害你。這樣做不容易，但是編一個可能的故事來告訴自己，設想假如要加害者解釋他的行為時，他會怎麼說。下面幾點可以幫助你想出理由：

- 當一個人感到自己的生存被威脅時，他會傷害無辜的人。
- 攻擊別人的人通常是一個害怕、擔憂和曾經受過傷害的人。
- 情境使他加害於人而不是他的人格本質。
- 人在傷害別人時常沒有經過思考，他們就是動手做了。

A是利他（altruistic）的寬恕禮物。這是一個很困難的步驟，請先回想一下你以前曾侵犯過別人的權益，而對方原諒了你，這是別人給過你的禮物，你當時對這個禮物非常的感激。所謂「施比受更有福」，下面有首小詩可以告訴你這個道理：

假如你想快樂……
一個小時，就去睡個午覺
一整天，就去釣魚
一個月，就去結婚
一整年，繼承一筆遺產
一輩子，去幫助別人

但是我們不是為了自私的原因去原諒別人，我們原諒加害者是為了他好。告訴自己，你可以超越痛苦和報復，假如你是心不甘情不願的原諒，這種寬恕並不會使你自由。

C是允諾（commit）自己在大庭廣眾下原諒對方。沃辛頓輔導的當事人會簽下「寬恕證書」（certificate of forgiveness），寫一封信給加害者，在日記中、一首詩或一首歌裡寫下寬恕，或是告訴一個可信賴的朋友，這些都是到達最後一個階段的寬恕所必要做的事。

H是保持（hold）這個寬恕之心。這也是一件很困難的事，因為過去的記憶一定會再回來。寬恕並不是把記憶洗掉，而是把記憶所掛的標籤換掉，有記憶並不代表不原諒，只是不要在記憶中加入復仇的成分。提醒你自己你已經原諒他了，然後重讀你所寫的原諒之信。

你可能覺得這樣做很肉麻、很假道學，但是至少有八個研究測量過REACH的效果，目前做的最大也最好的研究是史丹佛大學的研究者索瑞生（Carl Thoresen）。他隨機分派二百五十九位成人到總時數九個小時（每次九十分鐘，共六回）的寬恕工作坊或控制組，工作坊的內容與上述的五個步驟相似，特別強調從客觀的立場去重寫這個悲傷的故事。越少憤怒，越少緊張；越多樂觀，健康狀況越好；你越能原諒，所得的效果就越大。

評估你的生活

要評估每一分鐘的生活感覺是件很不容易的事，但是掌握你的生活正確的狀況卻對你未來的決策很重要。一時的悲傷和快樂對你整個生活的品質並不重要，但它卻會影響你的判斷。最近的失戀會使你對生活滿意度急遽的下降，但最近的加薪卻會人為的升高你的滿意度。

下面是我的作法。在元旦時，我花半個小時填了一份「一月份回顧」。我特意選了一個跟引發極端情緒事件都有一段距離的時間，並且在電腦上做，因為我的電腦有每年的資料可以讓我進行比較，我收集這些已經有十年了。我在下面每一個領域中評估自己對生活的滿意度，然後寫幾個句子來總結我的感受。對我來說很重要的領域可能跟你不一樣，但是你可做個參考：

- 愛情
- 工作
- 財務
- 休閒
- 朋友
- 健康
- 生產力
- 總體來說

我還多設了一個項目來比較每一年的改變和這十年間的曲線。我強力推薦你這樣做，因為它能讓你面對現實，不自我欺騙，也告訴你下一步該怎麼做。戴維斯（Robertson Davies）曾經說過類似的話：「每一年都評估一下自己的生活，假如你發現這一年過得不夠充實，改變你的生活；你會發現改變的方法就在自己手中。」

本章討論的是你可以自己控制的變項（V），它找出你對過去的正向情緒（滿意、滿足、充實、驕傲和寧靜），介紹三種可以對已經發生之事保持快樂的方法：第一是智慧上的——「過去的事決定你的未來」這句話是錯的，這個決定論的說法沒有任何實驗證據，在哲學上是不合邏輯的，它所演繹出的被動會把你禁錮住；第二和第三的可控制因素是情緒上的——它們主動的改變你的記憶，增加你對過去記憶中好的記憶的強度，使你感恩，學習寬恕，將過去痛苦的記憶保險絲拆掉，使它不能再引爆，這會增加你的生活滿意度。下面一章我將轉而介紹對未來的正向情緒。

6 對未來的樂觀

找到好事情的永久性和普遍性的原因，和對不幸事情的暫時性和特定性的解釋，是希望的兩個臺柱；對不幸事情找到永久性和普遍性的原因，以及對好事情有暫時的和特定的解釋型態，是絕望的成因。

對未來的正向情緒包括信心、信任、自信、希望及樂觀。樂觀和希望大家都很熟悉了，有無數的研究討論過它，最好的共同結論是它們可以被建立。樂觀和希望使你在遭受打擊時可以對抗沮喪，使你工作表現良好——尤其是有挑戰性的工作，還使你健康。你可以在網路上測試自己的樂觀程度，讓自己知道與你同年齡、同性別、同樣工作的人相比起來，你的樂觀情形是如何，當然你也可以在本書中做。

測試你自己的樂觀程度

這份問卷不限制你回答的時間，一般來說大約要十分鐘。問卷答案沒有對和錯的問題，假如你曾讀過《學習樂觀・樂觀學習》，就曾看過這個測驗的不同版本，做過下面的一些練習。

請細讀以下四頁「樂觀量表」中的每一個情境，並想像它發生在你身上時的情形。有些你可能沒有經驗過，不過沒有關係；或許沒有一個答案你覺得恰當，也沒有關係，看看A或B哪一個對你比較合適。你可能不喜歡有些問題的答案，但是不要去選應該怎麼說或怎麼說別人聽起來比較好的那個，請選你最可能做的答案，而不是看起來比較好的答案。

每一個問題只選一個答案，不要去管問題後面的字母（如P_mB）。

你的解釋型態有兩個向度——永久性和普遍性。

永久性

很容易就放棄的人認為發生在他們身上的壞事都是永久性的——這些不幸的事情會一直持續在那裡不走開，而能夠抵抗無助的人則認為不幸的事件只是暫時性的：

永久性的（悲觀）	**暫時性的**（樂觀）
我已被淘汰了	我是累壞了
節食永遠不會有效	當你在外吃飯時，節食無效
你總是在嘮叨	我沒清理我的房間時你會嘮叨
老闆是個混蛋	老闆今天心情不好
你從來不跟我說話	你最近都沒跟我說話

假如你把不幸的事想成「永遠」、「從來」、「總是」，把它責怪到人格特質上，那麼你是悲觀型的人。假如你想成「有的時候」、「最近」，把它當成偶發事件，你是個樂觀的人。

表 6-1 樂觀量表

1. 你和你的配偶（男／女朋友）吵完架後和好時：	PmG
A 我會原諒他（她）	0
B 我通常會原諒他（她）	1
2. 你忘掉配偶的生日時：	PmB
A 我不擅長記生日	1
B 我太忙忘記了	0
3. 有人不具名的送你花束：	PvG
A 我很有吸引力	0
B 我的人緣很好	1
4. 你競選里長而且當選了：	PvG
A 我花了很多時間和精力在競選上	0
B 我對每一件事都是全力以赴	1
5. 你忘掉一個重要的約會：	PvB
A 有時我的記憶會不好	1
B 有時我忘記去檢查我的記事本	0
6. 你的晚宴很成功：	PmG
A 你那天晚上特別的迷人	0
B 我是很好的主人	1
7. 你欠圖書館十元的罰款，因為你借書逾期了：	PmB
A 當我看得入神時，我常忘記什麼時候該還	1
B 我忙著寫報告，忘記去還書	0
8. 你的股票替你賺了很多錢：	PmG
A 我的股票經紀人決定冒個險試試新公司	0
B 我的經紀人是一流的投資人才	1

9. 你贏得一項運動比賽的獎盃：	PmG
A 我覺得所向無敵	0
B 我努力訓練自己	1
10. 一個重要的考試未過關：	PvB
A 我不夠聰明，不及其他的同學	1
B 我沒有好好準備	0
11. 你特別為朋友準備了某一道菜，但是他連碰都沒碰：	PvB
A 我菜燒得不好	1
B 我今天燒菜太趕了	0
12. 你打輸了一場準備已久的比賽：	PvB
A 我的運動神經不夠	1
B 我對那項運動不夠專精	0
13. 你對朋友發了脾氣：	PmB
A 他老是嘮叨我	1
B 他今天情緒不好	0
14. 你因未及時繳稅而被國稅局罰款：	PmB
A 我總是拖延報稅	1
B 我今年太懶太混了	0
15. 你想與某人約會，但他拒絕你了：	PvB
A 我那天表現很差	1
B 我約他時，張口結舌說不出話來	0
16. 在宴會時常有人邀舞：	PmG
A 我很外向	1
B 我那天晚上表現得非常好	0
17. 你在工作的面談上表現良好：	PmG
A 我對那天的面試覺得非常有自信	0
B 我很會面試	1

18. 你的老闆沒有給你足夠的時間去完成那項工作，不過你還是及時完工了：	PvG
A 我對我的工作很在行	0
B 我是個很有效率的人	1
19. 你最近感到精疲力竭：	PmB
A 我從來沒有機會放鬆自己	1
B 我這個禮拜實在太忙了	0
20. 你救了一個人，使他沒有噎死：	PvG
A 我會噎食的急救技巧	0
B 我知道在危機時該如何處理	1
21. 你的男／女朋友想要暫時冷卻感情一陣子：	PvB
A 我太自我中心	1
B 我冷落了他（她），沒有花很多時間在他（她）身上	0
22. 朋友講的一句話傷了我的心：	PmB
A 他每次都是這樣衝口而出，不考慮對方	1
B 我的朋友今天心情不好，發洩在我身上	0
23. 你的老闆向你尋求忠告：	PvG
A 我在這個領域是個專家	0
B 我很會給人有用的忠告	1
24. 你的朋友謝謝你幫助他度過困難的時段：	PvG
A 我喜歡幫助人度過難關	0
B 我關心別人	1
25. 你的醫生告訴你你的身體狀況很好：	PvG
A 我經常運動	0
B 我非常在意健康	1

26. 你的配偶（男／女朋友）帶你去度了一個羅曼蒂克的週末：	PmG
	A 他（她）需要休息幾天	0
	B 他（她）喜歡去探索新的地方	1
27. 你被請去做一個重要專案的主持人：	PmG
	A 我最近剛完成一個類似的專案	0
	B 我是個很好的主持人	1
28. 你滑雪時常摔跤：	PmB
	A 滑雪是項很困難的運動	1
	B 滑雪坡結冰太滑了	0
29. 你贏得一項人人欽羨的夢幻大獎：	PvG
	A 我解決了一個重要的問題	0
	B 我是最好的員工	1
30. 你的股票跌到不能再低：	PvB
	A 我有時對商業時機抓不準	1
	B 我選股票選得不對	0
31. 你放假時胖了，現在瘦不下來：	PmB
	A 以長效來說，節食其實沒什麼用	1
	B 我試的這個節食法沒有用	0
32. 店裡不肯讓你刷卡：	PvB
	A 我有時高估了我有多少錢	1
	B 我有時忘記去付信用卡的帳單	0

□按下面兩個類別計分

PmB ________　　PmG ________

PvB ________　　PvG ________

HoB ________　　HoG ________

HoG-HoB= ________

現在來看之前你做的測驗。先看PmB（Permanent Bad，永久性的壞事）的八題：2、7、13、14、19、22、28和31，這些題目是測量你有多少把這些不好的事件想成永久性的傾向。選0表示樂觀、1是悲觀，所以假如你在第2題解釋為什麼忘記配偶的生日時，選「我不擅長記生日」，而不是選「我太忙忘記了」，代表你選擇比較永久性的解釋，因此比較悲觀。

將上述八題的分數加起來，總分寫在PmB上，假如你的總分是0或1，你是個非常樂觀的人；2或3是中等樂觀；4代表一般人的平均數；5或6是悲觀；如果你的得分是7或8，那你是非常的悲觀。

當我們失敗時，我們都會（至少暫時會）感到無助，就好像有人在你胃上打了一拳，感覺很痛，但是這個痛會消失。有些人的痛幾乎立刻消失，這些是得分0或1的人。有些人的痛苦持久到最後變成過節，再也消不掉了，這些人是得分7或8的人，他們會無助很久，長達幾天或幾個月；即使再小的挫折都會如此，如果是很大的挫敗，他們甚至可能永遠無法恢復正常。

樂觀的人對好事情的看法正好與對壞事情相反，他們認為好的事情是永久性的，而不認為那只是暫時：

暫時性的（悲觀）
我的幸運日
我很努力
我的對手疲倦了

永久性的（樂觀）
我一向運氣很好
我很有才幹
我的對手不行

樂觀的人把好的事情解釋成他自己的人格特質或能力，所以是永久性的；悲觀的人認為是暫時性，如：情緒和努力。

你可能注意到題目中有一半是好的事件（如：你的股票賺了很多錢），請將PmG（Permanent Good，永久性的好事）的八題：1、6、8、9、16、17、26、27的分數加起來，1是永久性樂觀的答案，請將總分寫到PmG的空格上。假如你的分數是7或8，你是個非常樂觀的人；6是中等樂觀；4或5代表一般人的平均數；3是中等悲觀；0、1或2是非常悲觀。

對那些認為好運是永久性原因造成的人，他們會在成功後更加努力；認為成功是暫時性原因的人，即使成功也會放棄，因為他們認為不過是僥倖。懂得利用成功更加乘勝追擊的人才是樂觀的人。

普遍性：特定的 vs. 一般的

永久性是時間向度，普遍性則是空間向度上的指標。

請看下面這個例子：一家大型零售公司的會計部門有一半的人員被解僱了，其中兩個會計人員諾拉和凱文都很沮喪，他們好幾個月都無法面對新的求職廣告，也避免計算所得稅或做任何跟會計有關的事。但是諾拉仍然熱情主動，她的社交生活很正常，健康情況也很好，一週還是去健身房三次。相反的，凱文就崩潰了，他忽略太太和襁褓中的兒子，所有的時間都花在沉思上，並且拒絕參加宴會，說他無法面對任何人。他失去了幽默感，笑話已經不能再引他發笑，而且整個冬天都在感冒，也放棄了慢跑。

有些人可以把他的問題打包起來，束諸高閣，然後正常的過日子，即使這是生活上很重要的事，如：失業或失戀；也有人讓一件事破壞所有事，將事情災難化，當他們生活中有一條線斷掉時，整塊布都跟著解體了。

所以當一個人對自己的失敗做一般的解釋時，他會放棄每一件事，雖然失敗的僅是一小角而已。把失敗當成特定的事件來解釋的人，雖然生活的某一塊變得無助，但是其他部分還是可以繼續前進。下面是不幸事件的一般的和特定的解釋：

一般的（悲觀）	特定的（樂觀）
所有的老師都不公平	塞利格曼教授很不公平
我是令人討厭的人	他很討厭我
書本一點用也沒有	這本書一點用也沒有

諾拉和凱文在永久性的向度上有同樣的分數，他們兩人在這方面都是悲觀的，當他們被解聘時，兩人都沮喪了很久。但是他們在普遍性向度上卻正好相反，當不幸事件降臨時，凱文認為一切都完了——當他被解僱時，認為自己一無是處；諾拉卻認為不幸的事是有特殊原因的——當她被解僱時，認為是自己會計做得不好。

永久性向度決定一個人會放棄多久——對壞事永久性的解釋會造成長期的無助，而暫時性的解釋則可以迅速的恢復。普遍性的向度決定一個人會把無助帶到生活的各個層面，還是只維持在原來的地方。凱文是個普遍性向度的受害者，一旦被開除了，便認為這個原因是一般的，他將之應用到生活的每一個層面上。

你也是這樣的把小事大事化嗎？標有PvB（Pervasiveness Bad，普遍性的壞事）的八題是：5、10、11、12、15、21、30和32，請將分數加起來紀錄在PvB的格子中。假如你的分數是0或1，你非常樂觀；2或3是中等樂觀，4代表一般人的平均數；5或6是中等悲觀；7或8是非常悲觀。

樂觀的解釋型態對好事和壞事的看法正好相反。樂觀的人認為好事更會加強他所做的每一件事，而悲觀的人認為好事只是特定因素引起的。當公司把諾拉找回去做臨時僱員時，她想到：「他們終於了解到沒有我不行了。」公司也找凱文回去幫忙，他卻想道：「公司大概是真的缺人手了。」

特定的（悲觀）	**一般的**（樂觀）
我的數學很好	我很聰明
我的股票經紀人很懂石油股票	我的經紀人很懂華爾街
她覺得我很迷人	我很迷人

請把PvG（Pervasiveness Good，普遍性的好事）的分數加起來，這八題是：3、4、18、20、23、24、25和29。如果答案後面是0，你是悲觀的（特定的解釋型態）。第24題問對朋友感謝你幫忙的反應，你選擇的是「我喜歡幫助他度過難關」（特定和悲

觀），還是「我關心別人」（一般和樂觀）呢？將分數加起來寫在PvG的格子裡，如果你的分數是7或8，你很樂觀；6是中等樂觀；4或5是一般人的平均數；3是中等悲觀；1或2是非常悲觀。

希望

希望已經變成電視上布道者、政客和廣告商的專用語了。習得的樂觀的概念就是將希望帶進實驗室，使科學家可以分析它，找出它為什麼有效。我們會不會覺得有希望，決定於兩個向度的共同作用：找到好事情的永久性和普遍性的原因，和對不幸事情的暫時性和特定性的解釋，是希望的兩個臺柱；對不幸事情找到永久性和普遍性的原因，以及對好事情有暫時的和特定的解釋型態，是絕望的成因。

不幸的事可以用無望或希望來解釋，例如：

無望	希望
我很愚蠢	我沒想到

男人是暴君	我先生心情不好
50％這腫塊是癌症	50％這腫塊沒事

幸運的事也是如此：

無望	**希望**
我很幸運	我很有才幹
我的太太對客戶很好	我太太的人緣很好
美國會殲滅恐怖份子	美國會殲滅所有的敵人

或許所有分數中，最重要的是你的希望分數（HoB和HoG）。請將你PvB和PmB的分數加起來，就是你的HoB分數；將PvG和PmG的分數加起來，就是你的HoG分數。接著用HoG減掉HoB，假如你的分數是10到16分，那麼你是非常的有希望的人；6到9分是中等希望；1到5分是一般人的平均數；0到負5是中等無望；負5以下是非常絕望。

對好事情有永久性和普遍性解釋的人，如果他對不好事件的解釋是暫時的、特定的，那麼遇到挫折時可以很快反彈回來，當他成功時也可以繼續一帆風順下去。對成功做暫時的和特定的解釋，對失敗做永久性和普遍性解釋的人，則是碰到壓力就垮掉，而且很難東山再起。

增加樂觀和希望

建立樂觀的解釋型態現已有很好、且被證明有效的方法可行，這個方法是指認出自己悲觀的念頭，並且反駁它。當我們工作上的對手或情人指責我們時，可以應用這個方法來反駁。若對手指控你：「你不配做人事部門的副總裁，你自私自利，員工都不能忍受你。」在回答時，你可以指出她所有錯的地方，包括：去年部屬們給了你很高的評價、你把門市部最難處理的三個人收服了。但是當我們對自己說同樣指責的話時，我們通常不會反駁自己，雖然它們常是不對的。所以反駁自己悲觀想法的第一件事，便是認出這是個不對的念頭，然後把它當作是外人對你的指控來反駁，因為外人的目的就是要讓你生活不愉快，你可不能讓他得逞。

下面是教你如何反駁自己的簡單介紹。一旦你認出這是個悲觀的思想，就要用ABCDE模式去反駁它：A（adversity）代表不愉快的事，B（belief）代表自動浮現的念頭、看法，C（consequence）代表這念頭所產生的後果，D（disputation）代表反駁，E（energization）代表激勵，指當你成功反駁時所感到的心情。如果在不愉快的事件發生後，能有效的反駁悲觀的念頭，你便可以改變自己對打擊的反應，且變得更有朝氣。

不愉快事件：今晚是自從孩子出生後，先生跟我第一次出外用晚餐，但是我們整晚都在為小事爭執——從侍者的口音到孩子的頭像我家的人還是像我先生家的人。

念頭：我們是怎麼回事？我們本來應該好好享受一下羅曼蒂克的晚餐，結果卻浪費時間去吵些最不值得吵的事。我看過一篇文章說，很多婚姻都是在第一個孩子出生後結束，看起來我們正是朝著那個方向前進。我該怎麼獨力扶養諾亞？

後果：我覺得很難過、很失望，而且我有很驚恐的感覺，簡直食不下嚥，只是把食物在盤子中推來推去而已。先生想改變氣氛，但是我連看他一眼都不能了。

反駁：或許我有點不切實際，當你連續七週睡不到三個小時就得起來餵奶，實在很難羅曼蒂克，而且你還要擔心會漏奶出洋相，真是羅曼蒂克個鬼！但是一頓晚餐不愉快並不代表就要離婚了，我們經過比這個厲害的大風大浪都沒有離婚，感情反而更好了。我根本不應該再去看那些愚蠢的婦女雜誌，我簡直不能相信自己坐在這裡計畫孩子的探視時間表，好像我們真要離婚一樣——只因為保羅認為諾亞的頭比較像他的叔公賴利而不像我阿姨佛蘿。我想我該輕鬆一下了，下一次的晚餐會好一點，就把這次當練習吧！

激勵：我開始覺得好一點，可以集中精神去聽保羅在說些什麼了。我甚至告訴他我很擔心漏奶，我們想到侍者會怎麼反應不禁大笑起來。我們決定把它當成練習，下個禮拜再出來吃飯，一旦我們攤開來講，兩人都覺得好多了，也覺得親密多了。

有一點很重要的是，了解你的念頭只是個念頭，它可能是也可能不是事實。假如一個嫉妒你的對手對你憤怒的尖叫：「你是個很糟的母親，你自私、愚蠢、自我中心，不會替別人著想！」你該怎麼反應？你可能根本不理她，如果你真的要理會，也是反駁她（當她的面或在自己肚子裡說）：「我的孩子很愛我，我花很多時間跟他們在一起，我教他們代數、足球和如何在這個世界中生存。她這樣說只是因為她的孩子很不成材，她很嫉妒我。」

我們可以將自己與別人不實的指控拉遠距離，但是我們很難將自己與我們對自己每天的指控拉遠距離。因為假如我們這樣想，它一定是真的，不是嗎？

錯！當我們碰到挫折時對自己說的話一樣可以是沒有根據的，跟嫉妒你的仇人說的話一樣。我們當下反射反應的解釋往往是扭曲的，它們是過去不愉快經驗所產生的壞習慣——童年時的衝突，管教很嚴的父母，太過嚴苛的少棒教練，或是姊姊對你的嫉妒。但是因為它是從我們內在出來的，我們就相信它，把它當作聖旨。

它們只是念頭而已，一個人害怕他會找不到工作，沒有人愛他，或難以勝任工作，並不代表這個他就是這樣，你需要拉開你和你悲觀的念頭的距離，至少要遠到你可以去驗證一下你的解釋方式是否正確。反駁就是去檢查你反射反應的念頭是否正確。所以第一步是知道你的念頭需要被反駁，下一步便是把反駁付諸行動。

學習與自己爭辯

下面有四個方法可以使你的反駁具有說服力：

證據

反駁一個負面念頭最有力的方法便是提出證據，證明這個念頭是不對的。大部分時候證據站在你這一邊，因為我們一般對不愉快事情的悲觀反應通常都太過頭了。你要扮演警探的角色問：「這個念頭的證據在哪裡？」

假如你的成績不好，認為自己是「全班最糟的」，你要去查一下證據。坐你旁邊的人分數比你低嗎？假如你認為這次的節食失敗了，去算一下吃過東西的卡路里，你會發現只比你因為與朋友出去而省略的晚餐多一點而已。

這個方法與坊間的正向思考不一樣。正向思考是要自己相信那些不符實際的、打高空的話，例如：「每一天，在每一方面，我都越來越好」，即使事實正好相反（你其實越來越糟）。大多數受過教育、有批判性思考能力的人，是沒有辦法相信這種吹牛的。相反的，習得的樂觀是正確的引用證據，反駁你自己扭曲的解釋。大部分的時候，真實界是站在你這一邊的。

其他的可能性

絕大部分的事情發生都不會只有一個原因。假如你考試考得不好，下面幾樣都可能是原因：題目太難、念書的時間不夠、人不夠聰明、老師不公平、別的同學程度較好、你考試那天的精神不佳……悲觀會使你找到最糟的理由——以最永久性、最普遍性的理由去責怪自己。這時，真理通常會站在反駁這一邊：既然有很多理由，為什麼要去找最陰險狡猾的來使自己過不去呢？問問你自己，有沒有比較不具破壞性的方式來看待這個問題。

在反駁你自己的念頭時，先去搜尋所有可能的原因，集中注意到可改變的原因（念書時間不夠）、特定的原因（考試題目太難），以及非關個人的原因（老師改得不公平）。你可能要努力去找其他的可能理由，鎖定那些你認為是不真實的。記住悲觀的想法正好相反，它是鎖定最陰暗可悲的念頭——並不因為是真的才鎖定它，而是因為它最可悲。你的工作正是去找出其他的可能性，來打破你這種具有破壞性、殺傷力的習慣。

暗示後果

以這世界的情形來說，事實並不見得永遠在你這一邊，真相可能對你不利，你腦海中的負向念頭可能是對的，這個時候要用的方法是「簡化災難法」(decatastrophizing)。即使你的想法是對的，它的後果是什麼？晚餐的確不羅曼蒂克，但是不羅曼蒂克的意義是什麼？一個不好的晚餐經驗並不代表需要離婚。

你要問自己的是，這個最糟情況最可能引發的後果是什麼。成績單上有三個B不代表你以後找不到工作；兩隻雞翅及一盤墨西哥玉米片也不代表你一輩子都會癡肥。在這時，回到第一個方法，重複去搜尋證據；在前面的例子裡，這位太太想起自己與先生曾經經歷過比眼前更困難的日子。

用處

有的時候抓著一個念頭不放的後果比它的真實性還糟。這個念頭是否具有破壞性？在節食時跑去大吃了一頓，你的反應是：「我是個貪吃者」，但是這句話指的是完全放棄節食的人。有些人對世界上的不公平感到很憤怒，我們可以同情這些人，因為我們了解被不公平對待的感覺，但是這個不公平的念頭也會引起悲傷的感覺。你認為世界應該是公平的，而且堅持著這個念頭不放，這對你有什麼好處？緊抓著它只會使你更難過，因為這是難以改變的事實。所以你應該把注意力轉到你可以改變的未來情境中，即使你的想法是對的，你也要去想：這個情境可以改變嗎？你又該如何去改變它？前例中提到的太太，最後決定不再讀那些談離婚的婦女雜誌。

你的反駁紀錄

現在我要你練習反駁，找出五個不愉快的情境，仔細聆聽自己的念頭，觀察它的後果，並且努力的反駁它，然後觀察自己的精神又回復了，因為你打敗了負面的想法，最後把這些練習記錄在下面。這五個情境其實都是些沒什麼大不了的事，譬如：信件來晚了、別人沒回你電話、加油站的人沒替你擦拭車子玻璃等等。請用有效的自我反駁策略去反駁它。

在開始練習之前，請你先讀下面兩個例子，第一個是壞的事件，第二個是好的事件。

【例一】

不愉快事件：我接到學生對我上課的評語，這學期我教的是從創傷中復原的心理學。有一個學生在評分卷上寫道：「我對這門課非常的失望，我唯一印象深刻的是這個教授竟然可以做到從頭到尾完完全全的無趣。大部分的屍體都比瑞奇曼教授有生氣，所以不管你要選什麼課，千萬不可以選這門課。」

念頭：這個學生竟敢如此大膽，現在的學生都期待教室像電影院、上課像看電影，假如你沒有用到多媒體教學，他們就覺得無聊、無趣；假如你要他們用點大腦去思考，他們就垮了。我對這種學生的態度真是厭倦極了，幸好我不知道是誰寫的。

後果：我很生氣，打電話給太太，念這份評分卷給她聽（這個學生給我打負十分）。一整天我都為此事不高興。我一直在想現在的學生真是目空一切，被寵壞了。

反駁：這學生的確是沒禮貌，假如他不喜歡這門課我可以了解，但是完全沒有必要這麼卑鄙下流。我應該要記住這只是一份問卷而已，大部分的學生都覺得這門課還可以。我沒有得到像往年一樣的高分，也有好幾個學生說如果我用投影片的話，他們可以更容易了解一點。他們並沒有要求雷射表演，只是希望我用投影片使教材有趣點、容易懂一點。或許我最近是有點懶，以前我都很努力去找出學生感興趣的方法。我不像以前那麼喜歡教學了，我想學生感受到這一點。或許我應該把這份問卷當作暮鼓晨鐘，花多一點時間在準備教材、提升學生興趣上。

激勵：我比較不生氣了，我還是會為這個學生表達的方式不高興，但是我可以把它控制在它的局限中了。我不喜歡承認自己最近是懶了一點，但是我可以把注意力放到更新教學上，我甚至覺得跟教材的關係又連接上了，我很期待重新教這門課。

前面說過，用悲觀的解釋型態去解釋好事與解釋壞事的情況正好相反：假如是好事，悲觀的人說這是暫時的、特定性的，這不是我的功勞；對好的事件的悲觀解釋使你無法乘勝追擊，得到全面的勝利。下面這個例子讓你看到如何去反駁一個暫時性、特定性的外在解釋，把它變成永久性、普遍性及個人的解釋型態，如此，你才能繼續成功下去。

【例二】

不愉快事件：我的老闆告訴我，他很喜歡我提出的新想法，叫我跟他一起參加重大會議，將我的想法講給董事會的人聽。

念頭：噢，完了，我簡直不能相信他叫我去參加重大會議。我一定會出醜，我只是隨口說說想不到他就喜歡了，這根本不是我的想法，是很多人在閒聊時聊出來的。我只是會講，內部深層的東西我不了解，假如要我去回答那些大頭的問題，一定會窘死。

後果：我非常的緊張，無法專心做事，我應該把時間花在準備演講上，但是一下子就想到別的地方去，不能專心，結果一事無成，只做了些不要用大腦的事。

反駁：等一會兒，這是一件好事，不是壞事，雖然這是我和別人一起發想出來的，但是我也有份，說它不是我的主意並不完全正確。事實上在上次的會議裡，是我把這些點子綜合在一起，成為一個新的想法。每一個人在大老闆面前說話都會緊張，但是我不要把自己嚇倒，我並不是完全不懂這一行，我思考這個已經很久了，甚至曾把它寫出來並且給同事看過。韓克選我去講因為他知道我可以做得好，不會漏他的氣，他才不會隨便找個人去大老闆面前演講，危害到他自己的前途。他對我有信心，我也應該對自己有信心。

激勵：我現在冷靜下來，可以專注於準備演講內容了。我決定先在兩個同事面前演練一次。我其實有點期待這個挑戰，而且我準備得越充足，就越有自信，我甚至想到幾個不同的方法來表達，使這個演講更完整、更有條理。

現在開始你每天都練習一下，不要特意去搜尋不愉快的事，但是就每一天發生的事仔細的做這個練習。當你聽到負面的想法時，反駁它，把它趕盡殺絕，然後將它記錄下來，請持續至少一週。

不愉快事件：＿＿＿＿＿＿＿＿

＿＿＿＿＿＿＿＿

念頭：＿＿＿＿＿＿＿＿

後果：＿＿＿＿＿＿＿＿

反駁：＿＿＿＿＿＿＿＿

激勵：

不愉快事件：

念頭：

後果：

反駁：

激勵：

不愉快事件：

念頭：

後果：

反駁：

激勵：

不愉快事件：

念頭：

後果：

反駁：

激勵：

不愉快事件：

念頭：

後果：

反駁：

激勵：

在第五章中，我討論過去的快樂是什麼，以及如何維持你對過去的滿意。在這一章中，我討論了構成未來快樂的條件是什麼，以及增進你快樂的方法。現在，我要轉到眼前當下的快樂。

7 眼前的快樂

如果沒有區分愉悅和滿足，只會使你完全依賴捷徑，去尋求生活中容易的愉悅。愉悅很容易就能得到，而滿足需要動用到個人的長處，所以找出每個人的長處並發展它，成為對抗憂鬱症的一個有效方法。

眼前的快樂成分與過去的和未來的非常不同，它包含兩個不同的東西：愉悅（pleasure）和滿足感（gratification）。

愉悅有很強的感官和情緒上的成分，也就是哲學家說的「原始的感覺」，例如：狂喜、驚喜、高潮、飄飄欲仙、極度的暢快、舒適。這種純粹是感官上的滿足與快樂，不需要思考。**滿足感**是做了我們最喜歡做的事以後帶給我們的感覺，但是它不一定同時帶有「原始的感覺」。這種滿足感會使我們整個浸淫到裡面，失去自我意識，例如：跟一群好朋友聊天、攀岩、看一本好書、跳舞等，只要我們的能力符合挑戰，做來得心應手時，都會有這種感覺。這個感覺比愉悅的效果更長，因為它動用到思考和解釋，不容易被習慣化，它的能量是來自長處和美德。

愉悅

但願眾多的夏日清晨，
當你第一次進港來到腓尼基人的貿易站時，
眼睛所見的都是歡樂、愉悅，
因為這些美好的珍珠、珊瑚、瑪瑙、黑檀木，
充滿了你的感官，帶給你無限的愉悅。

——卡瓦菲（C. P. Cavafy）的詩作〈綺色佳〉（Ithaka）

身體的愉悅

這些快樂是立即的、來自你的感官，而且是暫時的。它們不需要解釋，演化使這些感覺器官直接跟我們的正向情緒連結在一起，觸覺、味覺、嗅覺，還有身體的動覺、視覺和聽覺都可以直接激發愉悅。觸摸小嬰兒的性器官會使他微笑，母乳和法國香草冰淇淋在生命的最初六個月也會引發微笑。當你一身都是泥漿時，沖個熱水澡會使你通體暢快，而這種舒服的感覺帶給你一個認知——你現在是乾淨的。對很多人來說，暢快的上個大號，把身體裡的東西都排出去，也會覺得非常的愉悅。視覺和聽覺也跟正向情緒連在一起，一個萬里無雲的春天、英國搖滾樂團披頭四的歌、嬰兒圖片、小羊、下雪的夜晚坐在熊熊火爐前面取暖，這些都是身體愉悅的例子。

雖然感官的感覺可以帶給你快樂，但是你不容易將生活的樂趣建立在感官的滿足上，因為這些都是暫時性的，一旦外在刺激消失，它們便很快跟著褪去。而且我們會對這些感覺增生「習慣化」，以後要有更強、更多的刺激才可能帶來相同程度的滿足。第一次吃法國香草冰淇淋時，那真是人間美味，但如果一直吃也就覺得不怎麼樣了。

高層次的愉悅

高層次的愉悅與身體的愉悅在許多地方很相似，它也有「原始的感覺」，也是暫時的、很容易消失，而且很容易習慣。但是高層次的愉悅複雜得多，它比較是認知層次的，也比身體的愉悅有較多的變化。

目前有很多方法可以組織高層次的愉悅，我的只是其中一種。我從正向情緒的字眼「歡樂」（joy）開始，在腦海中搜尋它的同義字，然後從每一個新字中再去找它的同義字，一直這樣做，直到所有的同義字都用光了。結果我很驚訝的發現，自己竟然找到快一百個同時包括身體的與高層次的正向情緒的字。然後我去掉身體的愉悅（例如：高潮、溫暖）之後，找到三類高層次的愉悅，我用強度來區分它們。

高強度的愉悅包括狂喜、興奮、刺激、銷魂、快感、亢奮；中等程度的快樂有活潑、奔放、開心、高興、歡喜、熱中、好玩；低程度的快樂有舒適、和樂、滿意、放鬆、有趣。因為我的目的只是討論如何能增強快樂的心境，所以你選擇哪一種程度的快樂並沒有太大關係，上面的字詞都可以再做增強。

增強愉悅

其實根本不需要專家告訴你如何在生活中製造快樂，你比誰都知道自己對什麼有興趣，該如何去追求這樣的快樂。不過正向情緒的研究得出三個觀念：習慣化（habituation）、鑑賞（savoring）和淨心（mindfulness），這些可能對你有幫助，能增加你對生活中短暫快樂記憶的量。開啟上述三項觀念的力量，可以使你一生都比較快樂。

1. 習慣化

不管是身體的還是更高層次的愉悅，都有一個共通性使它們不能成為永久的快樂來源。當然就定義來說，它們本來就是短暫的，會漸漸的消失，所以通常突然就終止了。當我指定作業叫學生做一些好玩有趣的事時（如：去看場電影），他們會發現電影演完時，趣味也就終止了；一旦外界的刺激停止，正向情緒也就沉澱到日常生活一般的情緒之中，看不見了。因此只有那些回味無窮的電影、餘音繞梁三日不絕的演唱，或是香醇回甘的好酒，才會在外在刺激消失後，仍然帶給你快樂。

快速的重複原來的刺激並不能帶給你連續性的快樂：第二口法國香草冰淇淋帶給你的快樂就沒有原來的一半，吃到第四口時，心中想的就是卡路里了。一旦身體對卡路里的需求滿足後，就跟嚼蠟差不多了。這個歷程叫習慣化或適應（adaptation），是種神經的作用。我們天生對新奇的東西敏感起反應，當事件不再提供新訊息時，神經就不再發射。從單細胞記錄實驗中，我們知道神經有個短暫的休息期，通常幾秒之內不能再發射。從整個大腦來說，我們注意到新奇的事件而丟棄已經熟悉的，事件越熟悉就越退到不被注意的背景中。

快樂不但會迅速的消失，有些甚至還造成負面的後效。還記得四十年前在老鼠大腦發現的快樂中心嗎？實驗者在那個部位放了一根很細的探針，當老鼠按桿時，就會有些微的電流通過去刺激那個部位。結果這些很餓的老鼠進到實驗室後，寧可去按桿直接得到快感，也不會去按另一根桿得到食物，最後餓死在快感的桿下。牠們在性欲上也是如此，因為直接按桿得到高潮，而忽略了籠中的母鼠。實驗者從中發現人為什麼會上癮的原因：對大腦的電刺激產生了強烈的渴求（craving），只有下一個電刺激才會滿足這個渴求；很不幸的，下一個電刺激又帶來更大的渴求，因此惡性循環下去直到老鼠累死、餓死為止。老鼠後來再按桿時已經不是為了快樂，而是為了滿足這個渴望——這種激起渴望而無法停止渴望是件負面的事。

你的背癢時，搔一下很滿足，但是停止時通常會更癢；癢到某一個程度時你會再搔，這個搔又開始下一次的癢。假如你咬著牙忍住，過一會兒這個癢會退去，但是常常要去搔一下的渴求會壓迫你的意志力，這是為什麼有人會咳個不停，花生吃個不停（在中國是瓜子），菸一根接一根，吃冰淇淋也是。這其實就是上癮的機制，酒精產生負面的後效（酒醉後的頭痛），只有靠再喝一點才能解除；假如你再喝一口來解除這個頭痛，但是這一喝又使你產生下一次的頭痛，如此就惡性循環下去，沒完沒了了。

但是這個方法也可增進你生活中的快樂，而如何把快樂平均分布在生活中是個關鍵。首要法則是找出會帶給你快樂的東西，分開注入生活中，中間的間隔越長越好。假如你發現自己對某樣東西的欲望因時間過去而降到零（或比零還低，已經到負面情緒的程度），這可能就不是快樂，而是上癮。你先吃一口冰淇淋，等三十秒（你會覺得是永恆）再吃第二口，假如這時你已不想再吃第二口了，就把它倒掉；假如還想吃，吃了後再等三十秒，但心中做好準備隨時不再吃它。

請找出你快樂習慣化的時間間隔。假如你喜歡聽鄧麗君的歌，可以試著找出維持她的歌帶給你快樂的最佳間隔時間。經常使自己驚喜，更好的方法是和你的同居人彼此相互製造驚喜，這個驚喜不需要是一打玫瑰，一杯突如其來的咖啡就可以達到這個目的。一天花五分鐘計畫使配偶、孩子或同事驚喜的事是值得的：當先生回家時，放他最喜歡的音樂；當太太在電腦上記帳時，按摩她的背；在同事桌上放一盆花、貼張感謝的條子。這類行為通常會引發更多善意的回饋。

2. 鑑賞

現代生活的快速步調及現代人一直往前看的心態會犧牲掉我們的現在。所有的科技進步——從電話到網際網路——都是要你做得更多、做得更快，省下來的時間可以使我們再去計畫未來。這個「美德」已經滲透到我們的生活中不自覺了，我們會發現在宴會中並沒有專心聽別人說話，而是在計畫等一下怎麼樣機智的回答。為了節省時間和計畫未來，我們失去了現在。

羅耀拉大學（Loyola University）的兩位心理學家布萊恩（Fred B. Bryant）和維洛夫（Joseph Veroff）是「鑑賞」這個剛起步領域的創始人。結合佛教反求諸己的傳統，他兩人將鑑賞及心靈充實作為找回現在的工具。布萊恩和維洛夫的鑑賞是快樂覺識，特意將注意力導向愉悅的經驗。布萊恩在爬山時，細細品嘗他的經驗：

我深呼吸一口稀薄的冷空氣，慢慢的吐出來。我注意到花蔥屬植物的刺鼻味道，於是尋找味道的來源，在腳下石頭縫中找到這株孤伶伶一枝向上的紫色花朵。我閉上眼睛聆聽風的傾訴，聽到它在山谷的迴響。我在山頂的大石頭上坐了下來，享受在溫暖的石頭上晒太陽的樂趣。我撿了塊像火柴盒大小的石頭帶回去做紀念，使我永遠記得這一刹那。石頭粗糙的表面摸起來像砂紙，我感到一股奇怪的欲望想去聞一下這塊石頭。當我聞到它強烈的泥土味時，這味道引發了一些古老的影像：這塊石頭一定是從盤古開天闢地就躺在這裡了。

同樣的，維洛夫也鑑賞孩子的信：

> 我找了一段安靜的時間可以從容不迫的讀這些信。我依序地讀，讓每一個字慢慢的滑過我，就像淋浴時讓溫暖的水流過身體肌膚一樣。有的信富有感情，使我的眼淚奪眶而出；有的信充滿智慧，讓我知道他們對自己和周遭發生的事是很了解的。我很驚訝的是在讀這些信時，我幾乎可以感覺到孩子們就在這個房間裡。

從測試數千名大學生中，這兩位心理學家發現了五個提升鑑賞能力的方法：

- **與別人分享：**你可以找人與你分享經驗，讓他知道你多麼珍惜這個機緣，這是最能預測快樂程度的指標。
- **建構記憶：**將當時的情景印在腦海中，或是找個紀念品使你以後可以跟別人分享這個經驗。布萊恩撿了那塊石頭並把它放在電腦旁。
- **自我恭賀：**不要害怕驕傲，告訴你自己別人是多麼的看重你、欽佩你，並且記住你等這一天等了多久。
- **銳利你的觀察力：**把注意力集中在某些地方，而把不想要的排除在外。當嘗一碗湯時，維洛夫說：「這碗濃湯有股焦味，因為我不小心燒焦了底部，雖然已經把焦的部分丟掉，但是焦味仍然滲到湯裡。」當聆聽室內樂時，他通常會閉上眼睛。
- **吸收：**讓你自己完全浸淫在其中，不去想別的，只是感受。不要去想應該做的事，不要去想等一下會怎樣，或去想這件事可以如何改進。

這些方法都支持鑑賞與品嘗：接受稱讚和恭賀、感恩、把自己融入事件中，及體會感官的感動。現在來試試我所說的「秀出感官所感」。假如你只是翻閱這一章，我希望你在這裡停下；事實上，我很堅持你細讀、慢慢品嘗每一個字：

我會慢慢從這個流暢的空間，這個白色的和平，這個極度的狂喜中走下，
時間會包圍並緊扣住我，我的靈魂會追逐著每天的柴米油鹽。
但是，我已知道快樂的方法，生活無法像以前一樣緊迫著我，
我會找到時間來體會周邊的快樂，
因為我已經去過飄著白紗的永恆了。

3. 淨心

在經過三年的苦修後，小和尚來到師父的面前。他心中對佛教教義的各種問題都了然於胸。

「我只有一個問題要問。」師父平靜的說。

「請說。」

「玄關的花放在雨傘的左邊還是右邊？」

小和尚退出再去苦修三年。

用心始於心中無雜念的觀察。我們常忽略許多重大的經驗，平常不太用大腦的過

日子，自動化的做事以及與人互動。哈佛大學一位研究心靈充實的教授藍傑（Ellen Langer）曾經要學生去插隊，搶在一排等著影印的人前面，當這些學生問：「我可以插在你前面嗎？」每個人都拒絕他，但是假如他多加一句：「我可以插在你前面嗎？因為我趕著要影印。」別人就讓他插隊了。

藍傑發展出一些方法，使我們更能以新的角度看待現在。下面這些方法的宗旨是改變觀點，使靜止不動的情境活化起來。當要求十年級的學生去讀美國南北戰爭前民主黨參議員道格拉斯（Stephen Douglas）提出將蓄奴制度擴展到西部新開發地區的《堪薩斯——內布拉斯加法案》（*Kansas-Nebraska Act*）這段歷史時，一組學生從道格拉斯的觀點出發：他對這法案怎麼想、有什麼感覺，也由他孫子的觀點去看這法案；結果這一組比只像平常讀書一樣讀過的另一組學到更多。

心情放輕鬆時比較容易用心去注意現在發生的事。東方的禪坐有很多不同的形式，但是不論哪一種，只要持之有恆的做，都能使你的心靈放慢下來（研究也都指出它們可以抒解焦慮）。這種心境會轉而使你注意當下發生的事，更容易注意到花是在雨傘的左邊還是右邊。對美國人來說，超越冥想法（Transcendental Meditation）是最容易學的一個方法。我每天做超越冥想法已有二十年了，它使我慢下腳步且不焦慮，我認為它是一個很有效的「用心」方法。然而超越冥想法和其他的禪坐都不是能立即見效的方法，要達到禪坐的益處，你必須一天打坐兩次，每次至少二十分鐘，並且連續做好幾個禮拜。

科學上所觀察到的鑑賞和淨心，可以追溯起源到佛教，這並不是偶然的。佛教是使心靈達到寧靜的境界，我沒有足夠的知識討論它，這裡也不是討論它的地方，但是在結束這一段之前，我要強力推薦李維（Marvin Levine）的《佛教和瑜珈的正向心理學》（*The Positive Psychology of Buddhism and Yoga*）。作者為認知心理學家及詩人。

有美好的一天

本章所討論愉悅和歡樂以及強化它們的方法，習慣化可以用將快樂打散出現的方式來克服，並且與你的配偶、朋友以互惠的驚喜方式來增加生活的樂趣；鑑賞和淨心可以用來分享快樂，把快樂的情境用心記下來以後慢慢回味，以及使知覺敏銳（尤其是從不同的角度去看同一件事）的方式來達到，用心浸淫在氣氛中、感恩、驚喜和豐饒，你會將快樂放大很多。只要用心去找、去做，愉悅的生活是不難做到的。

現在請試試看，我給你的功課是過個美好的一天。在這個月中找一天專門做你喜歡的事、寵愛你自己，把這一天中每個小時要做什麼都用紙筆寫下來。盡量運用上述的技巧，不要讓生活中的瑣事干擾你，只管照著擬定的計畫做。

滿足感

在英文中，滿足感和愉悅（gratification & pleasure）兩字同義，這真是很可惜。把兩個生命中最好的事情混淆在一起，但是兩者是不同等級的快樂，我們卻以為可以用同樣的方法得到兩者。我們常很隨意的說喜歡魚子醬、按摩和聽雨打在屋頂上的聲音（這些都是愉悅）；我們也說喜歡打排球、閱讀托馬斯（Dylan Thomas）的書、幫助街上的遊民（這些是滿足感）。喜歡（like）是個意義很不清楚的字，在上述例子中，喜歡是指在很多可能性中，我們選擇去做它；因為我們用了同一個字，我們就去同一個源頭尋找快樂，我們說「魚子醬帶給我快樂」，和「托馬斯帶給我快樂」，好像這兩個選擇的內在都是同樣的正向情緒。

當我強迫人們去思索內在的正向情緒時，好吃的食物、按摩、香味、熱水澡，都會產生本章開頭時所提到的愉悅感覺。相反的，當我要人們思索他們替無家可歸的遊民倒咖啡、讀巴瑞特（Andrea Barrett）、打橋牌或攀岩時，他們就答不出來為什麼會有正向的情緒。有些人會說蜷臥在沙發上讀一本好小說使我很舒服，但是大多數人卻答不出來。然而，正是全心全意地做這件事，完全的浸淫沒有意識的干擾，以及這些行為所產生的滿足感使你覺得快樂，這些不是感官上的滿足。事實上，完全浸淫在某樣東西中時，是沒有意識，而且完全沒有情緒的。

這個差別在於好的生活（good life）和愉悅的生活（pleasant life）。還記得我的橋牌冠軍及總裁朋友連恩，那個在正向的情感上得分很低的人嗎？滿足感是我說連恩擁有很好生活的原因，因為沒有任何的魔術、忠告或運動可以將連恩帶入虛幻的歡呼或深深的愉悅感覺中，但是他的生活很充實：他是一個冠軍橋牌手、股票投資人及忠誠的球迷。區分愉悅和滿足感最大的好處在於，雖然一半的人口（三億人）無法達到物質上的愉悅，他們還是可以快樂，因為他們可以滿足。

眼見現代人迷失了愉悅和滿足感的區別時，古代雅典人可是清楚得很。許多例子顯示，在那古老文明的全盛時期，他們比現代人知道得多。譬如亞里斯多德，他區分身體上的愉悅和快樂（eudaimonia），例如舞跳得好很快樂，這個跳得好（grace）並不是跳舞的一部分，也不是跳完舞後的結果，它是舞跳得好時的感覺。要談沉思的快樂只能說沉思完了後的感覺，沉思本身不帶任何情緒色彩。亞里斯多德的快樂是我所稱的滿足感，它是行為所產生的感覺。滿足感無法從肉體的愉悅中得到，也無法自化學的藥品（吸毒）或任何捷徑得到，只有在高貴無私的行為做完後才會自然產生。我這樣引用亞里斯多德是讓你看到行為所產生的好的感覺，才是你生活中真正快樂的時刻。你可以用我在上一節所談的方式去找到、培養、強化你的愉悅，但是你無法用同樣的方式去放大滿足感。愉悅是感官和情緒的；相反的，滿足感得自於施展個人的長處和美德。

在科學上對滿足感的討論可以歸因到一位社會科學巨擘的好奇心：

「這裡有一個名人的名字！」我倒著讀這家有名餐館的貴賓簽名簿，悄聲的對曼蒂說。多年來站在老師、看護者和系主任桌子的另一端，使我學會了如何倒著讀英文字。我們在夏威夷大島度假，當時正排著隊去拿自助早餐，我看到契斯森米亥（Mike Csikszentmihalyi）的名字在貴賓簽名簿上。他很有名，但是只有心理學界的人認得他，我連他的名字該怎麼念都不知道。

「你說的倒容易！」曼蒂開玩笑說，契斯森米亥應是社會科學的名教授，他在克萊蒙大學（Claremont University）商學院教書。滿足感的一個境界「福樂」（flow）就是他定名的，指的是我們全心投入在做的事情時的感覺。我們曾經碰過一次面，大約是二十年前的事，但是我已經記不得他長什麼樣子了。

一會兒之後，我在把木瓜籽挖出來同時，眼睛又去搜索餐廳，希望能看到紅頭髮、運動員身材的契斯森米亥（這是我模糊印象中的他。雖然下一章節要討論的是花時間與家人相聚，我必須承認在這個無所事事的度假勝地，若能找到個心理學家聊聊，實在是個打發時光的大好方法，所以我眼睛一直在搜索大廳）。

早飯之後，曼蒂與孩子還有我一起越過火山熔岩走向黑色的沙灘，天空滿布黑雲，海浪高漲到無法衝浪或游泳。「有人在叫，爹地。」耳朵最尖的拉娜指著海洋對我說。果然，在海浪下的衝浪板上有個白頭髮的人不斷的被浪打到充滿鋒利貝殼的火山熔岩牆上，他看起來像尾小號的白鯨，只是臉和胸部上有血，左腳還掛了一隻潛水鞋。我向海中跑去，腳上的薄底橡膠鞋使我在岩石和貝殼上走動比較容易，但是這個傢伙很重，遠比我這兩百磅的人重多了，把他拖上來不是一件容易的事。

當我們最後喘著氣走回來時，我聽出了對方英文的中歐口音。

「契斯森米亥？」

當他咳嗽完後，一張像聖尼古拉斯（St. Nicholas）的臉笑了起來，他給我一個大擁抱，之後我們花了整整兩天不斷地聊天。

契斯森米亥的家鄉在羅馬尼亞外西凡尼亞地區的奇克斯鎮，在二次世界大戰時逃到義大利。他的父親是匈牙利的貴族，做過布達佩斯駐羅馬大使。他的童年被炮火打亂，在史達林占領匈牙利之後，他的父親離開了大使館，在羅馬開起餐館。他家族的家具被運到貝爾格勒、札格勒等地的博物館展覽，有些族人因此陷入無助和絕望的深淵。「沒有錢、沒有工作，他們變成了沒有靈魂的空殼……」他回憶道。但是在同樣的打擊下，另外有些族人卻沒有倒下，顯示出「疾風知勁草，版蕩識誠臣」的人格特質，勇敢的面對明天；而這些人通常沒什麼特殊技能，也不特別被人尊敬，在戰前不過是普通老百姓而已。

契斯森米亥覺得很奇怪，在一九五〇年代，他在義大利讀了哲學、歷史、宗教等書籍，想要尋找答案。那時心理學還沒有成為一門學問，所以他移民到美國讀心理學，成為榮格（Carl Jung）的信徒。他半工半讀，雕刻、畫畫、替《紐約客》（*New Yorker*）寫文章（英文是他的第三語言），然後完成博士學位，開始他一生的事業：從科學上去尋找人如何使自己達到天生能力最高點的關鍵因素——因為他在戰後的羅馬有很多的體驗。在太平洋的海邊，他對我說：「我想了解它是什麼，又可能是什麼（what is and what could be）。」

所以他提出了福樂的觀念。什麼時候你的生命時間停止，現在成為永恆？什麼時候你發現，現在做的正是你一直想做的，而你也希望可以一直做下去，永不停止？這件事是畫畫、做愛、打排球、公開演講、攀岩，還是傾聽別人的苦惱？契斯森米亥告訴我他八十歲哥哥的故事。

> 我最近去布達佩斯探望同父異母的哥哥。他已經退休，嗜好是收集礦石。哥哥告訴我，前幾天他拿到一顆水晶石，便在早飯後用高倍顯微鏡觀察它。過一會兒，他發現越來越不容易看清楚石頭內部的結構，他想一定是有片雲遮住了太陽，抬頭一看，紅日已西沉，他竟看了一天而不自覺。

時間對他的哥哥來說已經停止了，契斯森米亥把這種境界叫作「享受」（enjoyment，我避免用這個名詞，因為它過度強調滿足感的感覺成分），他把這個狀態和愉悅相對比，認為愉悅是生理需求的滿足。

打一場勢均力敵的網球賽是享受，就好像閱讀一本點亮心靈的好書，或在一場深度的對話中，對方引導你說出你都不知道自己有的點子或看法。完成一場艱巨的商業談判，或任何一件做得很好的工作，都是很「享受」的事。上述的這些經驗在做的過程中不見得愉悅，但是做完回頭去想時，你會說這很有趣，並且希望還有機會再做。

他訪談了幾千名來自地球各個角落、各種年齡的人，請他們描述最大的滿足感經驗是什麼。這些可以是心靈的滿足，像契斯森米亥的哥哥那種；也可能是社會性的，像京都街頭飛車黨青少年幫派份子描述，幾百輛摩托車飆車的情形：

一開始飆車時，我們並不是同步的，但是假如飆得順利的話，我們開始會感受到對方。我不知道該如何說……就是大家變成一條心，我們全部變成一個人了……突然之間我了解到，我們萬眾一心，變成一個肉體、一個靈魂，那是最高境界。當我們速度很快時，我們的身心都飛起來，在那一瞬間，什麼都無可比擬。

這種心智狀態可以用身體運動達到。一位芭蕾舞孃說道：

當我跳到融入舞蹈時，真是飄飄欲仙，好像飛一樣，快樂極了，我可以感到自己在動，感到肉體的高潮……我揮汗如雨……當每一個人都配合得很好，是場完美的演出時，我真感到極度的狂喜……身體在動，你用動來表達自己，那是身體語言的溝通。當我跳得很好時，我是從音樂、從舞伴中真正表達了我的感情。

雖然這些行為和動作非常不一樣——從打坐的韓國人到日本的飆車族、西洋棋手、工廠生產線裝配工人、芭蕾舞孃——他們卻都以非常相似的方式，描述了滿足感的心理部件，包括：

- 做的事具有挑戰性，需要技術
- 做時需要專心
- 有明顯的目標
- 有立即回饋
- 深深的投入作業中
- 對一切有自我控制感

● 感到自我消失
● 時間停止

請注意上面並沒有列出正向情緒，正向情緒是在事後回憶時才會跑出來，但是在當時並沒有感覺到。事實上，福樂最中心的一點就是沒有情緒，沒有任何的意識。意識和情緒會校正你的飛行軌道，當你做的是件完美的工作時，你不需要意識和情緒的校正。

經濟學提供了一個很好的例子。資本的定義是未消耗的資源，當投資到未來時，期待有更好的回收。現在建構資本的概念已應用到非商業事務上了，社會資本是我們從互動中累積的資源（如：朋友、愛和人脈），而文化資本是我們繼承而來，並用它來豐富我們生活的訊息和資源（如：博物館和書）。那麼，有心理資本嗎？如果有，我們該如何去取得？

當我們在做愉悅的事時，我們很可能在消費。香水的味道、覆盆子的新鮮滋味、按摩頭皮的舒服都帶給我們暫時的快樂，但是它無法建構未來。相反的，當我們沉溺在福樂時，我們在建構未來的心理資本。忘我、失去意識與時間的停止，很可能都是演化方式在告訴我們，自己正在儲備未來的資源。從這裡，我們看到愉悅是生理上的飽和，而滿足是心理上的成長。

契斯森米亥跟他的同事採用經驗取樣方法（experience sampling method, ESM）來測量福樂的頻率。在ＥＳＭ中，受試者身上配戴呼叫器，實驗者會不定時地呼叫他們，他們就必須把當時的感覺，正在做什麼、想什麼，有多投入都記錄下來。他們收集了一百萬個資料點，包括不同年齡、不同種族、不同國家的人。

對有些人來說，福樂是一個常有的經驗，但是有人很少經驗到或是從來沒有經驗過。在他的研究中，他追蹤了二百五十名高福樂和二百五十名低福樂的青少年。那些低福樂的青少年是逗留在大賣場的孩子，每天看很多電視；而高福樂的孩子都有嗜好，他們打球，花很多時間做功課，在心理幸福測驗的每一個子測驗上（如：自我評價、敬業樂業投入狀況），高福樂的青少年表現的都比較好——除了一項：高福樂的人認為低福樂的人生活比較有趣，他們也希望每天下了課就去逛大賣場或看電視，而不要做功課。不過雖然他們認為眼前所做的並不是「享受」，但是將來他們會享受到現在辛苦的代價。高福樂的青少年日後上大學的比率高，有深層的社會聯結（朋友、人脈），後來的生活比較成功。這些發現都符合契斯森米亥的理論：福樂是建構未來心理資本的狀態。

如果滿足會產生這麼多好處，為什麼人們偏好於選擇愉悅（有時更糟，是不愉悅）

呢？在晚上面臨選擇看一本好書或看無聊的電視劇時，我們通常選擇後者，雖然我們都知道在看電視連續劇時，平均心情是輕微的沮喪（mild depression），我們還是選擇容易的愉悅而不選滿足。

過去四十年，地球上每一個富有國家的資料都顯示沮喪、憂鬱正急遽的攀高；憂鬱症的比率現在是一九六〇年的十倍，而且患者年齡一直往下降。四十年前，第一次犯憂鬱症的平均年齡是29.5歲，現在是14.5歲。而這真是令人想不透，因為所有客觀的幸福指標——更強的購買力、教育程度的提升、營養和醫療設備的進步、音樂的普及——都比以前好，但是主觀的幸福感卻一直下降，這究竟是怎麼一回事呢？

引起憂鬱症這個世紀瘟疫的因素中，「不是」的比「是」的清楚。也就是說，我們知道它不是生理原因，因為我們的基因和荷爾蒙在四十年之間還沒有辦法改變得那麼快，可以成為憂鬱症增加十倍的原因。它也不是環境生態的關係，因為賓州住了一群十八世紀從荷蘭移民到美國的清教徒亞米須人（Old Order Amish），他們還保留了當年的生活方式，無電、無汽車，日出而作、日落而息，用馬犁田。雖然他們住的地方離費城才四十哩，憂鬱症病例卻只有費城的十分之一。這些人和費城人喝著同樣的水，呼吸著同樣的空氣，而且後者吃的食物很多還是前者種的。這個瘟疫跟生活程度也無關，因為是越有錢的國家，情況越嚴重。在美國，黑人或墨西哥裔得病率比白人低，雖然他們客觀的生活情況不及白人。

我認為很低的自我價值觀，強調受害者心態的社會風氣，加上過度的個人主義，都是憂鬱的因素；但還有一個因素是過度的仰賴暫時的快樂，每一個富有的國家都在創造通往快樂的捷徑：電視、毒品、血拚、沒有感情的性交（肉欲）、商業化的體育運動、巧克力等等。

我在寫上面那句話時正在吃烤過的雞蛋焙果，上面塗了牛油和藍莓醬。我並沒有親自烤這個焙果、攪這塊牛油或摘這顆藍莓，我的早飯都是「捷徑」——別人替我做好，不需要我任何的技術或努力。假如我的整個人生都是這種容易的感官滿足，我會怎麼樣？我永遠不知道自己有什麼長處、潛能，永遠不知道該如何去面對挑戰，而這種生活是註定要沮喪的。在一切都是捷徑的生活裡，長處和美德會枯萎，因為沒有機會去追求滿足。

憂鬱症的一個顯著徵候是自我浸淫，完全不理會其他的人和事，只想著自己的感覺，拚命的想。心情低潮並不是生活的事實，只是對病人而言，他只看到這一點。當他感到悲傷時，會在心中反覆的咀嚼這個情緒，將它投射到未來以及他所有的行為上，這樣做會更增加悲傷的感覺。我們社會中的自我價值販賣者（譯註：此處指的是坊間流行的自我改進ＤＩＹ書籍作者，和一些社會心理學家、心理治療師）說，人應該深入了解、接觸自己的感覺，我們的年輕人就全盤接收了這個訊息，造成自戀的水仙花世代，他們每天最關心的就是自我感覺如何。

滿足的定義正好與「接觸自己感覺」相反，因為它不包括感覺，沒有自我意識，而且是全心投入。滿足排除了自我浸淫、自我沉溺，而且滿足所產生的福樂越多，一個人越不會沮喪，所以這是對青少年憂鬱症一個強有力的解藥：想辦法增加他們的滿足，同時減少他們對愉悅的追求。愉悅很容易就能得到，而滿足需要動用到個人的長處，是得來不易的，所以找出每個人的長處並發展它，成為對抗憂鬱症的一個有效方法。

要放棄容易得到的愉悅而去追求比較費力的滿足，剛開始時很難。滿足會帶來福樂，但是它需要技能和努力，同時因為它要面對挑戰，所以也可能帶給你失敗的挫折。打三場網球、參加一場智慧論壇、閱讀賴索（Richard Russo）的書是一個開始，持續做就會帶給你滿足；但是看電視、自慰、聞香水的味道並不會帶給你挑戰。吃塗了牛油的焙果或看週一晚上的職業美式足球賽並不需要技能或努力，也不會帶給你失敗，就如契斯森米亥在夏威夷時告訴我的：

> 愉悅是個有力的動機來源，但是它不會帶給你改變。我們天生就會想去滿足自己的欲望、需求，達到舒適和放鬆……享受（滿足）卻不一定是愉悅的，它很可能在當時非常的緊張、有壓力。登山者常面臨凍死或掉落山谷的危險，他們常是精疲力竭，但是卻樂在其中，不願去別的地方做別的嗜好。在蔚藍的海岸邊，躺在棕櫚樹下喝雞尾酒當然很好，但是這與冰凍山脊上的狂喜感覺是不能相比的。

增加滿足感這個問題跟「什麼是幸福的生活」的問題一樣。我的老師簡納士（Julian Jaynes）在他的實驗室中養了一隻稀有的亞馬遜蜥蜴做寵物，在蜥蜴剛來的頭幾個星期，牠不肯吃東西，不論簡納士教授如何費心，牠就是不肯吃。老師給牠吃生菜、堅果、超市買回來的絞肉，甚至捕蒼蠅、捉昆蟲及訂購外帶中國菜，還把水果打成汁……這些都沒用，蜥蜴在他面前一天天消瘦，眼看著要餓死在他面前了。

有一天，簡納士教授帶了一個火腿三明治做午餐，分一些給蜥蜴，一如往常，牠沒有興趣。接著簡納士拿起報紙來看，當他看完頭版時，把報紙扔下，掉在火腿三明治上面。蜥蜴看了一眼當時的情況，立刻在地板上匍匐前進，跳上報紙，把它扯碎，一口把火腿三明治吞下。原來蜥蜴需要潛行、扯碎食物才可以吃東西。

蜥蜴已經演化成匍匐潛行、攻擊、撕裂，然後才進食。獵食是牠的美德，這重要到假如牠沒有動用到自己的長處和美德，胃口就不會甦醒。動物是一日不做一日不食，牠們沒有快樂的捷徑。人比亞馬遜的蜥蜴複雜多了，我們的複雜座落在情緒的大腦上頭，這個大腦被幾百萬年的天擇所塑造。我們的愉悅和胃口也演化成跟我們的行為有緊密關係，這些行為當然比蜥蜴的匍匐潛行、跳起來攻擊和撕裂更複雜、更精緻，但是你不可忽略它，不然便要付代價。認為我們可以經由捷徑得到滿足，省去個人的長處和美德是不對的說法。省略個人的長處和美德不但會使蜥蜴餓死，也會使圍繞在金銀財富周邊的人沮喪、憂鬱，在心靈上餓死。

這種人問：「我怎樣才可以快樂？」這是一個錯誤的問題，因為如果沒有區分愉悅和滿足，只會使你完全依賴捷徑，去尋求生活中容易的愉悅。我並不是反對愉悅，這章從頭到尾都在談如何增進你的愉悅（以及正向情緒）。我詳細說明你可以自主控制的策略，以提升你的正向情緒到更高層次的快樂：滿足、寬恕和如何避開決定論的教條，增加過去的正向情緒；從反駁中增加未來的正向情緒，學習希望與樂觀；以及打破習慣成自然的陋習，鑑賞、淨心來增加現在的快樂。

當你一生都在追求正向情緒時，你會找不到真實的快樂和意義。正確的問題是亞里斯多德二千五百年前問過的：「什麼是幸福的生活？」我把滿足從愉悅中拿開，是要再重新問這個問題並且提供新的、科學性的答案。我的回答是找出你個人的特長並且發揮它。

這個答案需要動用下面幾章的篇幅才能說明清楚，但是要從增加你生活的滿足著手，這遠比得到正向情緒難。契斯森米亥很小心的避免寫「自我改進」（self-improvement）這類的書，他所有關於福樂的書告訴你誰有福樂、誰沒有，但是他沒有直接告訴你如何得到福樂。一部分原因是他來自歐洲，描述的不是美國介入（治療）的傳統，所以他希望在仔細的說明現象後，讀者可以找出最適合自己的方式。相反的，我來自美國的傳統，認為我們已經知道滿足從何而來，就應該告訴別人如何去增強它。本書的後半段就是我的忠告，它無法快速達成也不容易做到，但是只要你願意聽，我便願意告訴你。

第二篇

長處與美德

正向的感覺來自長處與美德，當用到我們的長處及美德時，良好的感覺會產生，我們的生活會充滿了「真」。感覺是暫時性的，它不必成為人格特質的一部分；相反的，人格特質則有正向或負向之分，在不同的時間、不同的場合會重複出現。長處和美德是正向的人格特質，它帶來好的感覺和滿足。

本篇提出六個世界上主要宗教及文化傳統普遍重視的美德，以及能夠達到這六個美德的二十四項長處，也提供測驗幫助你找出個人的特長，並且加強它，在生活中應用它，達到生命最大的成功與情緒最深的滿足。

8 再談長處與美德

正向心理學如果沒有一個大家都同意的分類系統，就會各說各話。我們找到世界上所有宗教、所有哲學學派都支持的六種美德：智慧、勇氣、人道、正義、修養與心靈的超越。

我們不是敵人而是朋友，我們一定不要變成敵人。雖然熱情可能消失了，它一定不要破壞我們之間的團結。記憶的神祕長弦，從每一個戰場，每一個為國捐軀者的墳墓，延伸到全國每一個活著的人的心田中，當這個記憶之弦再次被撥動時，因為它一定會，希望是被我們良好天性的天使所彈奏。

——美國總統**林肯**（Abraham Lincoln）就職典禮演說詞（1861/3/4）

當南方和北方都在望著美國歷史上最慘烈的戰爭時，林肯呼籲「我們良好本性的天使」來使人們回頭，不往深淵裡跳。但是沒有用，人民沒有聽他的，戰爭還是發生了。我們可以確定這位美國歷史上最偉大的總統是很謹慎小心的選擇他的演說詞，這些字句代表了十九世紀中葉受過教育的美國人心中的基本假設：

- 人有本性
- 行為是人格的外顯
- 人格有兩個一樣基本的形式：好的人格與壞的人格

因為這些假設幾乎都從二十世紀的心理學中消失了，而它們的興亡史正與我要討論的好的人格有關——好的人格是正向心理學最主要的假設。

十九世紀的瘋人院非常強調好的人格，大部分的瘋子被認為是道德墮落，而當時主要的治療法是「道德治療法」（用美德去取代壞的品德），禁酒運動、婦女投票權、兒童勞動法、廢止奴隸制度等都是由這衍生出來的。林肯本身就是在這種騷動下長大的孩子，所以他對南北戰爭的看法也就不足為奇了（譬如：「我的眼睛曾經看過上帝降臨的榮耀」）。

那麼，個性又是什麼？為什麼會說良好的天使呢？

在南北戰爭後十年，美國面臨另一個危機——勞工運動。罷工和街頭暴動蔓延到整個美國，到了一八八六年時，暴力的勞資衝突已經像瘟疫一樣席捲全美，最高點是芝加哥根草市場廣場（Haymarket Square）的暴動。一個由罷工者和炸彈客組成的國家會是什麼樣子？這些人怎麼可能做出這麼樣無法無天的事來？最明顯的解釋就是街頭這些人道德頹廢、邪惡、有罪、愚蠢、虛偽、殘忍、衝動、沒良心——所有壞本質的罪名都出來了；壞品德當然做出壞行為，每一個人都應為他的行為負責。但是這個解釋已在醞釀著改變，政治也同樣朝著人的生活條件方向在變動。

有人指出這些目中無王法，具有暴力傾向的人都來自下層階級，他們的工作環境和住家條件都非常差：在炎熱或寒冷的工廠中，一天工作十六個小時，只領到微薄的薪水；所有的人擠在一個房間吃和睡；他們沒有受教育，不認得英文字，總是處於飢餓和疲倦。諸如社會階級、工作環境、貧窮、營養不良、簡陋的住宅、沒有學校等種種因素，並不是來自壞品性或道德頹廢，而是來自環境——一個人無法控制的因素。所以這些人沒有法紀、愛用拳頭可能是來自環境的因素。以我們現在眼光看來，壞行為來自壞的生活條件是很明顯的，但在當時卻是連想都想不到的事。

神學家、哲學家及社會批評家都開始說出他們的意見，或許這些沒洗臉、沒洗澡、骯髒的群眾不能為他們的壞行為負責。他們建議布道者、教授和專家學者不應該再指責每個人要為他的行為負責，而是要去找出他們的階級該如何為那些沒有責任能力的人負責。二十世紀的初期目睹了新科學的誕生，美國大學開始設立社會科學系，目標就是解釋一個人的行為（或是不對的行為）不是由於他的個性品德，而是由於在個人控制之外的惡劣環境所造成的。這門科學是正向環境論的勝利。假如城市的犯罪率提高了，社會科學家會指出清除城市罪惡的方法來減少犯罪；假如無知的人更愚蠢了，社會科學家會指出校正它的方式是普及教育。

所以這麼多後維多利亞女王時代（post-Victorians）的人熱烈的擁護馬克斯、佛洛伊德，甚至達爾文都可以被看成是對個性說解釋的不滿。馬克斯告訴歷史學家及社會學家不要將罷工、犯法和一般的壞習慣怪罪到個人身上，因為這是階級鬥爭和勞資對立造成的，所以馬克斯主張無產階級革命。佛洛伊德告訴精神科醫生和心理學家不要去責怪情緒有問題的個體，因為他們自我毀滅的行為是不可控制的潛意識衝突力量所造成的。達爾文被一些人認為他主張不要責怪一個人的貪婪和惡性競爭，因為個人僅是大自然天擇下的產物而已。

社會科學不但打了維多利亞時代的道德主義一記耳光，更重要的是它奠定了平等主義的原則。從壞環境會產生壞行為，到有的時候可以有良好行為出現，中間只是一小步而已。甚至有好性格的人（如：雨果〔Victor Hugo〕和狄更斯〔Charles Dickens〕小說中的主角）也屈服於惡劣環境、個性，不論好壞都僅是環境的產物而已。所以社會科學讓我們從道德、指責、宗教和階級壓迫的看法中逃脫出來，去建構一個比較健康、有營養的環境。

個性不論好壞，對剛剛萌芽的美國行為主義來說都沒有任何作用，任何有關天性的想法都是詛咒，因為它只承認後天的影響。心理學只有一個角落還在談個性，那就是人格心理學，一直到二十世紀結束都還在責難個性和人的本性。雖然政治風尚改變了，個體在不同的時間和情境上仍然繼續重複同樣的行為模式，還是有人認為不好的行為是遺傳來的，雖然這方面的證據很少。歐波特（Gordon Allport）這位現代人格心理學之父，就是從社工人員起家的，以「提倡個性和美德」為工作目標。但是前面兩個名詞非常的維多利亞和道德主義，他不喜歡，他需要一個比較現代、科學化、沒有價值負擔的字來取代，「人格」正是一個完全中立的科學名詞。對歐波特和他的學派來說，科學應該只是描述現象，不應該規定它應該是什麼樣子。人格是個描述的字眼，而個性具有指定性，因此背負有道德意謂的個性和美德就被挾帶走私進入科學的心理學，不過偽裝為中立的「人格」。

雖然個性與美國平等主義的理念不合，但是它並沒有消失，整個二十世紀的心理學都在想把性格、個性從歐波特的人格理論、佛洛伊德的潛意識衝突、史金納的自由與尊嚴之外，以及生態學家的本能理論中驅除，但是一點用也沒有，好和壞的個性仍然存在於我們的法律、政治之中，跟我們教養孩子及我們對別人行為的解釋都有關係。任何一門科學不以性格做基石，卻想解釋人的行為是不可能被接受的。所以我認為現在該重新把個性帶回行為解釋的科學研究中，它應該是對人類行為解釋的中心概念。為了達到這個目的，我必須說服你，當時放棄這個概念的理由都不存在了，再把它建立在長處和美德的穩固基礎上。

以前放棄個性有三個主要原因：

1. 個性這個現象是完全由經驗而來。
2. 科學不應該規定理想的行為，它只能描述。
3. 個性帶有價值的重負，跟維多利亞時代的新教教義關係太密切。

第一點在環境主義的毀滅後便不存在了，行為主義所主張的我們只是經驗的結合，在喬姆斯基（Noam Chomsky）證明人可以了解並且說出他從來沒有聽過的字句後逐漸瓦解（例如：「一隻紫色鴨嘴獸坐在嬰兒的臀部」），這表示大腦中一定有個語言的模組，這個模組是超越經驗的。後來學習理論發現動物和人都在天擇的作用下對學習某些行為或關係有「已準備好」（readiness）的現象（例如：小猴子對蛇的害怕、味覺與生病的聯結只要一次就形成），這更加速了行為主義的崩潰。人格的可遺傳性是壓垮駱駝的最後一根稻草，第一點因此完全消失了。我們可以說不論個性從何而來，它不是只從環境而來，跟環境的關係甚至可以說很少。

第二個反對原因說個性有評估的味道，科學在道德上應該中立。我完全同意科學應該是描述的而不應該是指定性的，正向心理學不是告訴你應該要樂觀、要有精神、要有幽默感，它只是描述這些人格特質的後果，例如：樂觀的人比較不會沮喪、身體比較健康、比較會有成就。你對這些訊息的處理方式完全決定於你的價值觀和你的目標。

最後一點是說，個性是十九世紀新教徒的看法，對二十世紀的多元社會沒有應用的價值。這種褊狹的地方主義對任何長處和美德的研究都是嚴重的傷害。我們可以決定只研究十九世紀美國新教徒所推崇的美德，也可以去研究現代中年白人男性學者的美德；

一個更好的起始點是研究所有文化都強調的價值觀和美德，所以下面我們就從這裡開始。

六種無所不在的美德

在這後現代主義和道德相對論的新世紀，美德已被視為社會裡一件約定俗成的事，依不同時期、各個地方的人的看法而有所不同。所以在二十一世紀的美國，自信、外表、決斷力、自主性、特殊性、財富及競爭性變成大家所推崇的人格特質。阿奎納斯、孔子、釋迦摩尼佛及亞理斯多德可以說都沒有上述的人格特質，而且很可能反被打入地獄；貞潔、沉默、卓越、澈底這些以前被認為是重要的美德，現在對我們已經很生疏，甚至被鄙視了。

所以我們可能很驚訝的發現，竟然還有六種美德是每一種主要宗教及文化傳統所重視的。那麼，「我們」是誰？要找尋的是什麼？

「我對出錢支持那些學術界的研究，做完了以後就束諸高閣、收集灰塵，覺得很自在。」辛辛那提市麥爾森基金會（Manuel D. and Rhoda Mayerson Foundation）的領導人尼爾．麥爾森（Neal Mayerson）對我說。他在一九九九年十一月時打電話給我，因為他讀到一篇我寫的有關正向心理學的專欄，認為我們應該共同做個專案。但做什麼呢？我們一致認為支持及傳播年輕人正向情緒，以防止憂鬱症的專案，會是最好的起始點。所以我們安排了整個週末的時間，將幾個資料收集得最完整、最有效的介入法，展示給青少年發展專家看，由他們來評定應該支持哪一個案子。

在晚飯時，評審委員有了一致的決定。「就從第一件事開始做起。我們無法介入改進年輕人的個性，除非我們知道自己要改進什麼。首先，我們需要分類的標準，以及測量個性的方法，尼爾，把你的錢用在好的個性分類方法上。」康納第（Joe Conaty）說，他是美國教育部五十億美元「教學後計畫」（afterschool program）的負責人。

這個想法其實前面有一段歷史。三十年前，NIMH也碰到同樣的問題。美國和英國的研究者在心理疾病的界定上有很大的差距，在英國被診斷為精神分裂症和強迫症的病人，跟在美國被診斷為精神分裂症和強迫症的病人有很大的不同。

一九七五年我曾經參加過一次在倫敦舉行的會議，與會者都是學有專精的精神科醫師和心理學家。在會議中進來了一位中年婦女，神情憔悴、神智不清，她的問題在於每一次上廁所時，都彎腰仔細檢查馬桶，看了又看之後才可以沖水，為的是看看有沒有胎兒，她很擔心一不小心就把胎兒沖掉了，所以她要不停的檢查，直到自己放心後才沖水。在這個女人離開之後，每個人都得講出他的診斷，因為我是遠客，所以他們叫我先講。我根據她神智不清及知覺上的困難判斷她為精神分裂症，但是其他每一個人都說她是強迫症，因為她不停的檢查馬桶，一直擔心自己會把胎兒沖掉。

這種在診斷上的不一致稱為「無可信度」（unreliability）。很顯然的，除非我們都用同樣的標準來診斷，否則心理疾病或精神疾病是不可能進步的。我們不可能發現精神分裂症的病人跟強迫症的病人在神經傳導物質的生化層次上有何不同，除非我們能夠把病人歸類。NIMH決定寫一本診斷手冊，也就是第三版《精神疾病診斷統計手冊》。以這本手冊為基準，我們可以得到可靠的診斷，從診斷上發展預防的方法。這種作法的效果很好，今天精神病的診斷非常一致、可信，當進行治療或預防時，我們可以很正確的測量出它的功效。

所以正向心理學如果沒有一個大家都同意的分類系統，就會像以前的精神病診斷一樣，各說各話。童子軍會說他們的節目使得參與者「更友善」，婚姻諮詢家會說他的方法使夫妻「更親密」，基督教的信仰團體會說他們使人「更有愛心」，而反暴力的團體會說他們的方案使人們「更有同理心」——但這些人所談的都是同一件事嗎？他們怎麼知道自己的計畫是有效的？所以尼爾跟我就決定製造一個分類的標準，以第三版《精神疾病診斷統計手冊》為榜樣，替正向心理學找出一個放諸四海皆準的評量方式。我的責任便是找到第一流的科學家來參與這個工作。

「彼得森，」我請求道，「在你聽我說完之前，請先不要拒絕我。」我的第一選擇是彼得森博士（Christopher Peterson），他是一位傑出的科學家，好幾本暢銷人格心理學教科書的作者，密西根大學臨床心理學組的主任，也是世界知名的希望與樂觀研究的權威，但是我對他會不會答應不敢抱任何希望。

「我希望你向密西根大學請三年的假，搬到賓州大學來做正向心理學類似精神疾病診斷統計計畫的主持人，將人類長處分類並找出測量的系統。」我對他解釋著，然後等待他禮貌的拒絕。但是出乎意料的我聽到他說：「這真是一個奇怪的巧合，昨天是我五十歲的生日，我坐在這裡想，我的後半生要做些什麼……我接受這個挑戰。」就這麼簡單的答應了。

彼得森要我們做的第一件事，便是去讀世界上主要宗教和哲學派別的基本論著，列出它們所謂的美德，找出各個宗教、哲學傳統都贊同的美德。我們想避免被人指控所選的長處、美德是狹隘的，只符合維多利亞時期清教徒的標準，是美國學術圈中白人男性的想法。我們希望選擇廣泛有涵蓋性，卻不願意落入人類學家的愚昧結論（我研究的這個種族不仁慈，這表示仁慈不是普遍性的美德）。假如我們在跨文化中找不到一致性的美德，我們只好像《精神疾病診斷統計手冊》一樣，說這是近代美國主流所認同的美德，但是我們還是希望避開區域性而能有普遍性。

在達斯嘉（Katherine Dahlsgaard）的帶領下，我們讀了亞里斯多德、柏拉圖、阿奎納斯、聖奧古斯丁（Augustine）、富蘭克林（Benjamin Franklin）的著作，以及《舊約》、《塔木德經》（*Talmud*，猶太法典）、《論語》、佛教經典、《道德經》、日本武士道、《可蘭經》和《優婆尼沙曇》（*Upanishads*，婆羅門教的聖典吠陀四書的奧義書），總共找出二百多種類別，令我們驚奇的是，歸納整個世界橫跨三千年的各種不同文化傳統，居然都不脫下面六種美德：

- **智慧與知識**
- **勇氣**
- **人道與愛**
- **正義**
- **修養**

●心靈的超越

當然細節上各有不同，武士道所謂的勇敢與柏拉圖的想法就大不相同；孔子所謂的人道與阿奎納斯的也不同。每個傳統也有它特殊的美德，像亞里斯多德著重機智，富蘭克林注重節儉，童子軍注重整潔；但是共同點是有的，而且這些共同點更使我們相信人類是道德的動物。

所以我們以這六種美德作為人的基本道德，因為這是世界上所有宗教、所有哲學學派都支持的六種美德。但是智慧、勇氣、人道、正義、修養與心靈的超越都太抽象了，心理學家無法去測量它們，於是我們想出了好幾個達到這些美德的方法，而這些方法是可以測量的，例如，人道的美德可以經由仁慈、博愛、愛人與被愛的能力、犧牲或熱忱來達到；而修養可由謙虛、紀律與自我控制或謹言慎行來達到。

因此，下面我接著要談如何達到這六種美德。

9 個人的特長

建構長處與美德並不是學習、訓練或制約，而是發現、創造和擁有。思考一下哪些長處是你已有的，又該如何在每天的生活中使用到它，你對過美好生活的渴望會從這裡自行開展出來。

本章的目的在使你找出個人的特長，並且加強它，在生活中應用它。

才華與特長

正直、勇敢、創意、仁慈等人格特質與才華（talent）不同。才華是指絕對的音感、姣好的面貌或閃電般快速的飛毛腿。人格特質與才華都是正向心理學研究的課題，兩者雖然非常相似，但前者是道德上的特質，而後者沒有道德意謂。此外，雖然兩者界線不是很清楚，但是才華一般是指天生的，不像長處可以去建立。當然，你可以增進一百公尺衝刺的速度，或是塗上化妝品使你看起來更美麗，甚至聽很多的古典音樂學習增進音感，不過這些改進都是有限的，你只能在現有的才能上再增加一點而已。

但是，勇敢、原創力、公平及仁慈即使根基不穩也可以重建，我認為只要有足夠的練習、持之以恆、好的教導與全心投入，你可以使它生根茁壯、開花結果。才能比較是天生的，大部分時候是你有或沒有這項才能。假如你天生沒有絕對的音感或很強壯的肺活量來支撐長程賽跑，就算拚命練習，所能改進的空間還是非常有限。但是熱愛學習、謹慎小心、謙虛或樂觀就不一樣了，當你得到這個長處時，你是真正的擁有它。

才能相較於長處是比較自動化的（你一聽就知道是C大調），而長處是意志控制的（告訴結帳的店員他少算了你五十美元是需要意志力的）。才華所面臨的選擇是把它發揮出來還是深藏不露，但卻不是有沒有這個才能的問題。例如：「吉兒是個非常聰明的人，但是她浪費了自己的才華」這句話很合理，因為它表示吉兒選擇不去用她的才華，她對自己的高智商並無選擇權，但是可以做出不對的選擇，放棄發展自己的心智。而「吉兒是個很仁慈的人，但是她卻浪費了她的仁慈」這句話就不通，你無法浪費自己的長處，長處所面臨的選擇是什麼時候用它，以及要不要繼續加強它，這個選擇也包括一開始時要不要去擁有它。只要有足夠的時間、毅力與努力，每一個人都可以擁有我在下面列出的長處，而才華卻是無法憑毅力去獲得的。

事實上，人格特質的條件跟意志力一樣。科學的心理學在同一時間為了同一個理由放棄了這兩個概念，然而意志力以及個人的責任卻是正向心理學的核心，因為它們都是良好的品德觀念。

為什麼當我們告訴收銀員他少收了五十元時，我們的自我感覺會很好？我們並不是突然間發現自己有誠實的人格特質，而是很驕傲我們做了一件對的事情——**選擇**了一個比較困難的行為方向；假如做這個決定不需花任何力氣，我們也不會覺得這麼驕傲了。事實上，假如我們曾經有過內心掙扎（如：「這是一家很大的連鎖店，少收個五十元沒關係……不過在晚間結帳時，他可能要賠這五十元。」），我們對自己的決定會覺得更驕傲。我們看到職業籃球天王喬丹（Michael Jordan）輕鬆灌籃時的感覺，與我們看他得了流行性感冒，發著四十度高燒獨得38分的感覺是不一樣的。看到某人輕鬆自如的表現時，會激起我們的羨慕、崇拜、敬畏，但是不會對我們產生激勵作用，因為我們無法與他競爭。

簡單的說，當我們用意志力去做一件好事時，會覺得很高興。請注意，在談到美德時，不論社會科學家做了多少研究，我們都不能不把功勞歸給十九世紀的神學家。我們並不會對自己說：「我不應該為我的誠實感到驕傲，因為我生長在好的家庭，受到良好的家教，五十元並不關係著我的飢寒，因為我有一份穩定的好工作。」在我們的內心深處，我們知道這個行為是來自我們誠實的良好品德，並且是我們選擇這樣做的。對我們來說，美德是需要意志（非本性）與選擇性（自己願意做）。

正向心理學與其他心理學的介入最大的差別也在於此。一般來說，心理學都是修補損壞，將負六改進到負二（但仍然是負面的，即從大壞修補到小壞而已）。能夠有效的使有問題的人問題變小，這種介入都是很強烈的手段，而改變發生時個人意志力與外界環境的平衡點是偏向外界環境的。藥物的藥效跟意志力毫無關係，很多時候醫生開藥的理由是「藥物不需要意志力」。心理治療法常被認為是「塑造」（shaping）或是「操弄」（manipulation），當治療師主動而病人很有耐性且被動時，把閉室恐懼症患者放進狹小的衣櫥中三個小時，或是用關掉電擊的方式鼓勵自閉症小孩擁抱他人的這類方法相當有效。相反的，心理分析學派的治療師則相當的被動（很少開口說話，從來不採取行動），這種治療法沒有什麼好功效。

然而，當我們想將生活從正三往上移到正八時，心理的意願就比操弄外界環境更重要了。建構自己的長處與美德，並且把它應用到每天的生活上其實就是一個選擇。建構長處與美德並不是學習、訓練或制約，而是發現、創造和擁有。我喜歡的正向介入方式是去做下面的調查，思考一下哪些長處是你已有的，又該如何在每天的生活中使用到它。你會很驚訝的發現自己的創意，而你對過美好生活的渴望也會從這裡自行開展出來，根本不需要我的介入。

二十四個長處

要成為一個有美德的人，你必須要展現出上述六種美德（如果不能全有，至少也要有大部分）。當然，達到智慧、勇氣、人道、正義、修養與心靈的超越有很多方法，例如：我們可以用好公民的行為、公平、忠誠與團隊合作來達到正義的美德。我把達到這些美德的方式叫作長處，這些長處是可以測量，而且可以學會的。你會發現下面所描述的這些長處是跨文化的，你自己去決定下面的二十四種特性，哪些是你已經擁有的。哪些人格特質可以成為長處呢？它必須具備下列的條件：

第一，這個長處是個心理層面的**特質**，在不同的情境和長久的觀察中都存在。偶爾出現一次的仁慈行為並不代表有人道的美德。

第二，這個長處**本身就有價值**，常帶來好的後果。例如：好的領導能力通常會帶來尊敬、升級和讚揚。雖然長處和美德都會帶來這些結果，但是長處在沒有這些好處時也還有存在的價值。還記得前面談到滿足感本身就有存在的價值，並不是因為它帶來正向的情緒。的確，亞里斯多德認為為了外在原因而做的行為並不是美德，因為它們是被迫或是被誘產生的。

我們也可以**從父母希望孩子以後變成什麼樣的人**中看到什麼是長處（我希望我的孩子是個充滿愛心的人，很勇敢、很謹慎）。大部分的父母不會說他們希望孩子不要心理變態，就像他們不會說希望孩子做個中級管理階層的經理工作一樣。或許有的母親會希望女兒嫁個百萬富翁，但是她會解釋嫁給有錢人有什麼好處。我們所謂的長處是大家都想要，但不需要解釋的人格特質。

一個人長處的展現並不會減低身旁其他人展現的機會，別人反而會被這個美德行為**激勵而振奮**，羨慕但不是嫉妒的感覺充滿心胸。做一件你認為對的事情常會產生真正的正向情緒：驕傲、滿足、歡樂、充實或和諧感。因為這個原因，長處與美德通常都以雙贏的局面出現，當我們依著長處和美德做事時，大家都可以成為贏家。

文化以**機構**（學校）、**禮儀**、**角色模範**、**寓言**、**格言或童話**，來支持長處的存在。學校和禮儀使兒童和青少年能在一個安全的環境裡、特定的教誨下，練習及發展這個文化希望他們擁有的美德。高中學生會強調的是好公民精神及領袖能力；少棒聯盟強調的是團隊精神、責任感及忠誠；基督教的教義班希望替孩子的信仰打下基礎。當然，學校或民間機構可能會有不好的後果（例如：不計任何代價一定要贏的教練或是六歲兒童的選美），但是這些不好的地方是很顯著，而且被譴責的。

一個文化的**角色模範和寓言**通常都很強烈的表達出長處和美德。這些模範可以是真人（如：甘地和他的人道主義），也可以是有存疑的故事（如：華盛頓和誠實），或完全是虛構的人事物（如：電影《星際大戰》〔*Star Wars*〕中的天行者路克和福樂）。保有連續出賽紀錄的美國棒球明星蓋瑞格（Lou Gehrig）和瑞普金（Carl Ripken）是堅毅的代表，失明而且失聰的海倫·凱勒是愛與學習的典範，發明家愛迪生是創造力的楷模，白衣天使南丁格爾是仁慈的化身，德蕾莎修女是大愛的榜樣，職棒名人史塔格（Willie Stargell）是領袖的表徵，第一個進入美國職棒大聯盟的黑人選手羅賓遜（Jackie Robinson）是自我控制的典型，緬甸反對派領袖翁山蘇姬是正直保守的模範。

許多特長有先天的成分在內，有些孩子很早就展現出這些能力而且出奇的好。我最近一次在賓州大學教正向心理學時，在第一堂課上要學生自我介紹，但是我不要他們說「我是某某，現在是心理與財金系雙主修三年級生」，我要他們說一個最能表現他長處的故事（這種開場與變態心理學的課正好相反，在那門課中學生是要說他們在童年時期所受到的創傷）。一位四年級的女生莎拉說，十歲左右時，她注意到父親工作很努力，而父母之間的感情一直下降，見面就冷戰，她很害怕他們會離婚，所以就自己去社區圖書館借閱有關婚姻諮詢方面的書。對一個十歲的孩子來說，這已經讓人很驚奇了，更特別的是，她將晚餐時間的對話導向婚姻溝通，鼓勵父母共同解決問題，爭執時不做人身攻擊，用行為主義的方式來表達他們的喜好與厭惡；也就是說，她十歲時就表露出了在社會智慧上的能力，使她的父母到現在還沒有離婚。

與這種社交能力相反的是所謂的白癡（idiot，從希臘文「沒有社會化」而來），美國有個獎叫作達爾文獎（Darwin Awards，網址：www.darwinawards.com），得獎的都是沒有社會能力的人（譯註：遠流出版的《豬頭滿天下》一書正是譯自這個獎的真人真事，裡面的事蹟都教人匪夷所思，例如：在自己名片背後寫勒索的話）。《寂靜的春天》（*Silent Spring*）一書作者瑞秋・卡森（Rachel Carson）是謹慎的楷模，而下面這些人卻是她的相反：

一名住在休士頓的男子花錢用一把45口徑的半自動手槍玩俄羅斯輪盤賭命遊戲時，立刻學會槍枝的安全守則。十九歲的拉薩得在朋友家時突然宣布他要玩這個死亡遊戲，他顯然不知道半自動手槍跟左輪手槍是不同的，當槍上膛時，子彈會自動進入彈膛連續發射。他立刻發現，自己贏得這場賭注的機率是零。

有一個很重要的問題是，為什麼一個在正向角色模範環境中長大的孩子，還會去選擇壞的榜樣而不去學好的榜樣？什麼因素使孩子去注意惡名昭彰的紐約房地產大亨川普（Donald Trump）、職業摔角選手或饒舌歌手痞子阿姆（Eminem）？

我們界定長處的最後一個條件，是它必須到處可見，即在任何一個文化中都受到推崇。說實話我們很難找到例外，各個民族文化基本上都重視同樣的品德，但Ik這個民族就是不重視仁慈的少數例子。所以我們用「到處可見」（ubiquitous）而不用「普遍性」（universal）這個字。你會發現有許多現代美國人所強調的長處沒有出現在我們的名單上，例如：美貌、財富、好勝心、自信、知名度、特殊性等等。這些長處當然值得研究，但是它們不在我的優先順序名單上。我的目的是找出可以適用到日本人、伊朗人和美國人身上的共同標準。

你最強的個人長處是什麼？

在我描述二十四個長處之前，請使用網路的人先上我的網站（www.authentichappiness.org），去做一下長處調查（VIA Strengths Survey）。這份約費時二十五分鐘的問卷會將你的長處依序排列下來，最強的在最上面，並且將你的結果與幾千名做過這份問卷的人相比較，你一做完馬上就可以知道自己的長處在哪裡。家裡沒有網路的人只好做書上提供的問卷。我的描述雖然簡短，但是足以讓你辨識長處，假如你想知道的更多，書末〈附錄〉可以指引你去閱讀相關文獻。問卷中，每個長處包含從網路調查而來的兩個最有區辨力的問題，問題下面都有量表讓你填，你的回答會將個人的長處排列出來，跟在網路上做的差不多。

智慧與知識

第一個美德的群集是智慧。有六條道路可通往智慧，從最基本的（好奇心）到最成熟的（觀點見解）依序而進。

1. 好奇心／對世界的興趣

對世界的好奇心使我們對不符合先前概念的事物產生經驗與彈性。好奇的人不會容忍模稜兩可的情境，他們會去追求真相；這些好奇心可以是很特定的（如：只對玫瑰花），或是很廣泛的對每一件事都睜大了眼去觀察。好奇心是主動的追隨新奇的事物，而被動的吸收資訊（例如：沙發大番薯在轉遙控器）並不屬於這個範疇。好奇心這個向度的另一端是很容易無聊。

假如你不上網的話，請回答下面這兩個問題：

A「我對世界總是很好奇」這句話：

5 非常適合我　4 適合我　3 持平　2 不適合我　1 非常不適合我

B「我很容易就感到厭倦」這句話：

5 非常適合我　4 適合我　3 持平　2 不適合我　1 非常不適合我

請把上面兩項的分數加起來寫在這裡：＿＿＿＿；這是你好奇心的分數。

2. 熱愛學習

你喜歡學習新的東西，不論在課堂之上還是在生活中；你喜歡上學、閱讀、去博物館——任何可以學到新東西的地方。有沒有哪個領域你是專家？你的專長被個人社交圈中的人敬佩嗎？還是被更大圈子的人所敬仰？在沒有任何外在誘因的情況下，你還會對這個領域有興趣，繼續學習嗎？例如：郵差對郵遞區號碼都很精熟，但是這個知識只是反映工作上的需求。

A「每次學新的東西我都很興奮」這句話：

5 非常適合我　4 適合我　3 持平　2 不適合我　1 非常不適合我

B「我從來不會特意去參觀博物館或其他教育性機構」這句話：

1 非常適合我　2 適合我　3 持平　4 不適合我　5 非常不適合我

請把上面兩項的分數加起來寫在這裡：＿＿＿＿＿＿；這是你熱愛學習的分數。

3. 判斷力／判斷性思考／開放胸襟

能夠周詳的思考事情是你很重要的一個特質。你不會馬上下結論，而是只憑證據來做決定，也可以改變主意。

我所謂的判斷是客觀的、理性的篩選資訊，做出的判斷是利己也利人的，這種情況的判斷是批判性思考的同義詞。它涵蓋真實性，是憂鬱症患者邏輯上錯誤——例如：太過個人化（這一切都是我的錯），或一切是黑白對立的二分法——的相反，這個長處的反面是尋找並肯定你已知道的思考方式。這點是不將你想要的與外界真相混淆最重要的一個特質。

A「不管是什麼主題，我都可以很理性地去思考它」這句話：

5 非常適合我　4 適合我　3 持平　2 不適合我　1 非常不適合我

B「我常會很快的做決定」這句話：

1 非常適合我　2 適合我　3 持平　4 不適合我　5 非常不適合我

請把上面兩項的分數加起來寫在這裡：______；這是你判斷力的分數。

4. 原創力／實用智慧／街頭智慧

當你看到自己夢寐以求的東西時，你會有全新的點子去爭取到它嗎？你不滿足於大家都用的方法，這類長處包括所謂的創造力，但是我指的不僅是傳統藝術方面的創造力，它還包括實用智慧、普通常識或街頭智慧。

A「我喜歡以不同的方式去做事情」這句話：

5非常適合我　4適合我　3持平　2不適合我　1非常不適合我

B「我的朋友大部分都比我有想像力」這句話：

1非常適合我　2適合我　3持平　4不適合我　5非常不適合我

請把上面兩項的分數加起來寫在這裡：＿＿＿＿＿＿；這是你原創力的分數。

5.社會智慧／個人智慧／情緒智慧

社會和個人智慧是對自己及他人的知識。你了解別人的動機和感覺，並且能對它做很好的回應。社會智慧是注意到別人之間不同點的智慧，尤其是他們的情緒、脾氣、動機和意圖，然後針對這些做反應。這項長處不可與心理學上的內省法或沉思再咀嚼相混淆，這裡指的是社會技巧的表現，即我們中國人說的「手腕高明」。

個人智慧指的是對你自己感情的評估，並且能把這份知識運用到行為方向的指引；將上述兩者合起來就是高曼（Daniel Goleman）所指的情緒智商（EQ）。這個特長是其他長處，如：仁慈和領導能力的基礎。

這個長處的另一個層面是找到適合自己的利基，把自己放在一個最能發揮自己技能和興趣的地方。當你選擇工作、親密關係和休閒生活時，有沒有使你的長處每天都能發揮出來？人家是不是付錢讓你做你拿手的事？蓋洛普民調（Gollup Organization）發現，最滿意的工作者是對「你的工作是否讓你每天都能做最拿手的事？」這個問題表示「肯定」的人。

A「不論是什麼樣的社會情境我都能融入得輕鬆愉快」這句話：

5 非常適合我　4 適合我　3 持平　2 不適合我　1 非常不適合我

B「我不太知道別人在想什麼」這句話：

1 非常適合我　2 適合我　3 持平　4 不適合我　5 非常不適合我

請把上面兩項的分數加起來寫在這裡：＿＿＿＿；這是你社會智慧的分數。

6. 觀點見解

我用觀點（perspective）來代表這個類別最成熟的長處，它已十分接近智慧。其他人來求你指引，用你的經驗幫助他們解決問題。你看問題的方式使這個問題「有解」，而智者是生活中最重要、也最難解問題的專家。

A「我可以看到問題的整體大方向」這句話：

5非常適合我　4適合我　3持平　2不適合我　1非常不適合我

B「很少人來找我求教」這句話：

1非常適合我　2適合我　3持平　4不適合我　5非常不適合我

請把上面兩項的分數加起來寫在這裡：＿＿＿＿；這是你觀點見解的分數。

勇氣

這是指在很不利的條件下，還能為了達到理想的目標勇往前進。這個美德是有普遍性的，全世界的民族都敬仰有勇氣的人，每一個民族都有他們自己的英雄。我將勇敢、毅力與正直作為達到這個美德的三條路徑。

7.勇敢和英武

一個勇敢的人是可以將恐懼的情緒和行為分開，抗拒要逃跑的行為反應，面對害怕的情境，不去理會主觀的和生理反應所帶來的不適。不害怕、大膽和衝動並不是勇敢，雖然害怕仍能面對危險才是勇敢。

勇敢的意義已超越歷史中戰場上的勇敢及身體上的勇敢，現在還包括道德上的勇敢和心理上的勇敢。道德上的勇敢是明知站出來會帶給你災難，仍有勇氣挺身而出。一九五〇年代，蘿莎・派克斯（Rosa Parks）挑戰在公車上黑人應該讓位給白人的不合理法令，就是一個好例子。挺身而出揭發政府或公司的弊端是另一個勇氣的例子。心理上的勇氣包括泰然的、甚至愉悅的面對逆境或重病，而沒有喪失尊嚴。

A「我常常面對強烈的反對」這句話：

5 非常適合我　4 適合我　3 持平　2 不適合我　1 非常不適合我

B「痛苦和失望常常打倒我」這句話：

1 非常適合我　2 適合我　3 持平　4 不適合我　5 非常不適合我

請把上面兩項的分數加起來寫在這裡：______；這是你勇敢的分數。

8. 毅力／勤勞／勤勉

你有始有終。一個勤勉的人會承擔下困難的工作並把它完成，而且是欣然的，沒有抱怨。你做到你所承諾的部分，有時還更多，但絕不會更少。同時，毅力並不是不顧一切的追求不實際的目標。一個勤勉的人是有彈性的、務實的，而且不是完美主義者。野心有正向和負向的意義，它好的層面便是屬於這個長處類別。

A「我做事都是有始有終」這句話：

5 非常適合我　4 適合我　3 持平　2 不適合我　1 非常不適合我

B「我做事時常會分心」這句話：

1 非常適合我　2 適合我　3 持平　4 不適合我　5 非常不適合我

請把上面兩項的分數加起來寫在這裡：________；這是你毅力的分數。

9. 正直／真誠／誠實

你是一個誠實的人，不但實話實說，日子也是勤勤儉儉的在過。你不虛偽，是個真誠的人。但是我所指的正直、真誠不僅是不說謊而已，還包括真誠的對待你自己與他人，不論是說話或做事都是誠誠懇懇、說一不二。如果對你自己真誠，就不可能對別人虛偽。

A「我總是謹守諾言」這句話：

5 非常適合我　4 適合我　3 持平　2 不適合我　1 非常不適合我

B「我的朋友從來不曾說我是個實實在在的人」這句話：

1 非常適合我　2 適合我　3 持平　4 不適合我　5 非常不適合我

請把上面兩項的分數加起來寫在這裡：________；這是你正直的分數。

人道與愛

這是與別人在社交互動時的正向表現：朋友、親戚、點頭之交，甚至陌生人都包括在內。

10. 仁慈與慷慨

你對別人很仁慈、很慷慨，別人找你幫忙時，你會放下一切去盡力。你喜歡幫別人的忙，即使不太熟的朋友也一樣。有多少次你把別人的事當成自己的事在做？這個類別中所有的人格特質都有一個共同點：看到別人的長處。凡事先替別人著想，有時甚至會與你自己的利益衝突。你有替別人承擔過責任嗎？不論這個人是你的親人、朋友、同事，甚至陌生人？同情心和同理心是達到這個美德的兩條路。雪莉・泰勒（Shelly Taylor）在描述男人對厄境的通常反應是打或逃時，認為女性在同樣情況的反應是照顧和做朋友。

A「上個月我曾自動去幫鄰居的忙」這句話：

5非常適合我　4適合我　3持平　2不適合我　1非常不適合我

B「我對別人的好運不像對我自己的好運那麼熱衷」這句話：

1非常適合我　2適合我　3持平　4不適合我　5非常不適合我

請把上面兩項的分數加起來寫在這裡：＿＿＿＿＿＿＿＿；這是你仁慈的分數。

11. 愛與被愛

你非常在意自己與別人的親密關係，別人是否也是這樣的回報你？假如是的話，這就是你有這個長處的證據。這個長處不僅僅是西方的羅曼史（令人驚訝的是在傳統文化裡的相親，竟然比西方浪漫的婚姻效果還好）。我也不贊成對親密關係越多越好的態度，一點都沒有的確不好，但超過一個以後，齊人之福就變成災禍了。

一般來說，男性比較能愛人而不能被愛，至少在美國的文化中是如此。維倫這位完成對哈佛大學一九三九～四四年畢業生的一生六十年追蹤研究的心理學家，在最後一輪訪談這批畢業生時（現已垂垂老矣），一位退休的醫生將維倫帶進書房，給維倫看病人在他五年前退休時寫給他的感恩信。「你知道嗎？維倫，」他說著，眼淚滑下面頰，

「我還沒有看過這些信。」這位醫生一生中都展現出他愛人的一面，但卻沒有辦法接受別人的愛。

A「在我一生中，有很多人關心我的感覺和幸福就像關心他們自己的一樣」這句話：

5 非常適合我　4 適合我　3 持平　2 不適合我　1 非常不適合我

B「我不太習慣接受別人對我的愛」這句話：

1 非常適合我　2 適合我　3 持平　4 不適合我　5 非常不適合我

請把上面兩項的分數加起來寫在這裡：＿＿＿＿；這是你愛與被愛的分數。

正義

這個長處在人民活動中會出現。它超越一對一的關係，是你對大一點的團體，如：你的家庭、你的社區、你的國家及你對世界的關係。

12. 公民精神／責任／團隊精神／忠誠

你是團體中的優秀份子，你很忠心，有團隊精神，你都會把自己的本分做好，努力使團體成功。想想這組長處反映在下面這些句子有多適用在你身上：你在團體中舉足輕重嗎？當團體的目標和目的與你不同時，你還是會尊重團體的嗎？你尊重那些在權威位子上的人，如：老師和教練嗎？你是否將自己融入團體？這個長處並不是盲從，而是對權威的尊重，但這現在不流行了，不過是很多父母都希望他的孩子可以發展出的長處。

A「當我在團體中時，我盡力做」這句話：

5 非常適合我　4 適合我　3 持平　2 不適合我　1 非常不適合我

B「我對犧牲自己利益去維護團體利益很猶疑」這句話：

1 非常適合我　2 適合我　3 持平　4 不適合我　5 非常不適合我

請把上面兩項的分數加起來寫在這裡：＿＿＿＿；這是你公民精神的分數。

13. 公平與公正

你不讓私人的感情影響自己的決定，你給每一個人同等的機會。你在日常生活中的行為都能符合道德的要求嗎？你是否將別人的福利看得與你自己的一般，即使你並不認識這個人？你是否認為同樣的個案應該得到同樣的待遇？你可以把私人偏見放一邊，秉公處理嗎？

A「我對所有人一律同等待遇，不管他是誰」這句話：

5非常適合我　4適合我　3持平　2不適合我　1非常不適合我

B「假如我不喜歡這個人，我很難公平的對待他」這句話；

1非常適合我　2適合我　3持平　4不適合我　5非常不適合我

請把上面兩項的分數加起來寫在這裡：＿＿＿＿＿；這是你公平的分數。

14. 領導能力

你是很好的組織人才，並且執行力強。一個人道的領袖先要是一個有效率的領袖，與團員保持良好的關係，而且可以如期完成目標。當他在處理團體與團體間的關係時，能夠對所有人有愛心，對所有事無惡意，對所有對的事堅持。這種領袖除了有效率之外，還有人道的美德，例如：一個人道國家的領袖會原諒他的敵人，將他們納入自己人民的圈子（請比較一下南非的曼德拉及南斯拉夫的米洛塞維奇這兩個極端）。這個領袖應該沒有歷史的包袱，勇於認錯，並且承擔犯錯的責任和後果，最主要的是他必須是愛好和平的。世界上這些人道領袖的特徵都有相對的另一端存在：軍事統帥、公司總裁、工會主席、警察局長、校長、舍監，甚至學生會會長。

A「我可以讓人們自動自發的做事，不用去嘮叨」這句話：

5 非常適合我　4 適合我　3 持平　2 不適合我　1 非常不適合我

B「我對計畫團體活動不太在行」這句話：

1 非常適合我　2 適合我　3 持平　4 不適合我　5 非常不適合我

請把上面兩項的分數加起來寫在這裡：＿＿＿＿＿；這是你領導能力的分數。

修養

這個核心的美德指的是恰當的、適度的表現出你的需求。一個有修養的人並不會壓抑動機，但是會等到恰當的時機去滿足它，以避免對自己或別人造成傷害。

15. 自我控制

你很容易知道在某些情況下應該控制自己的情緒、欲望、需求和衝動，但只知道這是正確的還不夠，你必須要能把這個知識付諸行動。當不好的事情發生時，你能控制自己的情緒嗎？你能自我修補負面情緒使它變成中立的嗎？即使在很厭煩的情況下，你能使你自己感到愉快嗎？

A「我可以控制我的情緒」這句話：

5 非常適合我　4 適合我　3 持平　2 不適合我　1 非常不適合我

B「我的節食計畫都是虎頭蛇尾，半途而廢」這句話：

1 非常適合我　2 適合我　3 持平　4 不適合我　5 非常不適合我

請把上面兩項的分數加起來寫在這裡：＿＿＿＿；這是你自我控制的分數。

16. 謹慎／小心

你是一個謹慎的人，你不說或做以後會後悔的事。謹慎是在所有的投票都確認後再發布行動的命令，謹慎的人是有遠見、三思而後行的，他們可以為了將來的成功抵抗眼前的誘惑。尤其在一個危險的世界裡，父母很希望他的孩子有這個長處（不要在操場、汽車上、宴會裡、感情上或事業的選擇上受傷）。

A「我避免參與有身體危險的活動」這句話：

5非常適合我　4適合我　3持平　2不適合我　1非常不適合我

B「我有的時候在交朋友和愛情上做了不良的選擇，選錯了人」這句話：

1非常適合我　2適合我　3持平　4不適合我　5非常不適合我

請把上面兩項的分數加起來寫在這裡：＿＿＿＿＿＿；這是你謹慎的分數。

17. 謙虛

你不喜歡出鋒頭，寧願讓你的成就替你說話。你不認為自己很了不起，別人看到你的謙虛，並且敬重你的謙虛，但不是虛偽。一個謙虛的人不看重自己的成敗，如果把眼光放遠一點，你的成敗或痛苦實在是微不足道。從這種觀念而來的謙虛是一個窺視你是什麼樣人的窗口。

A「當人們稱讚我時，我轉換話題」這句話：

5非常適合我　4適合我　3持平　2不適合我　1非常不適合我

B「我常常吹噓自己的成就」這句話：

1非常適合我　2適合我　3持平　4不適合我　5非常不適合我

請把上面兩項的分數加起來寫在這裡：＿＿＿＿＿；這是你謙虛的分數。

心靈的超越

我用心靈的超越作為美德的最後一大類。心靈（spirituality）這個名詞在歷史上頗有爭議，我特意選擇來用，但是要避免它和非宗教的熱忱（enthusiasm）和感恩（gratitude）混淆。我的心靈超越指的是一種情緒的特長，它超越你自己，將你與更大更永久的東西相連接——將你與別人、與未來、與演化、與神或與宇宙相連接。

18. 對美和卓越的欣賞

你停下來去聞路邊的玫瑰，你欣賞所有領域美好卓越的東西，不論是自然界的還是人為的，數學的還是科學的。你對美好的東西充滿了敬畏與驚喜，看一場精采的球賽，目睹人類無私的高尚行為，都會激發心靈的火焰，使你發光。

A「上個月，我深受絕佳的音樂、藝術、戲劇、電影、運動、科學或數學的感動」這句話：

5 非常適合我　4 適合我　3 持平　2 不適合我　1 非常不適合我

B「我去年沒有創造出任何一件美的東西」這句話：

1 非常適合我　2 適合我　3 持平　4 不適合我　5 非常不適合我

請把上面兩項的分數加起來寫在這裡：＿＿＿＿；這就是你美的欣賞力的分數。

19. 感恩

你感受到發生在身上的好運，你從來不認為自己本就該如此幸運。你都會向別人表達你的感謝。感恩是對別人卓越的道德情操表達感激之意，當它是情緒時，這是一個對生命感到驚訝、感謝、欣賞的體驗。當別人有恩於我們時，我們固然要感恩，但它可以擴大到任何好的行為與好的人（活在這個世界上是件多麼美好的事）。你也可以對上帝、大自然、動物等非人的對象感恩，但是你不能對自己感恩。假如你不確定時，請記住這個字來自拉丁文gratia，是優雅的意思。

A「即使是很小的事情，我也會說謝謝」這句話：

5 非常適合我　4 適合我　3 持平　2 不適合我　1 非常不適合我

B「我很少停下來想想自己有多幸運」這句話：

1非常適合我　2適合我　3持平　4不適合我　5非常不適合我

請把上面兩項的分數加起來寫在這裡：＿＿＿＿＿；這是你感恩的分數。

20. 希望／樂觀／對未來充滿期望

你期待未來，所以你努力工作，期望工作能帶來未來所能給予你的最大成果。希望、樂觀及對未來充滿期望，是對未來正向態度長處的家族成員。期待好的事情會發生，相信只要努力，好事便會實現。你在當時當地感到快樂，因為你有未來的憧憬，這些使你的生活有目標。

A「我總是看事情好的那一面」這句話：

5非常適合我　4適合我　3持平　2不適合我　1非常不適合我

B「我很少想清楚了才去做」這句話：

1非常適合我　2適合我　3持平　4不適合我　5非常不適合我

請把上面兩項的分數加起來寫在這裡：＿＿＿＿＿；這是你樂觀的分數。

21.心靈上／有目標的／信仰／宗教的

你對宇宙、人生的意義有堅定信仰，你知道你的人生是有目的的，你的信仰塑造你的行為，而它是你慰藉的泉源。你對自己在宇宙的定位有哲學、宗教或非宗教的看法嗎？你曾從比你自身更大的意義上去尋找到生命的目的與意義嗎？

A「我的生命是有很大的目的」這句話：

5非常適合我　4適合我　3持平　2不適合我　1非常不適合我

B「我的生命沒有目標」這句話：

1非常適合我　2適合我　3持平　4不適合我　5非常不適合我

請把上面兩項的分數加起來寫在這裡：＿＿＿＿；這就是你心靈上的分數。

22.寬恕與慈悲

你原諒那些對不起你的人，你永遠會給別人第二次機會，你處世的原則是慈悲而不是復仇。寬恕是指一個被人冤枉或陷害的人，從內心生出的好的改變。當人心生寬恕時，他基本的動機或行為就轉向正向（慈愛、仁慈或慷慨），而比較少負面（迴避或報復）。

A「過去的事我都讓它過去」這句話：

5非常適合我　4適合我　3持平　2不適合我　1非常不適合我

B「有仇不報非君子，總要報了才甘心」這句話：

1非常適合我　2適合我　3持平　4不適合我　5非常不適合我

請把上面兩項的分數加起來寫在這裡：________；這是你寬恕的分數。

23.幽默與好玩

你喜歡說笑話，將笑容帶到別人的臉上，你自己喜歡笑，也喜歡看到別人笑。你總是看到事情光明的一面。直到目前為止，所有的長處都是很嚴肅的：仁慈、心靈的、勇敢的、正直的……，但是最後兩項長處是比較有趣的。你喜歡玩嗎？你很滑稽嗎？

A「我總是盡量將工作與遊戲摻雜在一起」這句話：

5非常適合我　4適合我　3持平　2不適合我　1非常不適合我

B「我很少說好玩的事」這句話：

1非常適合我　2適合我　3持平　4不適合我　5非常不適合我

請把上面兩項的分數加起來寫在這裡：________；這是你幽默的分數。

24. 熱忱／熱情／熱衷

你是個充滿熱情的人，全心全意投入工作。你每天早上睜開眼時，是否迫不及待的想開始一天的工作？你工作的熱情是否會傳給別人，帶動別人的熱情？你是否覺得很容易被激勵？

A「我對每一件事都全力以赴」這句話：

5 非常適合我　4 適合我　3 持平　2 不適合我　1 非常不適合我

B「我做事拖拖拉拉」這句話：

1 非常適合我　2 適合我　3 持平　4 不適合我　5 非常不適合我

請把上面兩項的分數加起來寫在這裡：＿＿＿＿＿＿；這是你熱忱的分數。

總結

現在你已經在網站上做完題目並得到所有的分數（以及它們的意義與你和別人相比較時自己所在的位置），或者你做的是書本上的題目，假如是這樣，請將你的分數填入左頁的空格中，並重新在紙頭上依高低排列。

表 9-1　個人長處統計

□智慧與知識
1. 好奇心______
2. 熱愛學習______
3. 判斷力______
4. 原創力______
5. 社會智慧______
6. 觀點見解______

□勇氣
7. 勇敢______
8. 毅力______
9. 正直______

□人道與愛
10. 仁慈______
11. 愛與被愛______

□正義
12. 公民精神______
13. 公平______
14. 領導能力______

□修養
15. 自我控制______
16. 謹慎______
17. 謙虛______

□心靈的超越
18. 美的欣賞力______
19. 感恩______
20. 樂觀______
21. 心靈上______
22. 寬恕______
23. 幽默______
24. 熱忱______

一般來說，你會有五項或小於五項得到9分或10分，是你最強的長處——至少這是你自己的感覺。請把它們圈出來。你也會有一些項目介於4到6分之間的低分數，這些是你的弱點。

在本書的最後一部分，我會討論工作、愛與教養孩子。我建議你在每一天的生活中，將自己的長處盡量使用出來，它們是如何過好日子的重要元素。妮可的故事就是讓你看到，建構好的生活是展現你的長處，使它變得更好，並且用它來抵抗你的弱點，以及這些弱點所帶給你的不快。

個人特殊的長處

請看一下你的五個最強的長處，這些應該都是真正的你，但也可能有一、二個不這麼是你。我的長處是熱愛學習、毅力、領導能力、原創力和心靈；其中有四項是真正的我，領導能力卻不是。我可以做個相當不錯的領袖——如果你強迫我做的話，但是我本身並不喜歡。當我被迫去領導時，總覺精疲力盡、等不及交棒，當事情做完終於可以回家時，我很高興。

我認為每一個人都有很多個人的長處，這些長處可以在工作、愛情、遊戲和教養孩子上成功的展現出來，使你的生活更成功。請用下面這些標準去評估你最強的長處：

- 你真的擁有這些長處嗎？（這是真正的我）
- 當你展現這個長處時，你很興奮，尤其是第一次。
- 初練習這個長處時有快速上升的學習曲線。
- 會繼續不斷的學習新方法來加強你的長處。
- 渴望有別的方法去展現它。

- 在展現這個能力時無法被阻擋，有非使出來不可的感覺。
- 用這個長處時，越用越猛而不是越來越累。
- 以這個長處為中心創造出的個人喜好，你會追求圍繞著這個長處的各種東西。
- 在使用這個長處時感到歡樂、熱忱、熱心，甚至極樂。

假如你的長處符合一個以上的標準，它就是你個人的長處，請盡量在不同的場合使用這些長處。假如這些標準沒有一個可以適用於你的長處，那麼你可能不適合在工作、愛情、遊戲與教養孩子上去展現它。這些是我對如何過一個美好人生的公式：每一天，在不同的場合盡量展現你個人的長處，以得到最多的滿足感與真實的快樂。如何在工作、愛情、教養孩子上用到這些長處，來達到一個有意義的生活，是本書最後一部分的主題。

第三篇

在生活的華廈中

「什麼是美好的生活？」喝香檳和開名牌跑車是愉悅的生活，但不是美好的生活。作者提出美好生活的公式，是在三個生命之環——工作、愛情和為人父母中，盡量的使用個人長處，得到真實的快樂和大量的喜悅。但是美好的生活並不足夠，就像美好的生活超越愉悅的生活，有意義的生活更超越美好的生活。

愉悅的生活是指成功的追求正向感覺，以及放大這些情緒的技術；美好的生活是成功的應用你的個人長處來得到大量的、真實的快樂；而有意義的生活則更多了一個特質：必須把個人特長應用到比你自身更大的目標才行。能夠擁有這三種生活，才算活出完整的生命。

10 工作與個人滿足

假如你可以找到一個方式，常常在你的工作上施展個人長處，你會發現工作慢慢變成一個志業。關鍵不是在找到對的工作，而是在如何找到一份你可以把它轉化成對的工作。

在全世界最有錢的國家裡，工作正面臨巨大的改變，金錢已逐漸喪失它的力量。第四章中曾談到更多的金錢只能增加一點或完全不能增加幸福感，在過去的三十年裡，美國人的平均收入增加了16%，但是認為自己很快樂的人從36%降到29%。《紐約時報》（*New York Times*）上說金錢真的不能買到快樂，但是當小職員真的了解這句話的意義，發現加薪、升級和加班費並不能增加生活的滿意度時，那該怎麼辦？為什麼一個有條件的人員會選這個工作而不是另外一個？什麼因素使職員對他的公司效忠一輩子？是什麼樣的誘因，一個公司可以使他的員工掏心掏肺為他做出最好的產品？

我們的經濟正快速地從金錢經濟轉型到滿意經濟，這個趨勢是起起伏伏的：當經濟不景氣、失業率高時，個人的滿意度沒有那麼重要；當景氣好、工作機會多時，個人滿意度就很重要了。不過最近二十年來的趨勢是絕對偏向個人滿意度的。一九九〇年代，律師的收入已經超越醫師成為美國最高收入的行業，但是紐約主要大律師事務所的錢卻是花在留住原有的員工，而不是招聘新的，因為他們的小律師（甚至合夥人大律師也一樣）紛紛求去——去找一個比較能令他們快樂的工作。用以後會一輩子很有錢的說法，來吸引年輕人投入一週八十小時的律師工作，已經逐漸失去它的魅力了。現在年輕人追求的是生活滿意度，幾百萬個美國人凝視著他的工作，問自己：「我的工作一定要這麼令人不滿意嗎？我可以做些什麼事來改變它呢？」我的回答是你對工作可以比現在的情況更滿意，只要你能在工作上更常發揮「個人長處」。

本章的目的就是教你如何能在工作上得到最大的滿意度，你最好能每一天都用到在上一章所找出的個人長處，不論你是祕書、律師、護士或總裁都一樣。重新安排你的工作，使你的長處得到展現，這不但會使你比較喜歡你的工作，還會將一個例行公事的枯燥工作變得有生氣。當從心中願意去做這件事時，它就能為你帶來很大的滿足，因為你是為這個工作的意義而不是為了它所帶來的物質報酬而做。你很快就會從工作上體驗到福樂的境界，能夠將員工的工作心態提升到福樂的公司，一定會打垮以金錢為報酬的公司。尤其在現在的美國，生命與自由都得到基本的保障，你會目睹政策將越來越偏向人民追求快樂的趨勢。

我相信你對我說的話抱著懷疑的態度。什麼？資本主義社會的金錢會喪失魅力？你在作夢吧？我要提醒你另一個四十年前席捲美國教育界，被視為不可能的改變。當我上學時（那是所軍事學校；譯註：應該有點像臺灣的中正預校，只是它是私立的），教育是打罵羞辱，就跟我們的父親、祖父經歷的一樣，如：受處罰時戴的圓錐型傻瓜帽、體罰、留級等（譯註：讀者對早期的美國教育可從《湯姆歷險記》中窺知一二），後來這種教育方式和史前猛獁象（mammoth）、渡渡鳥（dodo bird）一樣的絕跡了，而且消失得非常快。因為教育家發現有更好的方式來學習：用獎勵長處的方式，耐心的引導孩子入門，讓孩子了解內容而不是要他們死背一大堆事實，給予學生個別的注意等等。本章就是要告訴你，除了金錢以外，也有別種方式能夠得到比較高的生產力。

「同花大順！」我越過鮑伯的身體，對他的耳朵大聲叫。他沒有動。我抬起他粗壯的右腿，然後讓腿順勢落在床上，還是沒有反應。

「蓋牌！」我喊著，沒有任何反應。

二十五年來，每個星期四我都跟鮑伯打橋牌。鮑伯是個慢跑者，當他從美國歷史老師的職務上退休下來時，花了一年的時光跑遍全世界。他曾經告訴我，他的視力會比腿力更早退化。兩個禮拜之前一個寒冷的十月早晨，他意外的出現在我家，把他多年來收集的網球拍送給我的孩子。雖然他已81歲了，他仍是一個網球好手，這樣子把球拍送掉，令人費解，也有點不祥的預兆。

十月本是他最喜愛的月份，每個星期二晚上準七點半，他會在跑完一大圈山路後回到費城，第二天一早又出發去跑金色和紅色落葉蓋滿的山徑。但是這一次他沒有跑完。一輛卡車撞到了他，當時他人在賓州藍卡斯特郡的路上跑，現在他昏迷不醒的躺在醫院中，今天是第三天了。

「你同意將米勒先生的呼吸器拔掉嗎？」他的神經科醫生問我。「根據他的律師表示，你是他最親近的朋友，我們找不到任何其他的親人。」當醫生的話慢慢滲入我的意識時，我注意到有一位體重過重，穿著醫院白色制服的男士正在調整病房牆上掛的畫。他用批判的眼光看著那幅雪景圖，把它扶正，退後兩步，再看一下還是不滿意。前天我就注意到他了，也是在做同樣的事，我很高興這讓我的心思自醫生說的話轉移開來。

「我想你需要一點時間思考……」神經科醫生說，他注意到我的眼神游離，於是離開了。我重重的摔進椅子裡，眼睛看著這位醫院的工作人員。他把雪景取下，掛上一幅日曆，端詳了一會又取下，從一個大型購物袋中，取出一幅莫內（Monet）的《睡蓮》，把它掛了上去。然後他又拿出兩張荷馬（Winslow Homer）畫的海景，將它們掛在鮑伯床腳的牆上。最後，他走向鮑伯床的右邊，取下黑白的舊金山照片，換上彩色的和平玫瑰。

「我可以問一下，您在做什麼嗎？」我溫和的問。

「我的工作？我是這一層樓的雜役，」他說，「但是我每週都會帶新的圖片和照片來。我負責這些病人的健康，就以米勒先生來說，他進來後還不曾醒過，但是當他醒來時，我要確定他第一眼睜開，看到的就是美麗的東西。」

這位醫院的雜役（我因為心有罣礙，忘了請教他的大名）並沒有界定他的工作為倒病人的便盆或是倒茶水，而是保護病人的健康，並且主動去尋找在病人最困難的時候能得到美的感覺的東西。他的工作可能薪水很低，但是他把它轉化成一個高貴志業，有一份責任感、使命感。

你如何定位你的工作與自己後半輩子的關係？在學術定義上，工作有三種不同的層次：職業（job）、事業（career）及志業（calling）。你為了薪水做這份**職業**，並不期待從中得到任何其他的東西；它只是達到目的的手段（家有妻小，嗷嗷待哺），假如沒有薪水你就不做了。**事業**表示你對這份工作有更深的個人投資，你透過金錢來表達你的成就，也透過升遷表示成功；每一次升遷都帶給你更多的特權與更大的權力，當然薪水也增加了。從律師事務所的小律師升成合夥人，助理教授變成副教授，經理升成副總裁，當升遷停止時，你開始去別的地方尋找滿足感與意義。

志業是為了這個工作本身而投入熱忱。投身志業的人認為他們的工作有貢獻，會帶來更好、對比個人更大的事物、很像宗教的奉獻。這種工作本身帶來滿足感，跟薪水或升遷無關，當金錢停止、升遷不再時，工作仍然進行。傳統上，志業是保留給非常有地位的人，如：神父、大法官、醫生、科學家；但是最近有個重要的發現：任何職業都可以變成志業，而任何志業也可以變成職業。一位醫生把他的行醫看成是職業，只對賺錢有興趣時，他並沒有志業；而一位收垃圾的清潔隊員把他的職業看成使世界更乾淨、更衛生時，他的職業便是志業。

瑞茲奈斯基（Amy Wrzesniewski）是紐約大學商學院的教授，她和同事們研究了二十八位醫院清潔工，每一個人的工作內容都一樣。觀察發現把清潔看成志業的人使工作變得有意義，他們把自己看成治療病人的重要一環，要求自己絕對的效率，並預期醫生和護士的需求，使醫護人員可以花更多時間在治療病人身上，而且他們會主動增加自己的工作（就像前述那位雜役設法使病人心情愉快）；相反的，把清潔工作當做職業的人僅是清潔病房而已。

下面讓我們來看看你是如何看待你的工作。

工作——生活調查

請細讀下面三段文字並勾選出你是比較傾向於A、B或C。

A小姐做這份工作主要是希望多賺一些錢來提供工作以外的生活花費，假如她有錢就絕對不會再做目前這份工作，而會想去做其他的事。A小姐的工作是生活必須性的工作，像呼吸或睡眠一樣重要。她常希望時鐘走得快一點，好早一點下班，也非常期待週末和假期。假如A小姐的生命可以重新來過，她可能不會走進同樣的行業。她不會鼓勵朋友或孩子進入這個領域，自己則非常期待早日退休。

B小姐喜歡她的工作，但是並不想五年後仍在做這份工作，她希望能轉進到更好、薪水更多的工作去。她對自己的未來有很多打算，有的時候，她現在的工作好像是在浪費時間，但是她知道必須做得夠好才有可能升級。B小姐等不及想升遷，對她來說，升級等於是肯定她的工作表現，是她與同事競爭的一個成功表徵。

C小姐的工作是她生命中最重要的一個部分。她很高興自己處在這個行業中，因為這個謀生之計對她的自我認同很重要，自我介紹時她總是首先說自己的職業。她常把工作帶回家做，度假時也帶著做。她的朋友大部分都是從事同樣工作的同事，她也加入許多跟工作有關的組織和社團。C小姐很喜歡她的工作，因為她認為這份工作使世界變得更好。她會鼓勵朋友和孩子進入這個行業。假如她被迫停止工作，她會很難過，並不期待退休生活。

【問題一】

你有多少像A小姐？很像＿＿ 有一點像＿＿ 不太像＿＿ 一點都不像＿＿

你有多少像B小姐？很像＿＿ 有一點像＿＿ 不太像＿＿ 一點都不像＿＿

你有多少像C小姐？很像＿＿ 有一點像＿＿ 不太像＿＿ 一點都不像＿＿

【問題二】

現在請你評估一下你對工作的滿意度。在1到7的量表上，1＝非常不滿意，4＝既不算滿意也非不滿意，7＝非常滿意。你的評估結果是＿＿＿＿。

【計分】

第一段描述的是職業，第二段是事業，第三段是志業。其中很像為3分，有一點像為2分，不太像為1分，一點都不像為0分。

假如你認為自己像C小姐，從事的是志業（分數為2或更高），以及對你的工作感到滿意（5分或更高），你的生活與工作都很理想。假如不是的話，你應該知道別人是如何轉變他的工作。醫院清潔工在職業與志業之間的差別，套用在祕書、工程師、護士、廚房工作人員、理髮師身上都一樣，關鍵不是在找到對的工作，而是在如何找到一份你可以把它轉化成對的工作。

☆理髮師

理別人的髮並不僅是機械性的剪髮而已。在過去的二十年裡，許多理髮師把他們的工作轉化為親密的、重人際關係的工作：理髮師先對客人談自己的私事，將人際關係的邊界擴大，然後問客人一些私人問題，當然也有客人不願意回答，這些客人就被「開除」，下次純理髮。用這種方式，理髮師將固定的剪髮工作轉變為比較有趣的私人談話。

☆護士

美國最近的醫療制度越來越偏向以營利為目的，這使得護理工作越來越機械化和形式化，這與傳統的護理精神是相悖的。有些護士在小地方注意病人的變化，並把這些看似不重要的訊息告訴她的同仁，她們詢問病人家屬有關病人的生活，將家屬納入復元的歷程，用這個方法去提升病人的士氣。

☆廚房工作者

越來越多餐廳的大廚把他們的工作從煮菜提升到烹飪的藝術。這些大廚盡量把食物弄美觀，在煮菜時採取捷徑來減少流程中的步驟，同時注重盤子的擺飾及菜單整體的調配，而不是僅僅是機械性的煮菜而已。他們把相當機械性的烹飪提升到色香味美的藝術境界。

在這些例子裡，他們都想辦法把原來枯燥無味的工作轉化成比較有社會性、宏觀整體性和美感的工作，我認為這個轉化的關鍵在於你怎麼看待自己的工作。會投身進入某種工作絕對不僅是聽到有個聲音說：如果你進入這個領域世界會更好。難民營的工作人員、教育性電腦軟體程式設計師、反恐怖份子人員、奈米技術人員或是比較體貼的侍者，都能對人類福祉做出貢獻，但是這些行業不會呼喚你，因為一個人的志業一定要用個人長處才行。同樣的，集郵者或探戈舞者都用到了他們的長處，但這也不是志業——因為志業的定義是除了熱忱的投入外，還要有對別人的貢獻。

「他喝醉了，而且很惡劣，」驚恐的蘇菲對著她八歲的弟弟多明尼克（他要求我不要用他的真名）說，「你看他怎麼欺負媽咪！」

蘇菲和多明尼克在他們父母狹小的餐館中洗盤子，時間是一九四七年，地點是西維吉尼亞州的灰林鎮。兩人的父親退伍後開了家小餐館，一家人胼手胝足，從早忙到晚只夠溫飽，這種日子是很辛苦的。

在收銀機旁，有一個喝醉的客人——沒刮鬍子、滿嘴髒話，而且長得很高大（至少從多明尼克的眼光看來）——正在對他的母親抱怨：「這肉吃起來比較像老鼠肉而不像豬肉，啤酒竟然是溫的……」他抓住母親的肩膀，憤怒的大喊。

多明尼克立刻衝出廚房，站在母親和客人中間保護母親：「我能為您做什麼嗎？」

「啤酒是熱的，而馬鈴薯泥卻是冷的……」

「您說得對，我母親和我都感到非常的抱歉，您看，這裡只有我們四個人在服務大家，我們都盡了力，但是今晚實在忙不過來。真的很希望您有機會再回來光顧本店，您會看到我們其實做得不錯。今天晚餐請讓本店作東，當您再光顧時，我們另外附送一瓶酒向您請罪。」

「唉！好吧！很難跟小孩子爭辯……謝了。」客人走時對自己很滿意，對這家店沒有不滿意。

三十年後，多明尼克告訴我，打那天開始，他的父母總是把最難纏的客人交給他服侍，而他也樂在其中。從一九四七年以後，他的父母知道家中有個天才，多明尼克有著早熟的社會智慧，他可以準確的讀出別人心中的念頭，正確體會到別人的情緒和需求。他能像變魔術般，隨時找到恰當的字眼，情況越激烈他越冷靜、手段越高明。父母也極力培養他這個長處，他開始朝這個方向發展，去刻畫一個每天都可以用到自己長處的事業。

這個長處可以讓多明尼克成為侍者領班、外交官或大公司的人事主任，但是他還有兩項其他的個人長處：熱愛學習和領導能力。多明尼克規畫終身事業時，便將這三者都考慮進去。今天的他六十二歲，是美國科學界最有外交手腕的科學家，美國社會學的泰斗，三十多歲時便被一所長春藤名校挖角過去做教務長，後來變成該校校長。

美國和歐洲社會科學運動的後面，大都可以找到多明尼克的影子，我認為他是學術界的季辛吉（Henry Kissinger，尼克森總統時的美國國務卿），有他在的場合你會覺得如沐春風，他會使你覺得自己是他世界中最重要的人，而且做得如此自然，一定不會引起你的疑心或不信任。當我在工作上遇上棘手的人際關係問題時，我都會求教於他。他能夠把他成功的事業轉化成志業最主要的原因，是他每天都應用到自己的三種個人長處。

假如你可以找到一個方式，常常在你的工作上施展個人長處，你會發現工作慢慢變成一個志業。心靈的充實會將工作的負擔轉化成滿足感，也就是前面所說的福樂——在工作時感到完全的自在，好像在自己家裡一樣安適。

在過去的三十年裡，契斯森米亥，這位你在第七章見到的心理學家，將福樂這個概念從黑暗處移到科學上的半陰影處（penumbra；譯註：天文學上的名詞，指太陽黑子周圍的半影），而現在已經移到光亮邊緣了，使每一個人都了解什麼是福樂，且已經開始練習它。你還記得福樂是一個即時、當在此刻的正向心理情緒，不包含任何的意識思考或感覺。契斯森米亥發現某些人有很多（勞工階級和中上階級的青少年），某一些人很少（非常窮的和非常有錢的青少年），並找出了內在原因，發現跟工作滿意度有關。你不可能一天八小時上班都有福樂的感覺，而是偶爾感到幾分鐘，譬如面對一個困難的挑戰，而你應用長處漂亮的解決它時。當你發現自己的這些能力不僅是你的才華，還包括你的長處和美德時，該怎麼選擇或是如何去轉化你現有的工作就很清楚了。

能夠選擇自己的工作，可以決定自己要怎麼去做它，這還是太陽下的新鮮事。幾千年來，孩子都是學徒，只能繼承他父親的行業。從遠古到今天，愛斯基摩的孩子2歲就會玩小弓箭，4歲就能射殺雷鳥（一種松雞），6歲時打兔子，到了青春期就獵海豹或麋鹿；他的姐妹也跟隨著既定的婦女腳步，烹飪、製作皮革、縫紉和帶孩子。

這些生活型態到十六世紀才發生改變，年輕人開始湧向城市去爭取因商業發達而帶來的致富機會。在後來的三百年裡，女孩12歲、男孩14歲就到城裡去找工作了：洗衣婦、門房、跑腿的小廝或是女傭，城市對這些年輕人的吸引力正是選擇性，但是可選擇的行業非常的有限。當城市一直擴張和多元化時，不同工作的機會開始陸續出現。農業社會父業子承的關係受到了衝擊，向上爬的機會增多了，階級之間的界線慢慢消失。

如果我們快速向前轉到二十一世紀的美國，生活就是選擇。市場上有幾百種品牌的啤酒，幾百種不同的汽車，而各種零件更是集排列組合的大觀——不再是只有黑色福特汽車、白色冰箱、深藍色牛仔褲。不知道你有沒有像我一樣的經驗：站在超級市場幾百種穀類早餐陳列架前目瞪口呆，不知該選什麼才好。我要買的是最傳統的桂格麥片，但是沒有找到。

選擇的自由是兩百年來最好的政治口號，它不只是說消費者有選擇貨物的自由，人也有選擇工作的自由。在過去二十年經濟情況良好的美國，低失業率使得大學剛畢業的年輕人有選擇工作的機會。青少年這個名詞在十六世紀還沒有發明，所以當時的12歲少女和14歲少男無法享受到兩個現代青少年最重要的選擇：終身伴侶與工作。現在很少年輕人繼承父業，60％以上的高中畢業生繼續升學，而過去只有貴族、有錢人才可以上的大學已經開放給大眾了。人們可以自由選擇像買賣、銀行或醫療等工作，在終身伴侶選擇上反而沒有這麼公開。

工作可以是體驗福樂的最好場所，因為它符合福樂出現的許多條件。通常工作的目標和要求的表現都訂得很清楚，你會不斷收到表現優或劣的回饋訊息。工作通常都要求你專心，將分心的事務減到最少，很多時候，工作的要求與你的才華或長處旗鼓相當，所以人們通常會覺得在工作上比在家中投入更多的精神與心力。

傑出的歷史學家約翰．佛蘭克林（John Franklin）說過：「你可以說我這一生每一分鐘都在工作，你也可以說我這一生一天都沒有工作過。我常常說感謝上帝今天是星期五，因為對我來說，星期五表示可以連續兩天一直工作而不被打斷。」如果你認為佛蘭克林教授是個工作狂，那你就錯了，他所說的其實是學術界或商業界最高的精神狀態。他禮拜一到禮拜五是位教授，我們有很多理由相信他是位好教授，教書、行政、學術、人際關係都進行得非常好，因為這些都用到他的長處——仁慈與領導能力。但是這些沒有用到他的個人長處——熱愛學習及原創力。所以他在家中會體驗到比工作時更多的福樂，閱讀和寫作帶給他極大的快樂，在週末時他才可以應用到這兩種長處。

羅賓諾（Jacob Rabinow）是位享有數百種專利的發明家，他在高齡83歲時告訴契斯森米亥：「你必須要願意去想點子，因為你有興趣——像我這樣的人就喜歡東想西想。想出新鮮的點子非常有意思，哪怕無人要買也沒有關係，我一點都不在意，想出一個新奇從來不曾有過的點子本身就是件有趣的事。」難怪在工作上體驗到福樂的人是發明家、雕塑家、大法官和歷史學家，不過最重要的發現不是他們享有，而是我們也可以有，我們也可以把平淡無味的工作轉換成有意義的，讓自己更常體驗到福樂。

為了要測量福樂，契斯森米亥發展出經驗取樣方法（ＥＳＭ），現在全世界都在用。就如在第七章所描述的，ESM要求受試者戴一個呼叫器，不定時接受呼叫（平均為兩個小時一次），當呼叫器響起時，不論晝夜，受試者要寫下他當時所做的事、在哪裡、跟誰在一起，然後評定他當時有多快樂、多專心，自信有多高等等。這個研究是想知道福樂在什麼樣的情境下會產生。

契斯森米亥很驚訝的發現，美國人在工作時所體驗到的福樂遠比休閒時多。在一項調查八百二十四名美國青少年的研究裡，他把休閒時間分成主動和被動：電腦遊戲和嗜好是主動的休閒，做的時候產生39%的福樂，負面情緒的冷漠（apathy）只有17%；看電視和聽音樂是被動的休閒，做的時候只產生14%的福樂，卻有37%的冷漠。美國人在看電視時的情緒平均而言是抑鬱的。所以主動的或是被動的使用我們的休閒時間就很重要了。正如契斯森米亥提醒我們的：孟德爾（Gregor Mendel）著名的遺傳實驗是他的嗜好；富蘭克林也是為興趣去研磨鏡片及實驗避雷針，並不是因為工作要求；艾蜜莉·狄金生（Emily Dickinson）寫好詩只是為了要使自己的心情平靜。

在經濟出超、失業率低的時候，一個人選擇工作是決定在能從工作中得到多少福樂而不是薪水多寡。如何去選擇及如何轉化工作以產生最多的福樂並沒有神祕之處，當挑戰與你的能力旗鼓相當時，福樂就會產生。我的方式如下：

- 找出你個人的長處。
- 選擇可以每天讓你使用到這些長處的工作。
- 轉化你目前的工作，使你的長處更可以發揮出來。
- 假如你是老闆，請選擇員工長處與工作需求相配合的人；假如你是經理，給你員工空間，使他可以在你的目標範圍內轉型。

法律這個職業是很好的例子，讓你看到如何釋放出你的能量而達到工作的滿意度。

為什麼律師都不快樂？

至於快樂，恐怕我的職業裡沒有包括這一項。或許羅斯福總統所保證的快樂日子會跟別的東西一起到來，但我恐怕煩惱是一出生就在我的體質中。據我所知，國會還沒有這種巫術能做一種革命性的改變。

——美國法學家班傑明・卡道索（Banjamin Cardozo, 1933/2/15）

律師向來是一個地位崇高的行業，法學院的教室中坐滿了年輕有理想的學子，但是根據最近的調查，52%的開業律師對生活不滿意。顯然這個不滿意不是金錢上的，因為根據一九九九年的調查，剛出道的小律師在大型律師事務所一年就可以賺二十萬美金，律師老早就超越醫師成為美國最高薪的行業了。此外，律師在心理健康上也出奇的糟，他們比一般人更容易得憂鬱症。約翰霍浦金斯大學（Johns Hopkins University）的研究員發現一百零四種行業中，有三種在統計上比別的行業有顯著的憂鬱症危險，經過社會人口樣本的調整後，律師名列第一，得憂鬱症的比率比一般人高出3.6倍。律師同時也是酗酒和吸毒的高危險群（即律師比非律師的人高）；律師的離婚率，尤其是女性律師，也比其他行業高。因此不管怎麼測量，律師都是金錢非萬能的最好例子：他們的薪水最高，但是他們最不快樂，也最不健康；而且律師本身是知道的，他們很多人都在盤算提早退休或根本改行。

正向心理學家看到律師不快樂的三個主要原因：第一是悲觀。這裡的定義不是一般人說的杯子半滿或半空，而是第六章所說那種悲觀。這些悲觀者會把負面事件歸因到永久性和普遍性的因素上（這永遠就是如此了，它會拖垮我所做的每一件事）。這種悲觀者看到的遭遇為普遍性、永久性和不可控制的；但是樂觀的人把同樣事情看成局部、暫時和可改變的。悲觀的人壽保險業務員比樂觀的業績差，提早退出這個行業；悲觀的大學生成績比較差；悲觀的游泳選手也比樂觀的難迎頭趕上；在棒球賽時，悲觀的投手和打擊手表現都比較差；悲觀的NBA球員比樂觀的更常以一分飲恨。

所以悲觀的人通常是失敗者，但是有一個例外：悲觀的人是比較好的律師。我們測驗了一九九〇年維吉尼亞法學院全院的學生，給他們做第六章的樂觀評量，然後追蹤他們三年法學院的表現，結果發現與以前其他行業的測驗結果都不同：悲觀的法學院學生表現比樂觀的好，尤其在傳統的評分方面，例如：學業成績總平均和投稿法律期刊的成功率。

所以對律師來說，悲觀是個優點，因為他們把問題看成永久性的、普遍性的，就會很謹慎小心地處理它。一個謹慎的觀點使好的律師會去考慮各種可能性，他能預期所有可能發生的問題，就能幫他的當事人更詳細的準備各種應答的文件，成功率就會高。如果你生來不是這種謹慎小心的人，法學院會教你、訓練你。很不幸的是，這份職業所需的人格特質恰好使你成為一個不快樂的人。

珊德拉是東岸一位著名的心理治療師，我認為她是個白人女巫，她有一個技巧是我從未在其他診斷師身上看到的：預測一個學齡前兒童會不會變成精神分裂症。精神分裂症通常要到青春期之後才會發作，但是因為它有一部分是基因上的關係，家族中有精神分裂症病例的人非常在意他們的小孩會不會有，如果能事先知道，那麼大人可以嘗試各種認知和社會技巧來保護這個孩子，想辦法使他免疫。全美國的家庭都把他們的4歲孩子送到珊德拉那裡，在與孩子談一個小時之後，她可以判斷孩子未來得病的機率，聽說非常的準確。

這個能夠看透一個無邪行為底下祕密的能力使她聲名遠播，生意興隆，但是對她的生活來說卻不是如此幸福。跟她出去吃晚飯真是痛苦無比，她注意到許多別人沒有看到的細節，包括咀嚼的方式。

不論是什麼樣的巫術使她可以看穿一個4歲孩子無邪行為內在的祕密，這個能力顯然沒有在吃晚飯時關掉，使她無法正常的享受一頓美食。律師也是一樣，在離開辦公室後無法關掉他人格謹慎的特質。那些可以替當事人看到事情可能會怎麼演變的律師，也可以看到自己的事情可能會怎麼演變。悲觀的律師比較會認為他們無法升成合夥人、他們的配偶不忠貞，或是經濟馬上要崩潰，所以他們比別人容易得憂鬱症。面對挑戰時他們小心謹慎，成為習慣後他們卻放不開，無法去享受生命。

律師之所以不快樂第二個心理學上的理由是有責無權，尤其是剛畢業的小律師。這個有責無權的意思是說，工作上允許你的選擇性很低（至少你自己**如此認為**），而情境的壓力卻非常的大。有一項研究是尋找工作情境與憂鬱症及冠狀動脈心臟病之間的關係，它測量工作的要求與決策的幅度，結果發現高工作要求配上低決策幅度對身心健康最不好，有這種工作的人得心臟病和憂鬱症的比例高很多。

護士和祕書通常屬於這個類別，但是近年來，大律師事務所的小律師也加入了這張名單。這些小律師對上面交下來的案子沒有什麼說話的權利，他們很少看到老闆，幾乎沒有機會接觸到當事人，許多人整天關在圖書館中替老闆找資料、起草稿。

律師不快樂最深沉的心理原因，是美國法律已經慢慢變成非贏即輸的賭博了。貝利．舒華滋（Barry Schwartz）還把執業分成兩種：一種是有內在的好目標，另一種是自由市場以營利盈餘為目標。例如：業餘運動選手是以競技為目標，教書是以教化為目標，醫療是以痊癒為目標，友誼是以親密為目標；當把這些推向自由市場時，這些內在好的目標就向下沉淪了。夜間棒球賽賣比較多的門票，雖然晚上看不清楚球在哪裡；教書拱出明星老師、明星學校；醫療變成醫院經營；友誼變成「你最近對我有什麼好處」的考量；同樣的，美國法律也從公平正義走向唯利是圖。

如果執業能與內在崇高的目標相配合，這是一個雙贏的遊戲，老師跟學生可以一起成長，而成功的治癒病人時大家都有好處；但是底線經營（bottom-line）法則通常是非贏即輸的局面。醫院經營者絕對是刪減精神疾病的開銷以節省經費，很多醫院對慢性病人表示不歡迎；明星學校給明星老師優渥的薪水，相對的其他老師的薪資就降到生存線之下了；幾百億元的矽膠隆乳賠償官司使道康寧公司（Dow-Corning）公司關門，這還不算非贏即輸所波及到的人的心理傷害。

在第三章中，我認為正向情緒是雙贏局面的助燃劑，而負面情緒像憤怒、焦慮和悲傷演變為非贏即輸局面的啟動開關。由於律師的工作現在變得比較傾向非贏即輸，所以負面的情緒就比較常在日常生活中顯現了。

非贏即輸的現狀不可能因為我們希望它消失便在法律行業中消失，這個負面的歷程正是美國司法系統的核心，因為過去一直認為這是通往真相的大道。在法律上來說，一邊的贏等於另一邊的輸，它的競爭是白熱化的，律師被訓練成有野心、進取心、判斷力、分析力、聰明、冷酷。這種訓練自然就產生了憂鬱、焦慮和憤怒，而且是常常如此。

如何對抗律師的不快樂

當正向心理學診斷律師士氣低、不快樂的情況時，發現了三個因素：悲觀、有責無權和夾在巨大的非贏即輸、你死我活、有你無我的企業中。前兩項因素有解藥。我在第六章中談到悲觀的解藥，我的書《學習樂觀．樂觀學習》中也詳細列舉出有效對抗災難式思想型態的方法。對律師來說，比較重要的是普遍性這個向度——把悲觀過度適用到法律以外的地方。在《學習樂觀．樂觀學習》一書的第十二章中有作業，律師們可以去練習如何反駁災難性的思考型態（我永遠做不到合夥人、我先生可能有外遇），學會用證據來反駁這些念頭。這個方法可以教律師在私人生活上多運用樂觀，而在職業上保持悲觀的態度。現在已有非常多的證據顯示彈性樂觀（flexible optimism）可以在團體中傳授，如：律師事務所或教室中。假如事務所和學校願意去試試看，我認為年輕律師的表現和士氣都會有正向的改善效果顯現。

至於高壓力——低決策問題，這也是有解的。我知道壓力在律師事務所是個不可避免之事，然而擴大決策範圍會讓年輕的律師比較滿意和比較有生產力。有一個方法是量身訂造律師的一天，使他對他的工作有比較多的控制權。一九六〇年代，富豪（Volvo）汽車公司解決了生產線上的同樣問題，公司給員工選擇：在團體中建造完成一輛車，或是在生產線上做同樣的某一個零件。結果，建造完成一輛車的工作比較有成就感。同樣的，年輕律師也可被介紹給當事人認識，使他對案情有全面的了解；資深的合夥人帶領資淺的，讓他學習，參與討論。許多大的律師事務所在無預警的人才流失後，現在已開始這樣做了。

最後，零和（zero-sum）的法律本質使這個情況很難有解藥。打官司時的負面情緒，對質時的焦慮和壓力，都使很長的工作時間變得更難忍受。而這種「盡量為你當事人爭取利益」的「職業道德」是根深柢固、很難改變的。現行的庭外和解、調解仲裁等方式只是治標的繃帶紗布，不是治本的方子。我認為個人長處或許可以使法律既保留住仲裁的傳統，又可有快樂的律師。

當一位年輕的律師進入事務所工作時，他不僅要有法律人的謹慎特質和做律師的伶牙俐齒，還得具備一套個人長處（如：領導能力、原創力、公平、熱忱、毅力或社會智慧）才行。以現在律師工作規範的情形來說，這些長處沒什麼發揮的餘地。即使情況使你可以應用它，你的成績不見得會很好，因為這些長處沒有被驗收過，所以即使情況最符合你的長處，老闆也不見得交給你去做。

每一個律師事務所的老闆，都應該找出底下人的長處來（上一章的長處測驗就可以馬上讓老闆知道答案）。這個長處若施展開來，會使一個死氣沉沉的同事立刻變得生龍活虎、精神百倍。請一週保留五個小時作為「個人長處時間」，指派員工以個人長處完成公司指定目標。

- **以莎曼珊的熱忱為例：**熱心本來在法律上是沒有什麼用的，除了在法律圖書館中收集個人傷害醫療糾紛的資料。老闆決定付她薪水讓她去公共關係部門設計提升公司形象的廣告與海報，因為她既有法律知識、口才又好。

- **以馬克的勇敢為例：**勇氣本是庭上律師很有用的一個長處，但是馬克浪費在寫狀子上了。馬克現在可以利用個人長處時間，與事務所中最紅的辯護律師沙盤演練即將開庭的案子。
- **以莎拉的原創力為例：**原創力在律師事務所好像沒什麼用，因為法律講究判例。但是當她把原創力與毅力結合起來時，情況就不一樣了。賴克（Charles Reich）在變成耶魯大學法學教授之前曾是事務所的小律師，他賦予了一個陳舊不合時代的判例新生命，提出異議說社會福利金不是給予權利（entitlement）而是財產，所以他將法律導向他所謂的新財產（new property）觀念，也就是說追討程序可以適用到福利金的欠債上。莎拉可以派去探討某個案子是否可適用新的理論。新的理論是隱藏在舊的判例中，就像鑽油井一樣，可能有很多都是乾井，但是只要鑽到一個，就一輩子吃喝不盡了。
- **以約書亞的社會智慧為例：**社會智慧是另一個成天待在圖書館中，研究版權法的小律師不太有機會用到的長處。他可以利用與某個娛樂界大亨吃午飯的機會，將這個很難纏的客戶搞定，不只是生活上的，同時也包括契約上的。客戶的忠誠來自好的人際關係。
- **以史黛西的領導能力為例：**她可以收集同事對公司的不滿或意見，彙集後送去給相關的大老闆們作參考。

法律領域也跟別的領域一樣，可以轉化成志業。當你想到這些例子要把它應用到你的工作上時，有兩點要記住：第一是個人長處的練習幾乎都是雙贏的局面。當史黛西收集同事的抱怨和感覺時，他們會尊敬她而不是疑心她打小報告。即使大老闆沒有反應，至少他們知道底下的士氣是如何，當然，史黛西從這個長處的發揮得到真正的正向情緒。這帶到第二點，工作上的正向情緒與高生產力有相關，正向情緒會使職員不見異思遷，對公司效忠。長處的發揮帶出了正向的情緒，更重要的是，當公司重用你的長處時，你會留在公司更久；即使他們花了五個小時去做不能為公司賺錢的工作，但是長遠看來，這五個小時會帶出更多可以為公司賺錢的小時。

法律只是一個大公司行號可以鼓勵員工，將他們每天做的工作轉化成更有意義志業的例子。在這情境中的每一個人可以重新塑造他的工作，使工作帶給他更大的成就感和滿足感。知道一個工作是非贏即輸取向（每一季都要盈虧報告或是陪審團最後的判決），並不表示這個工作在趨近目標時不能變成雙贏的局面。激烈競爭的運動比賽或戰爭都是非贏即輸的賭博，但是雙方都有很多雙贏的選擇。生意和運動競爭，甚至戰爭，都可能用個人英雄的方式去贏或用團隊的方式去勝。用個人長處去選擇雙贏的可能性有很大好處，能使工作比較有趣、將職業或事業轉化成志業、增加福樂、建立忠誠度，而且增加實質的獲利。此外，當工作充滿滿足感時，你就開始走上美好生活的大道了。

11 愛

正向心理學的人際關係並不是談如何修補快要瓦解的婚姻，而是如何使一個穩固的婚姻更好。我們找到兩個能使美好婚姻更好的原則：注意力和不可取代性。

我們是一個奇怪的民族，很容易就承諾投資到一個很可疑的企業去。加拿大英屬哥倫比亞大學（University of British Columbia）的商學院教授范波恩（Leaf Van Boven）曾經做過一個實驗顯示，人做承諾時是多麼的不理性。范波恩教授給學生一個上面印有學校校徽的啤酒杯，這個杯子在學校書店中一個賣五元，學生可以留起來自己用，也可以在學校拍賣時賣掉；他們也可以參加大拍賣，競標一些價值差不多的東西，譬如：買些有學校校徽的原子筆或校旗作為禮物送給其他同學。結果范波恩發現學生不肯賣自己的杯子，除非別人出價到七元，但是別人一模一樣的杯子，他卻認為頂多值四元。「擁有」

竟然可以即刻增加物品對人的價值，同時增加人對這個物品的承諾。這個研究告訴我們**智人**（homo sapiens）其實不是**經濟人**（homo economicus），我們不是聽命於經濟法則，理性交易的人。

上一章的主題告訴我們工作不是勞力與金錢的交換而已，這一章更讓我們看到愛不僅是感情的回報而已（這對羅曼蒂克的人來說不稀奇，對社會科學家的理論來說卻是驚奇）。工作可以是滿足感的來源，而且遠超越金錢帶來的滿足，它使職業變成志業，展現人類可以做深沉承諾的能力；而愛又比它更進一步。

經濟人交易的法則認為人類基本上是自私的，社會生活基本上是受到底線經營法則的規範。當你買一樣東西時會問自己：「這個東西有什麼用？」假如我們預期得到的越多，我們的投資會越大。然而愛是演化上挑戰這個法則最奇特的方法。

請看一下「銀行家的矛盾」：你是一位銀行家，威利來向你借錢。威利有很好的信用，絕佳的抵押品，而且有光明的前途，所以你借錢給他；霍瑞斯也來向你借錢，他上次借錢無力償還，抵押品被銀行沒收，現在幾乎沒有任何擔保品，他年事已高、身體又不好，前途黯淡，所以你拒絕借錢給他。這個矛盾的地方是威利不太需要貸款，但是他很容易得到貸款；霍瑞斯需要貸款卻借不到錢。在**經濟人**主控的世界裡，那些真正需要的人通常得不到援助而死，沒有任何一個有理性的人敢冒險借錢給他；相反的，那些有錢人更有錢，直到有一天他們自取滅亡。

我們都祈禱這一天慢一點來，因為人都會老、會醜、會生病、會失去金錢、會失去權力。簡單的說，我們變成一個不好的投資了，為什麼我們不像愛斯基摩人一樣被送到冰上去等死？為什麼我們要一跛一跛的苟延殘喘活在人間？這是因為很多無私的人在支持我們。愛是天擇對銀行家矛盾的回答，情緒使別人不能取代我們。愛顯示人類承諾的能力可以超越功利的利益交換（「你最近對我有什麼好處？」），愛嘲笑普遍性的人類自私理論。沒有一句話比下面這句更動人心弦：「從這一天開始，不論好壞、貧富、生病或健康，我都會愛你、珍惜你，直到死亡把我們分開。」

婚姻、穩定的配對、浪漫的愛——為了簡單起見，在這一章中我都統稱為婚姻——從正向心理學的觀點來看，它非常有用。狄納和塞利格曼對非常快樂者的研究中，在前10％快樂的**每一個人**（除了一個人以外）都處在一個羅曼蒂克的關係中。或許很多調查總結得出最顯著的一個事實是，結婚的人比任何人都快樂。在結婚的人中，40％說他「非常的快樂」，而只有23％的未婚者這樣說。這個情況在十七個做過調查的國家、任何一個被研究的民族中皆然。婚姻比工作滿意度、金錢或社群在快樂上占的分量都大。

就如麥爾斯（David Myers）在他的《美國矛盾》（*American Paradox*）一書中說的：「事實上，沒有什麼其他因素比跟你最好的朋友形成親密、平等、滋養的終身相伴關係，更能預測快樂了。」

憂鬱症正好相反，結婚的人最少得憂鬱症，從來沒有結過婚的人第二少，然後是離過一次婚的、同居的、離過兩次婚的。同樣的，情人分手（失戀）也是最主要的情緒壓力原因。當訪談者請人們描述「上一次發生在你身上的不幸事件」時，一半以上的美國人回答失戀。現在因為結婚率下降、離婚率上升，憂鬱症變得高漲。專門研究家庭的美國社會學家艾爾德（Glen Elder），他曾經研究過住在加州舊金山居民三代的生活，發現婚姻可以幫助人們抵抗不幸的打擊。結了婚的人最能忍受鄉下貧窮所帶來的匱乏、經濟大恐慌以及戰爭。也許讀者還記得我在第四章中討論到快樂的範圍時，結婚是唯一可以影響快樂的外在因素。

為什麼婚姻這麼有效？人為什麼會發明結婚？為什麼這麼多不同的文化都有這個習俗？這看起來是個顯著易答的題目，其實不然。研究愛的社會心理學家提供了很好的回答。心理學家韓山（Cindy Hazan）告訴我們愛有三種：第一種愛是給我們舒適安全、接納並幫助我們、提升我們的信心、指引我們的人，我們會愛他；最典型的例子是孩子愛他們的父母。第二種愛是我們會愛那些依賴我們為生的人；如父母對子女的愛。第三種愛是羅曼蒂克的愛——把對方理想化，將他的長處美德放大，將他的缺點縮小。結婚是個奇妙的安排，他使我們在一把傘下得到這三種愛，這個特性使得婚姻歷久不衰。

許多社會學家受到環境論的影響，希望我們相信婚姻是社會所捏造的機構，是習俗所杜撰的社會製作的結構，就像北一女第五十屆畢業生一樣，是個社會制度所賦予的建構。我認為伴娘、宗教儀式或蜜月可能是社會建構的，但是婚姻底下的架構是很深遠的。演化對生殖成功非常的在意，所以它對婚姻會很在意。在我們這個種族身上，生殖成功並不是快速的受精，父母各奔前程後，子女便能存活下來。人類嬰兒剛出生時是尚未發展成熟的，所以他必須從父母處學習生存之道，這只有在父母處於緊密配對關係時才最有利。有父母保護的孩子才有可能長大成人，所以我們的祖先中，那些傾向於做長期承諾的才有可能把基因傳下來。所以婚姻是天擇發明的，不是文化發明的。

這並不是沙發椅上的推想或是「本來就是這樣」的演化故事。有固定性關係的婦女排卵比較正常，而且一直排卵到中年以後，她們的更年期來得比較晚。父母未離婚的孩子在所有的測驗中表現的都比離婚的好。例如：父母都是親生的學生留級的比例，比跟繼父母住或其他生活安排方式的孩子少三分之一到一半。跟自己親生父母住的孩子因情緒障礙而需治療的比例，比其他生活形態的孩子少四分之一到三分之一。這裡面最令人驚訝的結果（除了成績比較好，比較不會得憂鬱症之外），是在父母婚姻情況穩定之下長大的孩子，在性方面成熟較快，他們對未來的伴侶（配偶）有比較正向的態度，對維持長期關係也比較有興趣。

愛與被愛的能力

我區分出愛與被愛的能力，事實上我花了很多時間才了解兩者之間有所不同。從一九九九年的冬季開始，每一個團體都把「親密關係」和「愛」列為得分很高的個人長處，但是一直到哈佛大學的維倫教授責備我們省略了他所謂的「長處之后」（Queen of the Strengths），我們才了解這兩者的不同。

當維倫在爭論被愛應該是這個能力的中心時，我想到橋牌名人內爾（Bobby Nail）。十年前，在堪薩斯州的威契塔市，我很幸運能跟著名的內爾一起打了一週的橋牌。我老早就聽說過他的大名，如雷貫耳是一點也不過分，也聽說他的牌藝是如何的精妙，還聽說他很會說故事。但是我所不知道的是他身體有殘障，只有四呎六吋高，但是看起來比實際的還要矮，因為骨骼一直在萎縮；他的背彎得幾乎到腰，當我把他從車中抱出來放在椅子上時，我發現他輕得像羽毛一樣。

內爾說了很多好笑的故事，也打了很多張好牌，但是我所記得的既不是他的故事，也不是他的牌技（雖然我們的確贏了那一次的比賽），而是他使我覺得非常高興可以幫他的忙，在五十年模擬童子軍日行一善——幫助盲人過馬路，替坐輪椅的人開門，捐零錢給街上的遊民——之後，我已對感謝麻木了，更糟的是，有時候殘障者不要你的幫助，使你覺得自己多此一舉……。但是內爾完全不同，透過某種神奇的魔力，他讓你知道他深深的感謝你；雖然他沒有開口，但是無聲的感謝更讓你感動。他讓我覺得我很了不起，我也可以感到他並沒有覺得被我幫助，自己就變渺小了。

維倫說話時，我想起幾個月前，我終於鼓起勇氣打電話給在休士頓的內爾。當時我正在準備這本書（其實就是這一章），我想要問他如何做到這一點，請他寫下他的方法使我們可以用在生活上。結果他們告訴我內爾已經去世，所以他這個魔力就永遠失傳了！但是內爾是能夠被愛的泉源，這個能力使他的生活很成功，尤其是老化並沒有帶給他痛苦，他一生都很快樂。

愛的形式以及在童年時期被愛

在我繼續這個故事之前，我要你先做一下可信度很高的愛與被愛測驗。可以上網的讀者請到 www.authentichappiness.com 花十分鐘做一下佛瑞利（Chris Fraley）及薛佛（Phil Shaver）所編制的「親密關係問卷」（Close Relationship Questionnaire）；如果你有愛侶的話，請他一起做會很有幫助。這個網站會立即給你回饋，讓你知道自己的愛的形式。如果不能上網，你對下面三段文字的反應會讓你知道上述問卷所要告訴你的。請仔細想一下，哪一段最能捕捉你過去最重要的浪漫關係？

1. 我發現我很容易跟別人親近，我依靠他們或他們依賴我都不會使我不舒服。我不常煩惱被人拋棄，或讓別人跟我太親密。
2. 我跟別人太靠近時會覺得不舒服、不自在。我發現我很難完全相信別人或讓自己去依靠別人。當別人跟我太親密時，我覺得緊張，我的情人常希望我能跟他更親密一點，但是我做不到。
3. 我發現別人不太情願跟我親密，至少比我希望的疏遠。我常擔心我的情人不是真的愛我，不想跟我在一起。我很想跟別人完全結合在一起，但是這個想法常常把他們嚇跑。

上面三種愛與被愛的型態現在有很好的證據，顯示它們是源自童年的經驗。假如你認同第一段，你的親密關係是**安全的**（secure）；認同第二段是**迴避的**（avoidant）；第三段則是**焦慮的**（anxious）。

這三種型態的發現過程在心理學上是個有趣的故事。第二次世界大戰剛開始的時候，很多人關心歐洲的孤兒，因為父母死了，孩子就歸國家收養，英國的心理分析學家鮑比（John Bowlby）於是對這些孤兒做了很仔細的觀察。當時社會工作者的態度反映著政治現實（和現在一樣），他們認為小孩子不一定要某一固定的人照顧，只要有吃有喝就能長大，他們不關心孩子心理層面的發展。仗著這個教條，社會工作者硬是從母親的懷抱裡搶走了嬰兒，尤其針對母親很貧窮或是沒有丈夫的個案。鮑比開始仔細觀察這些孩子的成長，發現他們長大後多不成材，成了偷兒；大部分的小偷童年時都很不幸，長期與母親分離，他說這些孩子是「沒有感情，無法愛別人，只能維持表面的人際關係，非常的憤怒和反社會」。

當時，鮑比所主張「親子關係連結無法被取代」的觀念，招來學術界以及社會福利部門的強烈抵制和嘲笑。學術界受到佛洛伊德的影響，認為孩子的問題是內在衝突的不能解決，並不是外面真實世界的缺陷，而保護兒童福利的人則認為身體的需求被照顧到就好了。從這裡，產生了第一個親子分離的科學觀察。

在這個時期，如果孩子住院，父母一週只能探視一次，每次一個小時。鮑比將探視的實況拍攝下來，發現孩子與父母分開時有三個階段：抗議（哭、尖叫、敲打門、搖嬰兒床），這可以長到幾個小時或一天；然後是絕望（嗚咽、被動的躺著、一動不動）；最後的階段是分離（與父母保持距離，但是可以與其他大人或孩子社會互動，接受新的照顧者）。最令人驚訝的是，當孩子到達分離的階段後，即使他的母親回來，孩子也沒有看到母親的喜悅。今天醫院的探病措施及兒童福利部門的改進間接源自鮑比的觀察。

接下來是安斯沃斯（Mary Ainsworth）的實驗，她是約翰霍浦金斯大學的嬰兒研究員，將鮑比的觀察帶進實驗室。首先，她請母親把嬰兒帶進一間充滿玩具的遊戲室，當孩子去玩新的玩具時，母親安靜的坐在後面。然後一位陌生人進來，母親離開，陌生人哄著孩子繼續玩，然後母親再進來。這樣進行好幾次（即陌生人進來、母親離開，母親進來、陌生人離開，母親再進來），結果安斯沃斯觀察到了我前面敘述的三個階段。有安全感的孩子以他的母親為安全基地去探索房間。當母親離開時，他就停止玩，但是對陌生人友善，可以被哄著繼續玩；當母親再進來時，他會抓著母親不放，當他覺得舒適有安全感後，又繼續去玩。

迴避型的嬰兒是母親在時他會去玩，但是他與安全型的嬰兒差別在他很少笑，他也不會把新奇的玩具拿給媽媽看。當母親離開時，他並沒有強烈反應，他對待陌生人就像媽媽一樣（有時甚至反應還更多）；當母親回來時，嬰兒漠視她，甚至不看她。當母親把他抱起來時，他也不會抓著媽媽不放。

焦慮型的嬰兒（安斯沃斯稱為抵制型）似乎不能用母親作為探索的安全基地，他們緊抓著母親不肯下來玩。當母親離開時會大哭，陌生人無法使他們安靜下來；當母親再度進來時，他們衝過去抱住母親，但是很憤怒的把頭轉開。

鮑比和安斯沃斯這兩位嬰兒研究的先驅把這個現象稱為依附（attachment），因為當時心理學界是籠罩在冷漠無情的行為主義陰影之下。後來韓山和薛佛在一九八〇年代自由的心理學氣氛之下，發現鮑比和安斯沃斯所觀察到的不只是行為上的依附，還有情緒上的愛。而且不只是嬰兒，包括「從搖籃到墳墓」，人的一生皆如此。他們認為孩提時期跟母親的關係，操弄著以後一生的親密關係。你與母親的模式後來展現在童年期與兒弟姐妹和好朋友的關係上，青少年時展現在初戀對象上，甚至到婚姻上。你的模式並不是僵化不變的，它會受到當時正向和負向經驗的修飾，在許多不同的向度上，它控制著三種不同愛的途徑。

- **記憶**：安全型的大人記得他們的父母總是在身邊，溫暖、有愛心；迴避型的大人記得他們的母親很冷漠、拒絕他，總是不在身邊；而焦慮型的大人記得他的父親很不公平。
- **態度**：安全型的大人有自信心，很少自我懷疑；別人喜歡他，他也相信別人都是可靠、好心的，喜歡幫助人直到不好的經驗讓他學到教訓為止。迴避型大人對別人充滿了懷疑，認為別人都不誠實、不可信（直到被證明是無辜的，然後會有罪惡感）；他們缺乏自信，特別是在社交的情境。焦慮型的大人認為他們對環境和自己的生命沒有什麼控制權，覺得很難了解別人和預測別人的行為，所以別人的行為也使他感到困擾。
- **目標**：安全型的人會努力與他所愛的人建立親密關係，想辦法在依賴與獨立間建立一個平衡點。迴避型的人讓自己與所愛的人保持一定的距離，他們把成就看得比親密關係還更重要。焦慮型的人抓著不放，他們一直害怕被拒絕，他們不鼓勵他們所愛的人自主或獨立。

壓力管理：安全型的人當他們不高興時會承認自己心情不好，他們會想辦法利用這個壓力情境去達到有建設性的結果。迴避型的人不向人坦白心事，他們不告訴你他不高興了，他們也不顯示憤怒或承認自己在憤怒。焦慮型的人到處訴說他的壓力和憤怒，但是當被威脅時，他又馬上縮回去，不敢吭聲。

下面是一位安全型的人在談她的羅曼史：

我們是很好的朋友，彼此認識已經很久了，我們喜歡同樣的東西。另一件事我很喜歡的，是他跟我的好朋友都處得很好。我們可以談很多事情——他非常的理性。我在他面前不必偽裝，可以做自己。所以這令我感到很舒服，我們彼此信任而不是占有。

相反的，下面是一個迴避型的自述：

我的情人是我最好的朋友，這是我對他的看法。他跟其他朋友一樣，對我是很特殊的。他並不打算結婚或是與任何女性有長久的承諾，我覺得很好，因為我也是這樣想。我發現他並不喜歡太親密，他也不要很多的承諾，這對我而言也很好。但是有的時候我會擔心一個人可以這麼親密，這麼樣的控制你的生活。

最後，這是焦慮型的自述：

所以我就走過去……他坐在板凳上，我看到第一眼就完全融化了。他是我所見過最英俊的人，這是我所注意到的第一件事，然後我們就一起出去，在公園裡吃午餐。我們只是安靜的坐在那兒，沒有說話，但是你不覺得怪。你知道，通常遇到陌生人沒有話說時，你會覺得很怪不是嗎？但是我跟他並沒有這種感覺，我們只是坐在那裡，好像已經認得彼此很久了一樣，但是我們只認識了十秒而已。所以這就是我對他的第一個印象。

安全型依附者羅曼史的後果

一旦研究者發現可以把人分成三種型態之後，便開始追蹤每一種人的愛情生活。實驗室和真實世界的觀察都告訴我們，安全型的依附以後在愛情生活上是個正向的因素，就如同鮑比第一次觀察到的那樣。

有一個研究是從日記中找出各種不同型態的人配對後的結果，發現兩個明顯的現象：安全型的人跟人親密相處時很自在，他們不太焦慮這個關係會不會成功；最重要的是，他們對婚姻比較滿意。因此，要有一個穩定的羅曼史應把兩個安全依附型的人放在一起。不過有很多的婚姻是只有一方是安全型的，這些婚姻後來會怎麼樣？研究發現即使只有一方是安全型的，另一方（迴避型或焦慮型）對婚姻的感覺都比較滿意——至少比另一方也是比較不安全型的來得滿意。

安全型的人在婚姻的三個層面上特別有利：照顧別人、性和處理問題。安全型的人比較會照顧他的配偶，他們不但比較親密，而且比較知道對方的需求；焦慮型的在這一方面上正好相反，他們是「強迫性」（compulsive）的照顧，不管對方要不要都一直的給，使對方透不過氣來；迴避型的則是保持距離，並且不知道什麼時候對方需求照顧。

性方面也是一樣，安全型的人避免一夜情或露水鴛鴦型的性行為，他們認為沒有感情的性沒有意義；迴避型的人則比較贊成隨便的性交（雖然很奇怪的是，他們性交次數並不會比別人多），他們喜歡沒有感情的性；焦慮型的女性常會捲入暴露狂、偷窺別人性行為及性虐待的醜聞中，而焦慮型的男性會有比較少的性交次數。

在波斯灣戰爭時，有兩個研究發現當一個婚姻觸礁時，安全型、迴避型和焦慮型的人反應會不一樣。其中一個研究是在以色列做的，當伊拉克的飛毛腿飛彈打過來時，安全型的人尋求別人的支持，迴避性的人並不會（「我試著把它忘掉」），而焦慮型的人集中注意力到他自己身上——結果迴避和焦慮型的人有較高的身心症徵候和較強的敵意。從美國方面來看波斯灣戰爭，許多人與他們的配偶分離，這給研究者一個機會來觀察不同型態的人對分離和重逢的反應。結果發現這些士兵跟安斯沃斯的嬰兒一樣，安全型的人有較高的婚姻滿意度，重逢後的衝突也比較少。

總結上面，我們發現安全型的人在各個觀察標準上表現都比較好，所以正向心理學現在轉而探討安全的依附如何可以增進親密關係。

關係更親密

雖然我是個治療師而且是治療師的老師，但我並不是婚姻治療師，所以在這一章裡，我無法引用第一手的臨床經驗來寫作。結果我做了一個我不會推薦給你的事情——

我看了所有有關婚姻的重要文獻。這是一件相當令人沮喪的事，因為這些文獻中幾乎全是如何使一個壞的婚姻比較可以忍受，裡面都是身心被虐待的人、壞心眼的人、邪惡的婆婆等等，都在彼此抱怨。當然，也有一些比較好的書教你如何減輕婚姻壓力，假如你真的有婚姻問題，比較好的四本是：克瑞斯坦斯（Andrew Christensen）和傑卡布森（Neil Jacobson）的《可彌補的差異》（*Reconcilable Differences*），高特曼（John Gottman）和德克特兒（John DeClaire）的《治療關係》（*The Relationship Cure*），高特曼和西爾（Nan Silver）的《恩愛過一生：幸福婚姻7守則》（*The Seven Principles of Making Marriage Work*，中譯本天下遠見出版），以及馬克曼（Howard Markman）、史丹利（Scott Stanley）和布魯伯格（Susan Blumberg）的《為你的婚姻奮鬥》（*Fighting for Your Marriage*）。

當我讀這些書時，解決問題並不是我的目標。本章所談的正向心理學的人際關係並不是談如何修補快要瓦解的婚姻，而是如何使一個穩固的婚姻更好，所以我要尋找的是使一個愛的親密關係更好的因素。前面提的那些書雖然不能說是金礦，但是它們的確有很多很好的忠告幫助你強化已有的愛情生活，下面我將幾點重要心得與你分享。

長處與美德

假如你能每天都施展個人長處，你的婚姻會比較美滿。的確，婚姻是一個讓你展示你的滿足最好的地方。通常配偶會與我們墜入愛河，是因為他們看到我們的長處與美德；但是愛情會逐漸褪色，即使是最強烈的愛情，在結婚十年後也會逐漸走下坡。那些當初吸引我們的長處，久了就變成理所當然；那些令人羨慕的人格特質，久了就變成繁瑣的習慣——如果兩人相處得不好，這些更變成了蔑視的目標。那些令人傾心的穩重與忠貞，結了婚就變成不解風情、頑固，甚至無趣；原來吸引你的外向談吐、機智風趣，現在變成了嘮叨，再久一點就變成大嘴巴、大嬸婆；正直變成了倔強固執、冥頑不靈，毅力變成死腦筋，仁慈變成婦人之仁。

華盛頓大學的高特曼教授也是高特曼學院（Gottman Institute, www.gottman.com）的領導人，是我最喜愛的婚姻研究者；他預測哪些人會離婚，哪些人會白頭偕老，正確率達90%，然後用這個知識來設計一些使婚姻更好的課程。在他的「愛情實驗室」中，他每個週末坐在那裡看千百對的夫妻互動，一天十二個小時。這個愛情實驗室是一間很舒適的公寓，有家的溫暖，加上一面觀察用的單向鏡（這種設計是受試者在房間，裡面看出來是鏡子，但是從外面看進去是窗戶，觀察者通常在外間的觀察室透過玻璃記錄）。

他歸納出的預兆如下：

- 一開始爭吵就非常凶猛
- 批評對方而不是抱怨
- 輕視對方
- 一點小事就立即爭吵為自己辯護
- 不分青紅皂白就先吵
- 負面的肢體語言

高特曼同時也預測一個婚姻會不會持久，他發現婚姻持久的夫婦一週多花五個小時在他們的婚姻上。下面是這些夫婦所做的，我建議你做個參考。

- **出門：**這些夫婦早上出門時，找出一件那天兩個人都會去做的事（2分鐘×5天＝10分鐘）。

表 11-1 配偶的長處

□智慧與知識
1. 好奇心______
2. 熱愛學習______
3. 判斷力______
4. 原創力______
5. 社會智慧______
6. 觀點見解______

□勇氣
7. 勇敢______
8. 毅力______
9. 正直______

□人道與愛
10. 仁慈______
11. 愛與被愛______

□正義
12. 公民精神______
13. 公平______
14. 領導能力______

□修養
15. 自我控制______
16. 謹慎______
17. 謙虛______

□心靈的超越
18. 美的欣賞力______
19. 感恩______
20. 樂觀______
21. 心靈上______
22. 寬恕______
23. 幽默______
24. 熱忱______

在你所挑選出來的三個長處上，請寫出最近發生使你覺得值得表揚的事情，讓你的配偶讀你所寫的句子，也請他做這個「我喜歡你的……」練習。

長處____

事件____

長處____

事件____

長處____

事件____

- **回家：**每天下班回來時，這些夫婦都有一段很輕鬆的談話（20分鐘×5＝1小時40分鐘）。
- **愛意、觸摸、擁抱、親吻：**這些行動都灑了溫柔與寬恕的糖粉（5分鐘×7天＝35分鐘）。
- **一週一次約會：**只有二個人去到一個輕鬆的環境將愛情升級（一週2個小時）。
- **稱讚與欣賞：**每天至少稱讚和感謝對方一次（5分鐘×7天＝35分鐘）。

《恩愛過一生：幸福婚姻7守則》是我最喜歡的婚姻諮商書，高特曼和另一位作者西爾設計了許多練習使喜愛和讚美得以繼續發光，下頁是我改編的主要練習。請找出你的配偶的三個主要長處。

這個練習的內在核心是理想的自我，一個你心中的你和配偶心中的你。這個理想自我是我們認為自己最好的形象，當我們最大的長處都發揮出來時的自我，當我們感覺到自己今天的表現跟這個理想很接近時，我們會很滿足，做這個練習讓自己看到長處的發揮會使你更滿足。當我們的配偶也看到時，我們會覺得更要做得好以免使他失望，這個觀念是整個羅曼史研究最大的發現，我稱之為「抓緊你的錯覺」（hold on to your illusion）。

紐約州立大學水牛城校區（State University of New York at Buffalo）的墨雷教授（Sandra Murray），是位非常有想像力的羅曼史研究者，專門研究羅曼蒂克的錯覺。她設計了一個測量長處錯覺的方法，請夫婦或男女朋友在各種不同的長處和缺點上給自己評分，給伴侶評分，給想像的理想伴侶評分，然後請這對夫婦的朋友就同樣的項目再來評分。這個研究的重點在你的配偶對你長處的評分跟你的朋友的評分，兩者的差距在正向的距離越大，表示你的配偶對你越有羅曼蒂克的錯覺。

很令人驚訝的是，這個錯覺越大，婚姻越美滿，關係越穩固。滿意的配偶在對方身上看到的是美德；相反的，不滿意的配偶看到的便是缺點的放大，他們在配偶身上看到的優點比朋友看到的少。最快樂的夫婦是只注意對方的長處，忽略對方的短處；相信那些會影響別人的厄運對他們不發生作用，因為他們都看事情的光明面。這些夫婦在實際接受到打擊時都還能站起來，而這個再站起來與他們心目中配偶錯覺的大小有等比例的關係：錯覺越大，爬起來越快。墨雷發現正向的錯覺是自我實現的，因為一個被理想化的配偶會想去達到這個理想，這變成一個減少日常生活摩擦的緩衝器，因為你的配偶會因錯覺把你的缺點變少，將你的短處提升為長處。

這些快樂的夫婦講話時都先說「是的」，然後才說「但是」。有一位太太他的先生在爭執時有個強迫性的毛病，即每一個小地方都要拿出來一講再講，但是這位太太輕描淡寫的說：「我覺得這種反覆討論很有幫助，因為在我們家小毛病都不會變成大問題。」對於先生的缺乏自信，另一位太太說：「這使我更加照顧他。」有一位太太對先生的固執說法是：「我尊重他的強烈信仰，這使我對我們的關係有信心，因為這表示他不是三心二意的人。」對於嫉妒，有一位太太說：「這表示我的存在對他的生命很重要。」對於暴跳如雷，一位先生說：「開始時我認為她一定是瘋了，但是現在假如她停止反應，我反而會想念，我想她這個習慣如果早改了，我們的關係可能會受影響。」對於害羞，他則說她：「沒有強迫我說出我所有的事，我也不想說……這使我對她更具吸引力！」

這些情緒的快速反應跟婚姻的樂觀解釋有相關。在第六章中，我討論了樂觀的解釋型態跟快樂的關係，跟工作成功的關係，跟健康的關係，以及跟抵抗憂鬱症的關係。愛是另外一個這種樂觀的解釋型態可以幫得上忙的領域。你記得樂觀的人把不好的事情看成暫時的和特定的，但是對好的事情，他們解釋成為永久的和普遍性的。紐約州立大學水牛城校區的費肯（Frank Fincham）和加州大學洛杉磯分校（UCLA）的布雷伯瑞（Thomas Bradbury），花了十年工夫追蹤這種解釋型態對婚姻的影響，他們的第一個發現是婚姻中有各式各樣樂觀的和悲觀的排列組合都可以成功——只有兩個悲觀的人結婚婚姻不長久。

當兩個悲觀人結婚時，萬一有不幸的事發生，兩人就江河日下，一敗塗地了。例如，太太晚下班了，逾時還未到家，先生用他平常悲觀的解釋型態：「她把工作看得比我重」，於是心情不好；若她也是悲觀的，就把他的心情不好解釋成：「他一點都不感激我每個月帶回來厚厚的薪水袋，沒有加班、努力工作，怎麼會有多的薪水？」於是她告訴他心中的感覺。他說：「你從來都不聽我講話，我告訴你，我對這種生活非常的不滿意。」她反脣相譏道：「你就只會抱怨，什麼都不會。」於是爭執就越來越厲害了。假如在一開始的時候注入樂觀的解釋型態，這一切都可以避免，不會變成責怪和自衛。所以，假如她不去嘮叨他的不感激，其實可以說：「我本來也想早一點回家吃你煮的晚餐，但是五點鐘前一刻，突然無預警的送來一件大案子，我只好留下來處理。」或者他也可以說：「對我來說，你早一點回家跟我一起吃飯非常的重要。」

這個研究發現兩個悲觀的人婚姻無法長久。假如你和你的配偶在第六章的測驗分數都在零分以下（中等或嚴重無望），我希望你記住我的忠告：你需要積極去打破這個悲觀的想法，夫妻兩人都得做《學習樂觀．樂觀學習》一書第十二章的練習，一週後再用本書第六章的測驗測量你們的改變。請一直練習直到分數比一般平均數還更高。

在婚姻與樂觀／悲觀的研究中，有一項研究辛苦的追蹤五十四對新人四年來看兩者的關係，結果發現婚姻的滿意度與樂觀的解釋型態是一起上升的，顯示就如同正向的解釋型態能產生滿意的婚姻，這點滿意也會創造出更多的正向解釋型態。在這五十四對新人中，四年後有十四對離婚或分居，所以知道樂觀對婚姻有利。當你的配偶做了一件使你生氣的事時，請努力去找一個可以行得通的、暫時的，針對這件事的理由：「他太累了」、「他今天心情不好」、「他有宿醉後頭痛」，而不要去想：「他總是不注意聽我說話」、「他是壞脾氣」、「他是個酒鬼」。當你的配偶做了件好事時，要把它放大，要從永久性（總是）、普遍性（人格特質）去解釋：「她很聰明」、「她總是贏過別人」，而不要去想：「對手放棄了」、「她今天真是好狗運」。

反映式傾聽

林肯總統是個最會注意聽人說話的人。歷史告訴我們，他除了非常的敏感外，還有個非常有用的詞彙錦囊，當別人滔滔不絕的抱怨時，他常常適時的加入「我一點都不怪你會這樣想……」、「難怪……」，使說的人認為林肯有專心在聽他訴苦。我最欣賞林肯的就是這點。下面是林肯對這個技巧所說的話：

有位東方王朝的君王要他的智囊替他找出一個句子，在任何時間、任何地點、任何情況用都很恰當，而且必須是真話，不能說謊。結果大臣呈上的是：「這個，也將隨風而逝（And this, too, shell pass away）。」這句話涵義多麼的深——對驕傲的人是多麼大的譴責，對痛苦的人來說又是多麼大的安慰！

我們沒有人及得上林肯，但是我們的對話也有說和等待。然而述說和等待對婚姻的溝通來說並不是很好，最近心理學有個領域專門分析反映式的傾聽（responsive listening），有一些對如何使婚姻更好是有幫助的。

做一個好聽眾的第一個原則是**有效度**（validation），說話的人首先想要知道的就是他說的話你有沒有聽懂（「嗯」、「我了解」、「我知道你意思」、「真的嗎？」）。假如可能，他進一步要知道聽的人是否同意他的話或至少是表示同情（點頭或是說「真的是」、「是的」、「的確如此」，或是比較不承諾的「不能怪你」）。你必須要盡力的讓配偶認為你有在聽，話題越嚴重，你洗耳恭聽的姿態要越嚴肅，心裡的不同意請留到輪你說話的時候再說。

對別人說話不反應的最表面現象就是不注意聽。外在的因素，如：孩子哭鬧、電視機開太大聲、電話的電波干擾和你的耳背，都得先排開，避免在這種情況下說話。還有一些內在的因素使你不注意聽，如：疲勞、想別的事情、無聊、準備你自己的反駁（這是最普遍的原因）。因為配偶覺得他說的話你沒有在聽會更生氣，所以你要想辦法在事情更糟以前先收拾一下。如果你是累或是心中有別的事不能專心聽，或是覺得太無聊，你要馬上面對，說：「我很想跟你談，但是現在我太累了。」或是「我現在在算所得稅，等我弄完再談好嗎？」或是「我還在為瑪麗今天侮辱我的事不舒服，我們可以等一下再談嗎？」一邊聽一邊準備你的回應是很不容易克服的習慣，有個方法是用他的話來做你的反駁開頭句，不過稍微修改一下，因為用另一個句子來表達同樣的意思需要很多的注意力，你就會去注意聽了。有的時候，我在課堂上發現學生沒有好好的聽同學們的討論，我也會強迫他用不同的句子把這個同學發表的內容講一遍。

另外一個使你不能好好聽別人講話的障礙是你自己內心的情緒。當我們心情好時，我們對說話者的意思會從好的方面去解釋；當你的心情不好時，那些話在你心中就集結成一個字——不，你的同情心消失了。我們挑人家毛病的能力遠比看到人家優點的能力強，因此，在這情況下，馬上誠實面對是一帖解藥（「我今天真是很挫折！」、「我很抱歉對你講話態度不好。」、「我們吃過晚飯再談好嗎？」）。

這些都是很好的談話技巧，但是對一觸即發的問題是沒有效的。婚姻有問題的夫妻幾乎每次討論都是屬於一觸即發的問題，而且馬上升級到開火作戰。但是即使是配得很好的夫妻也有一些敏感話題。馬克曼、史丹利和布魯伯格特將成功的導航駛過這些婚姻暗礁，比喻為操作原子反應爐：這些問題會產生熱，這個熱量可以導向建構性的用途，也可以引爆原子爐，使你無法收拾。但是你有控制桿——一個把熱能導開的裝備，這個裝備就是「說話者——聽話者儀式」（speaker-listener ritual），下面就是這個儀式。

當你發現自己在談一個危險話題時——不論它是金錢、性或是岳父母、公婆——馬上貼上標籤：「這是我最危險的話題，馬上採用說話者——聽話者儀式」。當這個儀式啟動時，拿出一塊小地毯（或一塊任何東西表示說話者的講臺）讓一方說話，兩人都得同意手上有小地毯的人才可以說話，沒有的人是聽眾；一個人說完後再把地毯交給另一個，換人說。不要想去解決問題，這裡只是聽到和回應，一定要先聽到才可能解決問題。

輪到你說話時，請說你的思想和感覺，不要去談你對配偶的想法和感受的解釋。請盡量用「我」，而不要用「你」。「我認為你很爛」，不是「我」的好例句，但是「我很不高興你花那麼多時間跟她說話」是個好的「我」例句。不要連珠炮，因為你有很多時間可以講，你要清楚表達自己的感受。常停頓，讓對方用不同的字來釋義。

當你是聽眾時，當對方請你用別的字說出他的意思，請不要拒絕，也不要提供解決方案。同時，不要做出負面的肢體語言或表情，你的工作只是讓對方知道你聽到了、了解他說的話。等你手上拿到地毯時，再提出異議。

下面是一個逐字的例子：泰西和彼得有個一觸即發的問題，就是兒子傑若米應該上哪一所托兒所。彼得一直想逃避這個問題，泰西站在電視機前面迫使彼得面對這個問題。她交給彼得那塊地毯。

彼得（說話者）：我一直在想傑若米上學的問題，我甚至不知道他今年要不要去，他還小。

泰西（聽話者）：你很關心，你不確定他心理準備好了沒有。

彼得（說話者）：是的，正是如此，以他的年齡來說，還不太成熟，我不確定他去學校會怎樣。

請注意彼得有承認泰西的簡結是正確的，他才繼續說下去。

泰西（聽話者）：你很擔心他跟大孩子在一起會吃虧，是嗎？

泰西不確定她了解彼得的意思，所以她在後面加了一個疑問句。

彼得（說話者）：有一部分是如此，我不確定他心理準備好了可以離開你那麼久。當然，我並不希望他太依賴。

他們交換地毯，現在泰西拿著地毯。

泰西（說話者）：我很感激你所說的，事實上，我不知道你已經想過這麼多了。我很擔心你根本不在意這件事。

泰西現在是說話的人，她先確定彼得講的話是這個意思。

彼得（聽話者）：聽起來你很高興我很關心。

泰西（說話者）：是的，我同意這不是一個容易的決定。假如他今年要上托兒所的話，一定要是個適合他的地方才行。

彼得（聽話者）：你是說那一定要是個對的托兒所才值得讓他今年就去上。

泰西（說話者）：就是這樣。假如我們能找到一個很好的環境給他上學的話，可能會值得讓他這麼小就去托兒所。

泰西很高興彼得仔細的聽她說話，也讓他知道她很高興。

彼得（聽話者）：所以假如我們找到好的學校，你就會試著讓傑若米上學。

泰西（說話者）：我可能會試。我不確定我可以說我會試。

彼得（聽話者）：你還沒準備好說你一定會送兒子去，即使你找到很理想的學校。

泰西（說話者）：是的，很對。現在換你說話了。

本章談到兩個能使美好婚姻更好的原則：注意力和不可取代性。你一定要對你所愛的人施以注意力。上述說話者和聽話者的技巧可以幫助你改進注意力的品質。當你的注意力帶有感情，當你特意去稱讚配偶的長處時，便能改進注意力的品質。但是量也很重要，我不贊同時下流行的所謂「品質時間」（quality time），對我們所愛和愛我們的人，我們不只是要求他注意聽（質），還要求他常常聽（量）。當他們允許辦公室的壓力、學校的壓力或外界無窮盡的壓力闖入家庭生活，並且取代配偶應該給予我們的注意力，愛就會被稀釋了。不可取代性就是它的最底線。

有一天我跟妮可討論複製，她已經10歲了，從曼蒂的生物課中學習到複製。我說這是一個科學的配方來達到長生不老。你可以想像刮一些細胞下來，然後複製一個你，至少外表是你。你把這個複製品藏在衣櫥裡，直到她成年。再想像大腦科學已經進步到可以複製你大腦的內容，你的每一個神經細胞的狀態。當你幾乎100歲時，可以把你大腦內的東西下載到複製的妮可頭內，妮可又可再活100歲。假如你每一個世紀都這樣做一次，就可以長生不老。

想不到妮可並沒有很高興，她反而很沮喪，垂下了眼睛，幾乎要哭，她嗚咽道：「那不會是我，我是獨一無二的。」

我們所愛的人只能對我們承諾，因為我們在他們眼中是獨一無二的。假如我們可以被取代，不論用複製或小狗來取代，我們就知道他們的愛是很膚淺的。我們在他們眼中有不可取代性的一部分原因，是我們的長處和我們的獨特性。有些很幸運的人可以愛人同時也接受別人的愛，因為他們有個人的長處，愛從他們身上流出就像一條河流似的。他們浸淫在其中，像海綿一樣吸收愛，這是到達愛最直的一條路。大部分人並沒有這種特殊的個人長處，所以我們必須要努力才會得到。要變成一個有著絕頂智商及超大詞彙庫的成功作家，你必須要比別人早起跑很多。毅力、好的儀態風度、會推銷自己、讀很多的書可以彌補一般的智商和詞彙。美好的婚姻也是一樣。幸運的是，有很多條路通到羅馬：仁慈、滿足、感恩、寬恕、社會智慧、觀點見解、正直、幽默、熱情、公平、自我控制、謹慎和謙虛，這些長處都可以引你走向愛。

12 教養孩子

做父母最快樂的事應該是建構孩子的正向情緒和人格特質，而不是去化解他的負面情緒，消除負面人格特質。正向情緒一般都比長處或美德出現的早，所以我們是從正向情緒發展出個人的特長和美德。

「考古學家是不休息的！」達利喘息著說。他從及腰深的洞中把棒球大小、火山岩漿凝固後形成的黑色石頭丟出來，這個6歲小男孩已經在墨西哥的太陽下連續挖了四個小時，曼蒂一直叫他到樹蔭下避日。今天早上吃早飯時，有位年輕的考古學家跟我們談起她在賓州威廉士堡挖掘的情形，幾分鐘以後，達利塗好防晒油、穿上長袖襯衫、戴了帽子便到沙灘上去挖，直到現在。

我中午回來吃午飯，很不高興看到旅館整修得漂漂亮亮的海灘，現在散布著幾十個大大小小的石頭外加三個深洞。「達利，這些石頭不可能填平那些洞的！」我罵他。

「爸爸，你真是個悲觀的人，」達利回答道，「我想你寫過《教孩子學習樂觀》，那本書一定寫得不好。」

達利是我們四個孩子中的老三，當我寫這本書時，拉拉12歲、妮可10歲、達利8歲、卡莉1歲。本章很多是來自我個人的經驗，因為兒童正向心理學和正向人格特質的研究還非常少，曼蒂和我教養孩子的方式有很多是採自正向心理學的原則。我把本章分成兩個部分：第一是兒童的正向情緒（因為那是根本）；第二是長處與美德，童年正向情緒的產物。

兒童的正向情緒

當孩子發脾氣、哭鬧時，我們很容易就忽略了兒童也有很多正向的情緒。就像小貓、小狗是很可愛、頑皮、好動一樣，一直要到兒童期的後期、青春期的早期，如石頭般的漠然、冷酷的麻痺，以及柩衣墓布般的不快樂才開始出現。有人認為小貓小狗看起來很可愛，因為從演化上來說，可愛的東西會引起大人的憐愛，可以幫助孩子的生存，把基因傳下去。但是為什麼非常小的孩子都很快樂、很愛玩？

我們在第三章中看到，正向情緒是培養出來的。它不像負面情緒使我們身體資源都集中到打退逼近的威脅，正向情緒幫助我們生長；它就像霓虹燈一樣，標示一個贏的情境給孩子和父母。**三個教養孩子正向情緒的第一個原則是，正向情緒增進孩子的智力表現，擴大他的社會和身體資源，使他長大後可以提取存款，因此也是演化上一個重要的兒童成長因素。**

當很小的有機體（小孩、小貓、小狗）經驗到負面的情緒時，他會跑去躲避；假如沒有安全的地方可躲，便會僵住不動，一旦覺得安全了，又會跑出來繼續探索。演化使小動物覺得安全時感受到正向情緒，這使他們向外擴大他們的經驗和資源。把一個十個月大的嬰兒放在放滿玩具的毛毯上時，他一開始會非常小心，甚至不敢動，每隔幾秒回過頭去看一下媽媽還在不在，一旦確定安全後，便會爬過去開始玩玩具。

這就是上一章所談到的安全依附。有安全感的孩子比沒有的早開始探索和主控環境。但是假如危險出現，母親又不在時，負面情緒會立刻出來，孩子會用自己有限的資源去尋求安全，他不會冒險，而是背向未知，開始大哭求救。當母親出現時，他再度感到快樂和安全，又開始去探索和冒險。

我認為正向情緒在小孩子身上這麼多，是因為童年是建構認知、社會和身體資源的時期。正向情緒以好幾種方式達成這個目的：首先它直接與探索有關，探索使孩子精熟（mastery），精熟本身會帶來正向情緒，互相形成正回饋，就像螺旋梯一樣扶搖直上。孩子如此向上建構累積，起初資源很少的銀行戶頭開始快速增加。當經驗到負面情緒時，他也在一邊建構城堡，使他可以退到安全的地方，也就是說，童年的正向情緒資源會是他成年後遭遇挫折時可吃的老本。

三十五年前，認知心理學家發現他們本身會因為處理沮喪的父母所傳播出來的負面情緒，而向下沉淪。

喬依斯早上四點就醒了，開始想她今天要完成的報告，這份第三季盈餘報告已經拖了一天。躺在床上，她在想自己的老闆多麼不喜歡事情被耽擱，心情開始陰沉下來，她想：「即使我的報告寫得很好，遲了一天還是會招他生氣。」想像老闆生氣的樣子使她的心情更低落，她又想：「我可能會因此而失業。」並且繼續想像要告訴兩個雙胞胎孩子她失業了，所以不能送他們去夏令營，於是她的眼淚流了下來。在黑暗的絕望深處，她開始想或許應該一了百了，不用這麼辛苦，安眠藥就在浴室裡……。

憂鬱症很普遍，因為一個沮喪的情緒使負面的記憶馬上進入心中，這個負面的記憶又會帶動更多負面的情緒，於是就鑽進牛角尖中不可自拔了。如何跳脫這個負面的漩渦是每一個憂鬱症的病人都要學的。

真有一種向上盤旋的正向情緒存在嗎？人在快樂時，他的思想有創造力，視野變寬，行為變得有探索性，這個變寬變廣增加了他的資源，使他面對挑戰時贏的機率變大，這就會增加他的正向情緒，又會更擴大他的視野。所以這個向上盤旋的歷程真的存在，我們要學會駕馭它，讓它來增加生活的快樂。

佛德利克生和瓊納（Thomas Joiner）在實驗室中尋找向上的情緒。他們請了一百三十八位學生填測量情緒的問卷兩次，中間間隔五個星期；同時也做認知的「應付危機型態」（coping style）問卷兩次。每個學生找出去年一年最重要的一個問題，寫下他如何應付這個問題的方法：辭職、尋求忠告、重新去思考這個問題、找人吐槽、迴避或認知分析（一種打開心胸視野的應付方法，包括從不同角度來思考同一問題，退一步以便更客觀的衡量情況）。

同樣的人五個星期之後再做同樣的測驗，會看到採用打開心胸方法應付問題者的改變，以及有沒有變得更快樂一點。本來就快樂的人五個星期之後心胸變得更寬大，而本來就心胸寬大的人在五個星期之後會更快樂。這個實驗找出了向上的機制，所以**第二個教養孩子的原則是鼓勵孩子的正向情緒，使他早早開始向上的歷程，以達到更多的正向情緒**。

第三個原則是對待你孩子的正向情緒像對待負面情緒一樣嚴肅，對待他的長處像對待他的短處一樣關心。現在的教條主張負面動機是人類本性，而正向動機是從負面而來，但是我沒有看到任何一絲證據可以支持上述說法。相反的，我認為演化同時選擇了兩種特質，任何的生活環境都支持士氣、合作、利他行為和善良；就像任何地方都有謀殺、偷竊、自私和邪惡。這個二元的看法（正向和負向特質是一樣的基本和真實），正是正向心理學的大前提。

當父母碰到孩子發脾氣、哭泣或打架時，只要記住三個原則就好了：

- 正向情緒**增廣並建構**孩子智慧的、社會的和身體的資源，使他長大後可以提取使用。

- **鼓勵孩子的正向情緒，可以開啟他正向情緒的向上提升。**
- **你孩子的正向人格特質就跟他的負向特質一樣的真實。**

做父母最快樂的事應該是建構孩子的正向情緒和人格特質，而不是去化解他的負面情緒，消除負面人格特質。你可以看到任何三個月大嬰兒的微笑，但你不知道他是仁慈的還是謹慎的；正向情緒一般都比長處或美德出現的早，所以我們是從正向情緒發展出個人的特長和美德。下面是如何建構孩子正向情緒的方法。

建構孩子正向情緒的八種方法

1. 跟你的嬰兒睡覺

曼蒂和我自大女兒拉拉出生就開始跟嬰兒一起睡覺，原因是方便曼蒂餵奶。當曼蒂第一次提出這個主意時，我簡直嚇壞了：「我看過一部電影，母牛翻個身把小牛給壓死了；而且這樣做，我們的愛情生活怎麼辦？」但是因為曼蒂要四個小孩，而我一個都不想要，所以我們妥協的方式是一切依曼蒂，她自己全數負責。但是這個一起睡的方式真的很好用，所以後來新生兒都跟我們睡，卡莉快要1歲了，目前還是跟著我們睡。

這樣做有以下幾個好處：

- **甘い（Amai）：**我認為這樣可以建立強固的親子連結（安全依附）。當嬰兒眼睛睜開時，父母就在身邊，他不會有被拋棄的恐懼，安全感會增加。對工作過量的父母來說，這同時增加了你與嬰兒接觸的機會，即使你相信坊間的「品質時間」之說，沒有人會說量多不好。父母可以在孩子入睡前、半夜間、天亮睡醒時都跟孩子在一起；當嬰兒發現他半夜不必很命哭叫才會有奶吃時，你就沒有鼓勵他用哭來換取食物。這就是日本人所謂的甘い——被珍貴的供養著，被當寶貝般的珍藏著。我們正是希望孩子覺得他是被寶貝著、珍藏著，帶著被人們所愛的期待進入新環境，這是一個最有生產力的期待。
- **安全感：**就像所有的父母一樣，我們擔心自己的嬰兒，害怕他會不會突然地停止呼吸，會不會被人跑進來偷抱走，或是遭遇失火，被寵物抓、蚊子叮等等。假如你就在孩子身邊，你會覺得很安心。到目前為止，還沒有看到任何父母睡著了翻身壓死嬰孩的報告。
- **父親的參與：**在我們文化中，帶孩子是母親的事，所以孩子通常都是跟著母親轉，父親很難打入孩子的世界。跟你的孩子睡，使你參與孩子的成長。

現在是早晨三點鐘，柏林時間，但對旅行的我們來說卻是出發當地的晚上九點。我們躺在床上努力想要入睡，因為知道明天有一整天的行程，而再過四小時天就要亮了。五個月大的卡莉醒來了開始吵鬧，餵她也沒有用，似乎沒有東西可以使她安靜下來。

「該你了，親愛的。」太太在我身邊悄聲說，雖然我假裝睡著了。我坐起來，太太躺下去，卡莉還是一直哭，現在輪到我了，我該做什麼呢？我試著按摩她的背、拍她、哄她都沒用，一點辦法都沒有。

對了，可以唱歌給她聽，我來唱。我的歌聲非常差，差到八年級的合唱團雖然人數不足也不肯要我，所以我深以為恥，從未在別人可以聽見的範圍內發過聲。但是事實上我很喜歡唱歌，即使發出來的聲音不好聽，我還是自己喜歡偷唱。

我開始哼搖籃曲給卡莉聽，她吃了一驚，眼睛瞪著我，暫時停止了哭聲。受到這個鼓勵，我開始唱下去，唱著唱著，卡莉居然笑了起來，我唱得更起勁了，擺出四大天王演唱的架勢，卡莉越來越興奮。這樣唱了五分鐘，我的喉嚨開始痛，停下來喘口氣，卡莉又開始哭叫了。

我趕緊從記憶中掏出一首星期天做禮拜時唱的聖歌，卡莉又止住哭泣對我笑。就這樣，我整整唱了四十五分鐘，把我腦海中的歌全部搬出來，直到卡莉睡著。這晚對我和她都是很好的經驗，卡莉已經跟媽媽非常親熱了，現在她跟爸爸也很親熱。雖然過了很多個月，現在只要卡莉哭鬧，別人無法使她安靜時，我都能使她心情轉好。每天至少一次他們會叫我唱歌使卡莉安靜下來，我也非常願意放下手邊的事為她演唱。

與嬰兒同睡最主要的理由是給嬰兒一個安全感，孩子眼睛張開就看到熟悉的面孔，享有父母無上的注意力（這種關切的注意不但對嬰兒好，對配偶也很好）。孩子從小就知道他可以仰賴父母，可以很受珍惜地長大。

☆跟嬰兒睡的缺點

「要睡到什麼時候？」我們會想，「不跟孩子睡時，他會大哭大鬧把前面的好處都稀釋掉了嗎？」孩子會不會習慣了父母的注意力，一旦自己睡時便因不習慣獨睡而吵鬧？從理論上來說，這是有可能的，但是出生頭幾個月所建立的甘い親密關係，知道自己永遠不會被父母所拋棄的信心，其實已經完成緊密連結了，照說演化不應該會容忍與嬰兒共睡的負面結果。

2. 同步遊戲

在孩子們1歲時，我都跟他們（六個孩子都一樣）玩同步遊戲（synchrony games），現在我的長女和長子阿曼達和大衛分別已經32歲和27歲了。這個遊戲來自習得的無助的研究。三十年前在我研究習得的無助時，我發現受到不可逃避電擊的動物會感到絕望，認為不論他們怎麼做都無效，所以他們會變得被動和沮喪，甚至早夭。相反的，受到同樣強度電擊的動物或人，只要自己的行為可以關掉電源，他們的表現就是主動的、鬥志高昂的、身體健康的。這中間重要的關鍵是你知道你的行為是有效的、有關係的。「你的行為決定你的後果」這句話在教養孩子上是非常重要的。學習要學到精熟才會有效，而要能長久的持續學習下去，自己對學習成果有沒有主控權對孩子來說很重要。

同步遊戲很簡單，你有很多機會可以與寶寶一起玩。我們通常在吃飯時或汽車上玩，在卡莉吃完午飯後，我們等她敲桌子（嬰兒在飯後常會拿湯匙敲桌子或盤子），當她敲時我們也敲，她會抬起頭來看；她敲三次，我們也敲三次，她開始微笑，再用雙手敲一次，我們也用雙手敲一次，她便咧嘴笑開來，在一分鐘之內，大家都開懷大笑了。最主要的是，卡莉學到自己的行為會影響她愛的人的行為，她是重要的、舉足輕重的。

☆玩具

我們買玩具的原則是依同步遊戲的原則而定，還要看它能不能讓寶寶進入忘我的境界。我們選擇寶寶可以做動作的玩具。博浪鼓（搖著會響的玩具）會好玩不只是因為能發出聲音，主要還是寶寶可以自己使它出聲，現在已有很多這種互動型的玩具，寶寶可以從壓、拉、戳或對它叫當中得到回應。

當寶寶的能力與玩具的挑戰勢均力敵時，這個玩具會帶來自我滿意，所以我們知道寶寶的能力每個星期都在增加。下面有好幾種很便宜的玩具可以提供孩子同步遊戲的快樂：

- **積木：**你把它堆起來，讓寶寶把它推倒，他會看到自己行為帶來的後果。再長大一點後，寶寶便可以自己堆了。
- **書和雜誌：**我以前認為撕書是大逆不道之事，現在我每天收到一大堆印刷精美的廣告，不知該如何處理，就拿去給卡莉撕，她也可以馬上看到自己行為的後果。

- **紙箱子：**不要丟棄裝電腦或洗碗機的大紙箱，在紙箱上剪扇窗、割片門，就是小寶寶絕佳的玩具了。

遊戲的定義就是帶給你滿足的行為，幾乎所有的遊戲都是精熟的動作和忘我的愉悅，這本書並不需要一章專門來說休閒和遊戲，因為這是一個專家意見使不上力的領域。所以當你的孩子長大時，不要催趕他、打斷他；如果他要跟你談，讓他說，直到他談出一個頭緒來。無論任何年紀的孩子，當他們全神貫注在遊戲時，不要闖進去說：「時間到了，停止。」假如時間是有限的，在十分鐘之前先進去跟孩子說：「還有十分鐘就得停止了。」

☆同步遊戲的壞處

你可能認為太早教寶寶太多同步動作會寵壞他。請看一下我在一九九六年所寫的反對「自我肯定」：

孩子需要失敗，他們需要感到悲傷、焦慮和憤怒。當我們衝動的保護孩子免於失敗時，我們是剝奪了他學習失敗技術的機會。當孩子碰到挫折時，如果我們跳進來替他打氣，軟化打擊，增高他的自我肯定，用熱情的讚美使他分心，不去正視問題，我們只會使他更難達到精熟程度。如果我們剝奪他達到精熟的機會，反而使他失去自信心，這個效果跟我們蔑視他、侮辱他、嘲笑他和體罰他的結果一樣。

所以我認為這個自我感覺良好運動，尤其是自我肯定的部分，反而是造成目前大量年輕人自信心不足的原因。因為我們在孩子摔跤處先鋪上墊子，在他難過時先替他找好藉口，使他感受不到成功的喜悅。為了使孩子不感受到失敗，我們剝奪他自我超越的喜悅。我們一味的阻止孩子悲傷和焦慮，反而使他們變成沮喪的高危險群。如果成功來得容易，這個世代失敗的代價一定就大。

真實世界不可能事事如你寶寶的意，當他從童年的保護罩走出來時，會為他自己所擁有的控制權如此稀少感到震驚和創傷。我們如能及早教他什麼是失敗及如何面對它不是更好嗎？即使你跟孩子玩很多的同步遊戲，在他受保護的小小世界中仍有很多挫折存在：電話響了，媽媽去接電話，他就尿溼了褲子；媽上街去買菜，他肚子痛了沒人理……這些都是孩子無能為力的事情。同步遊戲是個基礎，在選擇增加孩子的無助或增加他的同步性時，我選擇寧可讓他有更多的精熟（而具主控能力）和正向情緒。

我想不出同步遊戲有什麼其他的缺點，這個遊戲隨時隨地都可以玩，它大大增加了孩子正向的情緒。

3.「是」和「不」

卡莉在會說 aaabooo（意為餵我）、媽媽和爸爸後，第四個會說的字是「好」。現在她已經十二個月大了，「不」這個字還沒有出現。這讓我們很驚訝，因為通常否定字群如：「不」、「壞壞」、「難吃」都比肯定字群「是」、「好」、「好吃」早出現。一個可能性是否定字在孩子的生活中很重要，因為它表示受限與危險；但我認為「不」這個字被濫用了，大人用這個字來輕視小孩。大人常常弄不清什麼是對父母的不便，什麼是對孩子的危險或限制範圍。例如：早期沒有經驗時，拉拉伸手去拿我的冰紅茶，我會大叫「不可以」，這只是對我的不方便（怕她打翻），並不是對她會有危險，我只需把冰茶移到她摸不到的地方便好了。所以現在我會提醒自己去找替代的言詞和方案。當卡莉要拔我的胸毛（請相信我，真的很痛），或去戳小烏龜時，我會說「輕點」或是「拍拍」，而不再說「不可以」。

為什麼不要用「不可以」？戴維斯（Robertson Davies）在加拿大一所女子學校的畢業典禮致詞時問道：「當你上臺領畢業證書時，心中的字為『是』，還是『否』？」我過去二十年的工作經驗可以用這個問題來代表，我認為你心中有個字，這並不是虛構的感慨，我並不知道這個字從何而來，但我知道它是從聽父母對我們講的話一點一滴累積而來。假如你的孩子聽到的都是憤怒的『不要、不可以』，那麼在進入一個新情境時，他也期待聽到『不』字；假如你的孩子從小聽到的都是很多的『是』，就如同下面這首兒歌所唱：

「『是』是一個世界，在這個『是』的世界中，所有的世界都在裡面。」

✮ 少用「不」的壞處

父母不用「不」最顯著的壞處就是沒有家教的孩子，他們行為沒有規矩，不知道什麼叫危險。在我們的詞彙中用「不」來代表危險（熱水、刀、有毒的長春藤和馬路），以及不准碰的東西或不准做的行為（不准刻畫昂貴的家具、不准丟食物、不准打架、不准虐待狗）。然而，當行為對父母只是造成中等程度的不便時，我們選用正向的替代字。

在大賣場裡，小孩子常會吵著「我要、我要」，這是一個如何設定範圍而不用連聲說「不可以、不可以」很好的例子。當我們去玩具反斗城買一瓶吹泡泡的肥皂水時，所有的孩子都看到他們想要的東西，開始吵「我要、我要」了。我們說：「達利，你的生日還有兩個月就要到了，當我們回家時，我會把電動玩具遊戲加入你要買的清單上。」這個方法很管用，它也使衝動的要求轉化成對未來的期望，這個長處我將在本章的下半部談到。

4. 讚美與懲罰

我們會選擇性的讚美。我只同意「無條件正向語句」的一半——就是「正向語句」；無條件正向語句表示不論這個行為是好還是不好，都給予關愛的注意。正向語句會使你的孩子有正向情緒，使他敢去探索和精熟技能，這都是好的；但是無條件的正向語句卻是不管孩子做什麼都給予讚美。本來精熟是有條件的，它是行為的成果，這個區分不可以忽略。習得的無助不只是在壞的事件不可控制時會發生，很不幸的，在好的事件不可控制時也會發生。

當孩子不論做什麼都能得到獎勵時，會造成兩個危險：第一，他會變成被動，因為他學到自己不論做什麼都會得到讚美；第二，他可能區分不出真正的成功和你真心讚美他時的喜悅。如果一直餵他無條件的正向語句，他以後可能無法從自己的失敗和成功中學習。

愛、關心、熱情和溫暖都可以無條件的給予，越多氣氛越正向，孩子越有安全感，越有安全感他便越敢去探索和使自己技術精熟。但讚美是另外一回事，你要在孩子成功時讚美他，而不只是為了使他好過一點；而且你的讚美程度也要有所不同，得適合他的成就。你要等到他終於把小木頭人插進小汽車之後才給予獎勵，而且不要把他的成就當成很了不起的事。你要留著到真正的最高成就時才表達讚美，例如：他終於會說姐姐的名字，或是第一次接到球。

懲罰會阻擋正向情緒，因為它很痛苦而且會激發恐懼，也會阻止孩子把這個技術學到精熟，因為它會使孩子不敢再做這個行為。但是懲罰不像無條件的正向語句會引起大問題。史金納認為懲罰無效是完全錯誤的看法，它其實非常的有效——是行為塑造中最有效的方法，有幾百個不同的實驗證明了這一點。但是在執行上，很多孩子搞不清他為什麼受到懲罰，而這個恐懼和痛苦會引申到懲罰的人和當時的情境上去。當這種情形發生時，孩子變得很恐懼、很畏縮，他不但會躲避被懲罰的行為，也會迴避懲罰他的父母。

孩子為什麼很難了解被懲罰的原因，可以用下面這個老鼠「安全訊號」的實驗來解釋。在這個實驗裡，電擊出現前先會有一聲巨響，只要這個聲音出現緊接著就是電擊，所以老鼠學會了這個聲音是危險的。更重要的是，老鼠學會了只要聲音不出現就是安全的，這個聲音的不出現代表了安全，老鼠就可以放鬆做自己要做的事。危險的信號很重要，因為它代表了有個安全信號的存在，只要危險信號不在老鼠就安全。但是假如沒有可靠的危險信號時，老鼠同時也沒有了安全信號，這隻老鼠便生活在水深火熱之中，永遠都不得安寧了。即使電擊前的警告聲音長達一分鐘都沒有關係，這隻老鼠會在這一分鐘中非常痛苦、緊張，但是一旦電擊結束，也就恢復平常的生活了。

懲罰為什麼會沒有用，是因為小孩子分不清什麼是安全的訊號。當你懲罰孩子時，你一定要確定危險的信號（也就是安全的信號）非常清楚。你要確定他知道哪一個行為引起現在的懲罰，而且不要做人身攻擊，指責他的品德——你懲罰的是他的某一個行為而不是人格。

妮可在2歲半時，故意對準拉拉擲雪球，拉拉閃躲，這使得妮可更要丟。「不要對拉拉丟雪球，妮可。」曼蒂喊著，「你弄痛她了。」但是另一個雪球馬上又擊中拉拉。

「假如你再丟一次，我就帶你進屋子去。」曼蒂說，又一個雪球擊中拉拉，曼蒂立刻把妮可帶進屋內，雖然她又踢又叫不肯進去。「我告訴過你假如不停止丟雪球就要帶你進來，你不肯停止，所以必須進來。」曼蒂溫和的解釋。妮可大聲的哭說：「不敢再做了，不敢再丟了，不丟雪球了。」

所以如果有更好的替代方案我們會避免懲罰。有一種情境常使父母懲罰孩子，那就是不停的哭鬧。但是只要孩子4歲以上，有一個很好的替代方案可用，我叫它作「微笑的臉」。

達利剛滿4歲時，每天晚上睡覺都要哭鬧，因為他想再玩十分鐘。第二天早晨，曼蒂坐下來跟他說，「達利，」她同時在紙上畫了一張沒有嘴的面孔，「你最近晚上睡覺時，擺出來的是怎麼樣的面孔？」達利畫了一張哭臉。

「你為什麼上床睡覺時要擺哭臉？」

「因為我不要睡，我還想玩。」

「所以你就哭鬧了，對嗎？」

「對！」

「哭鬧有達到你的目的嗎？當你哭鬧時，媽媽有讓你多玩十分鐘嗎？」

「沒有。」

「你覺得什麼樣的面孔媽媽會讓你多玩十分鐘？」曼蒂又畫了一個沒有嘴的面孔。

「一個笑臉嗎？」達利猜說，他畫了一個笑臉。

「對了，試試看，通常會有效的。」後來達利上床就不鬧了。

溫暖熱忱的氣氛絕對是個安全的訊號，給孩子無條件的愛，但是有條件的讚美、笑臉和很多好的事件，這會增加孩子正向的情緒及人生觀。

☆選擇性讚美與懲罰的壞處

主要壞處是不能滿足你希望孩子一直都很高興的父母天性。孩子有時會因為沒有得到讚美或讚美不夠而覺得失望，這是一個損失，但好處是你避免了他對好的事件產生習得的無助（這是孩子被寵壞的最主要原因），而且使你的讚美在孩子心目中很有分量。有清楚安全信號的懲罰的壞處也很相似，我們不喜歡使孩子難過，但是讓孩子沒有怪異或危險行為的重要性遠大於這項缺點。

5.兄弟鬩牆

很多人都相信，較大的孩子會很自然的感受到弟妹的威脅，不喜歡他們，其實是濫用了這個現象的解釋；尤其兄弟姊妹間年齡差距有8歲以上時，仍然這樣解釋就太離譜了。這個說法正是正向心理學與傳統心理學差異的最好例子。傳統心理學從負面的觀點來看行為，認為觀察到所有的不好行為都具有普遍性，即使這個觀察是在戰爭、社會動亂、貧窮掙扎中所看到的特例，而這些個體都是有問題的、在尋求醫療的人，也就是說應該不是普遍的行為。傳統心理學把兄弟鬩牆看成是一輸一贏的戰爭：假如弟弟得到比較多的愛，那麼哥哥的就少了。當兄弟姐妹在競爭父母的愛、關心、注意力時，它所引發的自然就是負面的情緒，包括恨、不合理的嫉妒、失去父母關愛的悲傷以及被拋棄的恐懼，難怪佛洛伊德和他的門徒這麼欣賞兄弟鬩牆這個觀念，因為完全符合他的理論。

但是很多人都沒有注意到在一個充滿愛和注意力的家庭裡，兄弟鬩牆好像並不是個問題。很多大家庭好像也沒有這種現象，似乎有很多方式可以提升兄長的重要性。

當曼蒂從醫院抱回嬰兒時，我充滿了恐懼，觀察她如何將新生兒介紹給大孩子認識。她先將2歲半的拉拉放在床中間，旁邊塞滿了枕頭。「伸出你的雙手，拉拉！」她很有信心的把剛出生才三十六小時的妮可放到拉拉的膝上。當達利和卡莉出生時，曼蒂也是用同樣的儀式讓大孩子正式認識他的弟妹。這一招很管用，大孩子充滿驕傲的抱著新生寶寶，完全沒有發生我們擔心的摔或壓到小寶寶。

曼蒂做這樣的儀式，是因為每個孩子都希望覺得自己很重要，可以被相信，而且很特殊，沒有人可以取代他。當這些需求被威脅時，兄弟鬩牆就很容易發生。在妮可出生後不久，我們看到這顆種子在拉拉的心中發芽。

妮可誕生後的第一次撲克牌聚會，我的牌友一個個「噢」、「啊」的讚美新生的寶寶，拉拉坐在旁邊，每一個人都忽略了她，她明顯的越來越不高興。

第二天早上，當曼蒂在餵妮可吃奶時，拉拉走了進來，要曼蒂給她一張衛生紙。「拉拉，你自己可以拿，媽咪在餵奶……」我語氣不善的說她。拉拉大哭著跑了出去，那天下午曼蒂在替妮可換尿片時，拉拉走進來宣布：「我恨妮可。」然後用力的打曼蒂的腿。

這不需要兩個心理學家就知道是兄弟鬩牆了。那天晚上，曼蒂在替妮可換尿片時把拉拉也一起叫來，「妮可真的很需要你的幫忙，我也需要。」曼蒂這樣告訴拉拉。很快地，曼蒂和拉拉就變成妮可的換尿片團隊。當曼蒂把溼尿片解開時，拉拉會去拿溼紙巾來給妹妹擦，然後再把溼尿片丟掉，拿一個乾淨的來，曼蒂把新尿片換上後兩個人再一起去洗手。一開始，這樣做花的時間是曼蒂一個人換的兩倍，但是時間不花在孩子身上要花在誰身上呢？

佛洛伊德學派的人會說拉拉把上述的事看成更大的侮辱——還要替她的仇敵做雜役，但是我們認為拉拉會覺得自己很重要，我們肯交付她這個重任，這會增加她的安全感和特殊性。

七年以後，拉拉在溜直排輪時跌斷了手臂，現在換成妮可嫉妒了。妮可有點活在拉拉的陰影底下，因為拉拉的功課很好，網球也打得很好。妮可的長處是仁慈、心腸好，她教達利著色和認字，所以曼蒂利用妮可這個長處來化解嫉妒，讓妮可做拉拉的私人護士，替她擠牙膏、綁鞋帶、梳頭髮。當我們去游泳時，妮可很高興的在拉拉身邊，幫她把上了石膏的手抬高露出水面。

正向情緒有個原則就是它會向外和向上擴展，當妮可接過小護士的重要工作時，不但她的心情變好，這種自己有主控、做得很好的情緒更向外擴展，帶動她的功課也進步了很多，甚至前所未有的，在打網球時突然發展出強有力的反手拍。

當孩子們成長到童年中期時，他們各自的人格特質和長處已經顯現出來，父母大可以利用這些特點來化解兄弟姐妹間的嫉妒和爭執。我們將家事依各個孩子的特長分配下去，或許有人認為做家事是很無聊的事，但是維倫卻發現這是未來成功與否的一個很好的預測指標。他在對一九九三到一九九四年哈佛大學學生，以及對山默維爾貧民窟居民的兩項長期追蹤研究上，都看到童年時有幫忙做家事是長大後心理健康的預測指標，所以我們要求孩子做家事。

但是誰應該做什麼呢？

妮可心腸好、有愛心，負責照顧寵物，餵食和洗刷三隻英國牧羊犬，給牠們吃維他命，還要遛狗，外加清理烏龜籠子和放風。拉拉是個完美主義者，而且個性勤勉，所以負責舖床疊被，把家裡清乾淨。達利洗碗，他的幽默和滑稽常把廚房當作表演場所，弄得都是水漬。

每個孩子都有各自的家事範圍，我們也讓他們在這上面發展個人的長處。我們採取維倫的好建議，也未雨綢繆的防止兄弟鬩牆。

✫化解兄弟鬩牆的缺點

兄弟鬩牆的確存在，而且在關愛和注意力不夠的家庭裡情況更嚴重。所有教養孩子書籍的第一條，都是叫你要給予足夠的關愛和注意。假如我的撲克牌友讀過史巴克醫生（Dr. Spock）或李區（Penelope Leach）的書，應該就知道那天稱讚妮可時要把拉拉一起包括進去。事實上，注意力和關愛的確受到時間和兄弟姐妹人數的限制，我雖然很想這樣做，但還是不能叫你縮短上班，把時間花在孩子身上。不過這方面有個補救的方法，我認為整個兄弟鬩牆的中心問題，在於孩子害怕會失去父母的關愛，失去在父母心中的地位，父母大可利用新寶寶的來臨將大孩子升一級，給他們新的任務，增加他們的責任感和父母對他們的信任。

這種作法的危險是理論上，大孩子會把責任的增加看成被占便宜，而引起更多的不滿。我們並沒有看到這樣的現象，但是它有可能發生，尤其在增加的任務很繁重而不只是象徵性的時候。

6. 睡前遊戲

孩子上床後，在睡著之前的幾分鐘，可以說是一天中最珍貴的時間，父母通常會一起祈禱，彎腰親吻他們道晚安，或做些每個家庭特有的儀式。我們平常花十五分鐘做「睡前遊戲」，這些活動絕對比擦碗或看電視有意義。我們通常做的活動有兩種：「最好時光」和「夢鄉」。

☆ 最好時光

一個孩子可以在玩具反斗城買到所有他想要的東西，但是仍然不快樂。最終來說，真正有關係的是他小腦袋裡有多少正向的東西，今天有多少好的念頭發生？有多少壞的？假如你有很多正向的記憶、期待和信念，就不可能維持負面的心情；如果你的思想是負面的，也不可能維持正向的心情。那麼，究竟應該要多少呢？

匹茲堡大學（University of Pittsburgh）的兩位心理學家加拉摩尼（Greg Garamoni）和羅勃·舒華滋（Robert Schwartz）決定統計一下不同的人擁有好的和壞的思緒的比例是多少。他們用很多不同的方式計算思想和念頭，如：記憶、幻想、解釋等等。統計了二十七種不同的研究，他們發現沮喪的人是1:1，好的思緒和壞的思緒平分秋色；不沮喪的人則大約是2:1，好的思緒是壞的兩倍。這個統計看起來雖然很簡單，卻非常有力，因為治療師的觀察也支持這個數據：憂鬱症的病人在治療後從原來的1:1上升到2:1，而治療無效的人仍然停留在1:1。

我們利用「最好時光」來塑造孩子的正向心理比例，希望他們長大時能內化到生活中。

熄燈了，曼蒂和拉拉（5歲）以及妮可（3歲）抱在一起。

曼蒂：拉拉寶貝，今天你做了什麼喜歡的事呢？

拉拉：我喜歡遊戲，喜歡和莉亞和安德莉一起去公園玩。我喜歡在我的小屋中吃餅乾。我喜歡去游泳，還有跟爸爸一起跳水。我喜歡去吃午飯而且自己端盤子。

妮可：我喜歡吃巧克力草莓。

拉拉：我喜歡跟達利一起玩他的車庫。我喜歡把衣服脫光只穿內褲。

妮可：我也是。

拉拉：我喜歡讀字。我喜歡看人在河裡划船，也喜歡看人在人行道上溜冰。我喜歡跟爸爸去看電影，然後付錢買票。

曼蒂：還有嗎？

拉拉：我喜歡在晚餐時和達利玩躲貓貓。我喜歡跟妮可在澡缸中扮美人魚。我喜歡跟爸爸玩不可思議的機器。我也喜歡跟狗狗玩。

妮可：我也是，我喜歡狗狗。

曼蒂：今天有沒有不好的事情發生呢？

拉拉：達利咬我的背。

曼蒂：是的，那會很痛。

拉拉：很痛很痛。

曼蒂：牠只是個小寶寶，我們必須要開始教牠不可以咬人了，我們明早開始教牠好嗎？

拉拉：好。我不喜歡莉亞的兔子死，我也不喜歡妮可的故事說我們的狗吃了兔子。

曼蒂：是的，那很噁心。

拉拉：非常噁心。

曼蒂：我不喜歡妮可的故事，但是她還太小，不能了解，只是隨口編的而已。兔兔死了讓人很難過，但是牠已經很老了，而且生病了，或許莉亞的爸爸會再買一隻新的兔子給他們。

拉拉：或許。

曼蒂：聽起來你今天過得很不錯。

拉拉：有多少好的事情，媽咪？

曼蒂（猜說）：十五件，我想。

拉拉：有多少壞事情？

曼蒂：兩件？

拉拉：啊！一天有十五件好事情！我們明天要做什麼？

當孩子長大一點，我們會把對明天的期許加入今天的回顧中。我們試著讓孩子對明天有期待（「你明天想做什麼？去看莉亞的兔子嗎？」），但是孩子太小（2、3歲）時還不行，他們會為明天的事太興奮而睡不著覺，到5歲以後就可以了。這會建構他們對未來的期待，下面會討論這個長處。

☆夢鄉

孩子在進入夢鄉的最後一個念頭或思緒如果是充滿了情緒和視覺影像的，這些就會變成他作夢的經緯。現在已有很多科學的文獻在談夢和情緒。夢跟憂鬱症很有關係，沮喪的大人和小孩作的夢都充滿了失敗、失落和拒絕排斥（很有趣的是阻擋沮喪憂鬱的藥同時也阻擋了作夢）。我用「夢鄉」這個遊戲來建立正向心理生活的根基，當然更不用說這個遊戲能使孩子一覺甜夢到天明。

一開始時，我請孩子講一個他們腦海中最快樂的影像，這個很容易，尤其在剛剛玩完「最好時光」之後。我要他們描述這個影像，要他們集中注意到這個影像上，給它一個名字。

達利想像他在跟卡莉玩一個遊戲，他從遠處跑來。然後讓卡莉用她的頭撞他的肚子。他倒下來，卡莉高興的大笑，他把這個遊戲叫作「頭」。

「當你進入夢鄉時，」我用催眠的語調跟他們說，「我要你做三件事：第一，把這個影像保留在你腦海中。第二，在你入睡時一遍一遍的複誦這個遊戲的名字。第三，想辦法去做一個這樣的夢。」

我發現這個方法增加了孩子作一個相關的快樂夢的機會。此外，我還把這個方法用到大團體的工作坊中，發現它能增加兩倍大人作相關夢的機會。

★睡前遊戲的壞處

唯一的壞處是你花了晚飯後本來可做些大人事情的十五分鐘，不過我懷疑你可以找到比做這件事更有價值的十五分鐘。

7. 達成協議

我發現只有一個方法可以強化正向心理：把皺眉改成微笑。所有的孩子都經歷過

「我要」及「給我」的階段，後面勉強加上「請」，但是這些要求都是在皺眉或吵鬧時出現的。我們很清楚的告訴孩子「皺眉」加上「我要」只有一個結果，就是「不行」。但假如是一個愉快的微笑時，結果就很可能是肯定的。

但是因為正向增強通常都不實際（它需要很長的時間及很大的耐心與技巧），所以當我聽到1歲的拉拉叫我爸爸而回報她以滿頭滿臉的親吻時，她顯得很高興又很疑惑，繼續去做她的事，並沒有重複再叫「爸爸」。雖然如此，父母還是相信史金納是對的，用正向增強去強化所要的行為是教養孩子的正確方法。

曼蒂雖然有心理學的學位，但是她不相信這一套。「事實是孩子不吃這一套，他們不會重複一個過去使他得到獎賞的行為，」她堅持地說，「即使是2歲的孩子也會期待未來，他們做自己認為會使他們未來得到想要東西的行為。」

每一個父母都知道，有時候4、5歲的孩子會一直做些越來越糟的行為，但是父母無法中斷這個壞趨勢。

對妮可來說就是躲起來，她的這種行為已經持續幾乎一個星期了。一天裡面有好幾次，她會在我們偌大的老房子中找到些縫隙，躲在裡面不出來。曼蒂要照顧達利這個小寶寶，所以只能大聲的叫：「我們要去接爸爸了。」妮可不動聲色，曼蒂只好把嬰兒交給拉拉，自己跑上跑下、屋裡屋外的找妮可。最後找到時，曼蒂會很生氣的責罵她，這個挫折一天比一天高。我們試過各種方法：對妮可注意或不注意，責罵她，把她禁足在自己房間裡，找到她時揍小屁股，對她解釋這種行為有多危險，對父母是多大的擔憂。然而這一切都沒有用，史金納所有的技術我們都用上了——正向和負向的增強——完全失敗。妮可的躲藏一天比一天嚴重，她知道這樣做是不對的，但還是繼續做下去。

「我完全技窮了！」曼蒂告訴我。所以在一天的早上，她冷靜的對妮可說：「你願意談判嗎？」有半年的時光，妮可一直要求買芭比娃娃，這種芭比很昂貴，是她生日禮物單子上的頭一名，雖然她的生日要再五個月才到。

「我們今早可以出去買你的芭比娃娃，但是你必須答應兩件事：第一，不准再去躲起來。第二，我一叫你就得立刻跑來。」曼蒂說。

「哇，好極了，當然。」妮可立刻答應。

「但是還有一個條件，」曼蒂繼續說，「假如有一次，只要一次，我叫你時沒有立刻過來，芭比就會被沒收一個星期。假如發生第二次，你就永遠沒有芭比可玩了。」

妮可從此沒有再躲起來過。我們把這個方法用到達利身上也非常好用（一個美金三元的卡通人物便使他停止哭鬧）。我們還用了幾次，不過都是在打罵獎懲全部無效以後。「讓我們來談判」是在面對向下沉淪的壞習慣時，注入的一個正向驚喜，然後用威脅拿走獎品的方式，來維持好的行為出現。但是這個驚喜的注射在時間上很重要，假如你說一星期不躲起來就買給他這並沒有用，但是立刻去買讓孩子馬上拿到就可以打破這個壞習慣。

跟一個4歲的孩子談判隱含幾項假設：父母可以跟一個這麼小的孩子訂契約；獎品可以在行為的前面出現且增強行為，而不是如史金納說的先有行為再給獎品；以及這麼小的孩子會知道假如他不乖了，不但是破壞自己的諾言，也會失去新得到的獎品。簡短的說，這表示你的孩子是非常可以預期未來的。

☆談判的壞處

這個技巧很難拿捏，你不能濫用，不然孩子會發現這是得到禮物最好的方法。我們只有在所有方法都失敗後才用它，而且一個孩子沒有用超過兩次以上。你談判的行為不能是日常生活的小事，如：吃飯、睡覺、清掃，而且要說到做到。如果妮可沒有遵守她的諾言，芭比娃娃就會被捐到救世軍去。

8. 新年新希望

每年我們都會跟孩子在除夕夜擬定未來一年想要做到的事，年中時還會檢討執行的效果，一般可以達到一半的成效。開始研究正向心理學時，我注意到我們的新年決心偏向於改正我們的缺點，或在新的一年不要做的行為、我不要去戳弟妹、媽媽說話時要聽仔細一點、每杯咖啡只放四匙糖、我不要哭鬧等等。

這樣實在很無趣。每天早上醒來想一遍你不應該做的事——不准吃甜食、不准調情、不准賭博、不准喝酒、不准寄送對質的電子郵件，這不是正向的起床法；新年的決心都是在改正錯誤、在補強，也不是開啟新的一年的正確態度。所以我們決定用正向的態度寫下今年的決心：

達利：我要教會自己彈鋼琴。

曼蒂：我要學會弦樂理論，並且把它教給孩子。

妮可：我要努力練習贏得芭蕾舞獎學金。

拉拉：我要寫一篇稿投到《石頭湯》（*Stone Soup*）去。

爸爸：我要寫一本正向心理學的書，而且要使寫它成為一生最快樂的時光。

下一星期我們就要做年中檢討了，看起來有四件事已經進行得不錯。

年幼孩子的長處與美德

本章的前半部在討論如何提升你的小孩的正向情緒，我的理由是正向情緒使孩子敢去探索，使得他精熟，這種主控能力不但會增加正向情緒，而且會使他發現自己的長處。所以在7歲以前，這個正向教養孩子的方式主要在增加他的正向情緒，到7歲時你就可以看到他的長處顯現出來了。為了幫助你找出孩子的長處，達斯嘉製作了一份年輕人的量表，跟你在第九章所做的測驗意義是相同的。

你最好在網上做這個測驗，因為你可以馬上得到詳細的回饋，所以現在請帶著你的孩子一起上www.authentichappiness.org，找出年輕人長處的調查表來。請你的孩子自行填好這個問卷，然後再叫你回來。

如果你沒有網路可上，也可以利用下節問卷測出孩子的長處。如果孩子不到10歲，你可以把題目念給他聽，否則請他自己私下做。這個測驗包含了每一種長處最有區辨力的兩個問題，答案會將孩子的長處排序出來，跟網路上的結果差不多。

孩子長處調查表

1. 好奇心

A「即使一個人獨處，我也從來不會覺得無聊」這句話：

5非常適合我　4適合我　3持平　2不適合我　1非常不適合我

B「如果我想知道一些事就去查書或上網，我比同年齡的孩子更會這樣做」這句話：

5非常適合我　4適合我　3持平　2不適合我　1非常不適合我

請把上面兩項的分數加起來寫在這裡：＿＿＿＿；這就是你好奇心的分數。

2.熱愛學習

A「當我學新的東西時，我會很高興」這句話：

5非常適合我　4適合我　3持平　2不適合我　1非常不適合我

B「我很討厭去博物館」這句話：

1非常適合我　2適合我　3持平　4不適合我　5非常不適合我

請把上面兩項的分數加起來寫在這裡：______；這就是你熱愛學習的分數。

3.判斷力

A「當與朋友玩遊戲而發生困難時，我都能找出問題發生的原因」這句話：

5非常適合我　4適合我　3持平　2不適合我　1非常不適合我

B「我的父母一直告訴我我做了不好的判斷」這句話：

1非常適合我　2適合我　3持平　4不適合我　5非常不適合我

請把上面兩項的分數加起來寫在這裡：______；這就是你判斷力的分數。

4.原創力

A「我常常想出新的有趣點子」這句話：

5非常適合我　4適合我　3持平　2不適合我　1非常不適合我

B「我比同年齡的其他孩子更有想像力」這句話：

5非常適合我　4適合我　3持平　2不適合我　1非常不適合我

請把上面兩項的分數加起來寫在這裡：＿＿＿＿；這就是你原創力的分數。

5.社會智慧

A「不管我跟什麼樣的孩子在一起，我都立刻融入這個團體」這句話：

5非常適合我　4適合我　3持平　2不適合我　1非常不適合我

B「假如我覺得快樂、悲傷或憤怒，我都知道自己為什麼會這樣」這句話：

5非常適合我　4適合我　3持平　2不適合我　1非常不適合我

請把上面兩項的分數加起來寫在這裡：＿＿＿＿；這就是你社會智慧的分數。

6.觀點見解

A「大人常說我比我的實際年齡成熟」這句話：

5非常適合我　4適合我　3持平　2不適合我　1非常不適合我

B「我知道哪些事在生活上真正有舉足輕重的關係」這句話：

5非常適合我　4適合我　3持平　2不適合我　1非常不適合我

請把上面兩項的分數加起來寫在這裡：＿＿＿；這就是你觀點見解的分數。

7. 勇敢

A「即使我很害怕，仍然會堅持下去」這句話：

5非常適合我　4適合我　3持平　2不適合我　1非常不適合我

B「即使被人取笑，我仍然做我認為對的事」這句話：

5非常適合我　4適合我　3持平　2不適合我　1非常不適合我

請把上面兩項的分數加起來寫在這裡：＿＿＿；這就是你勇敢的分數。

8. 毅力

A「我的父母總是讚美我做事有始有終」這句話：

5非常適合我　4適合我　3持平　2不適合我　1非常不適合我

B「我得到想要的東西，因為我很努力去爭取它」這句話：

5非常適合我　4適合我　3持平　2不適合我　1非常不適合我

請把上面兩項的分數加起來寫在這裡：＿＿＿；這就是你毅力的分數。

9.正直

A「我從來不偷看別人的信件或日記」這句話：

5非常適合我　4適合我　3持平　2不適合我　1非常不適合我

B「我會說謊以求脫身」這句話：

1非常適合我　2適合我　3持平　4不適合我　5非常不適合我

請把上面兩項的分數加起來寫在這裡：＿＿＿＿；這就是你正直的分數。

10.仁慈

A「我特意去向學校中新來的孩子示好」這句話：

5非常適合我　4適合我　3持平　2不適合我　1非常不適合我

B「在別人沒有開口的情況下，我主動幫助鄰居或父母」這句話：

5非常適合我　4適合我　3持平　2不適合我　1非常不適合我

請把上面兩項的分數加起來寫在這裡：＿＿＿＿；這就是你仁慈的分數。

11.愛與被愛

A「我知道自己是別人生命中最重要的人」這句話：

5非常適合我　4適合我　3持平　2不適合我　1非常不適合我

B「即使我與兄弟姐妹或堂兄弟姐妹時常爭吵，我仍然很關心他們」這句話：

5非常適合我　4適合我　3持平　2不適合我　1非常不適合我

請把上面兩項的分數加起來寫在這裡：＿＿＿＿；這就是你愛與被愛的分數。

12.公民精神

A「我很喜歡屬於某一個俱樂部或學校的課餘社團」這句話：

5非常適合我　4適合我　3持平　2不適合我　1非常不適合我

B「在學校裡，我很能跟團體合作」這句話：

5非常適合我　4適合我　3持平　2不適合我　1非常不適合我

請把上面兩項的分數加起來寫在這裡：＿＿＿＿；這就是你公民精神的分數。

13.公平

A「即使我不喜歡某個人，我還是會很公平的對待他」這句話：

5非常適合我　4適合我　3持平　2不適合我　1非常不適合我

B「當我做錯時，我都承認」這句話：

5非常適合我　4適合我　3持平　2不適合我　1非常不適合我

請把上面兩項的分數加起來寫在這裡：＿＿＿＿；這就是你公平的分數。

14. 領導能力

A「當我與別的孩子玩遊戲或運動時，他們都要我做頭」這句話：

5非常適合我　4適合我　3持平　2不適合我　1非常不適合我

B「做為一個領袖，我贏得了朋友或隊友的信賴與尊敬」這句話：

5非常適合我　4適合我　3持平　2不適合我　1非常不適合我

請把上面兩項的分數加起來寫在這裡：＿＿＿＿；這就是你領導能力的分數。

15. 自我控制

A「假如必要，我隨時可以停止不玩電動玩具遊戲或不看電視」這句話：

5非常適合我　4適合我　3持平　2不適合我　1非常不適合我

B「我總是遲交或遲到」這句話：

1非常適合我　2適合我　3持平　4不適合我　5非常不適合我

請把上面兩項的分數加起來寫在這裡：＿＿＿＿；這就是你自我控制的分數。

16. 謹慎

A「我迴避會帶給我麻煩的情境或朋友」這句話：

5 非常適合我　4 適合我　3 持平　2 不適合我　1 非常不適合我

B「大人常說我所說的和所做的都很恰當得體」這句話：

5 非常適合我　4 適合我　3 持平　2 不適合我　1 非常不適合我

請把上面兩項的分數加起來寫在這裡：＿＿＿＿；這就是你謹慎的分數。

17. 謙虛

A「我比較喜歡讓別的孩子談論他們自己，而不一直說我的事」這句話：

5 非常適合我　4 適合我　3 持平　2 不適合我　1 非常不適合我

B「別人認為我是一個愛炫耀的孩子」這句話：

1 非常適合我　2 適合我　3 持平　4 不適合我　5 非常不適合我

請把上面兩項的分數加起來寫在這裡：＿＿＿＿；這就是你謙虛的分數。

18. 美的欣賞力

A「我比同年齡的孩子更喜歡聽音樂、看電影或跳舞」這句話：

5非常適合我　4適合我　3持平　2不適合我　1非常不適合我

B「我喜歡看樹在秋天換顏色」這句話：

5非常適合我　4適合我　3持平　2不適合我　1非常不適合我

請把上面兩項的分數加起來寫在這裡：＿＿＿＿；這就是你美的欣賞力的分數。

19.感恩

A「當我想到自己的生命時，發現有許多我應該感恩的地方」這句話：

5非常適合我　4適合我　3持平　2不適合我　1非常不適合我

B「當老師幫助我時，我忘記跟他說謝謝」這句話：

1非常適合我　2適合我　3持平　4不適合我　5非常不適合我

請把上面兩項的分數加起來寫在這裡：＿＿＿＿；這就是你感恩的分數。

20.樂觀

A「當我考不好時，我都認為下一次會考好」這句話：

5非常適合我　4適合我　3持平　2不適合我　1非常不適合我

B「當我長大時，我想我會是一個非常快樂的人」這句話：

5非常適合我　4適合我　3持平　2不適合我　1非常不適合我

請把上面兩項的分數加起來寫在這裡：＿＿＿＿；這就是你樂觀的分數。

21. 心靈上

A「我認為每一個人都是特殊的，都有重要的生命意義」這句話：

5非常適合我　4適合我　3持平　2不適合我　1非常不適合我

B「當我遇到挫折時，我的宗教信仰幫助我度過難關」這句話：

5非常適合我　4適合我　3持平　2不適合我　1非常不適合我

請把上面兩項的分數加起來寫在這裡：＿＿＿＿；這就是你心靈上的分數。

22. 寬恕

A「別人傷害了我，我並不會想去復仇或也去傷害他」這句話：

5非常適合我　4適合我　3持平　2不適合我　1非常不適合我

B「我原諒別人的過錯」這句話：

5非常適合我　4適合我　3持平　2不適合我　1非常不適合我

請把上面兩項的分數加起來寫在這裡：＿＿＿＿；這就是你寬恕的分數。

23.幽默

A「大多數的孩子會說跟我在一起很好玩」這句話：

5非常適合我　4適合我　3持平　2不適合我　1非常不適合我

B「當我或我的朋友心情不好時，我會說些話或做些好笑的事使心情好起來」這句話：

5非常適合我　4適合我　3持平　2不適合我　1非常不適合我

請把上面兩項的分數加起來寫在這裡：＿＿＿＿；這就是你幽默的分數。

24.熱忱

A「我熱愛生命」這句話：

5非常適合我　4適合我　3持平　2不適合我　1非常不適合我

B「我每天早晨醒來時，都迫不及待開始新的一天」這句話：

5非常適合我　4適合我　3持平　2不適合我　1非常不適合我

請把上面兩項的分數加起來寫在這裡：＿＿＿＿；這就是你熱忱的分數。

現在如果你在網路上，已經得到孩子的分數、分數的解釋以及它和常模的關係。若你是用書本做測驗，也有孩子二十四項長處的分數，請將分數填入下面的表格，並按分數的高低排序。

一般來說，你的孩子大約會有五項或少於五項得到9或10分，這些就是他的長處，請圈起來。你的孩子也會有幾個項目介於4到6分之間的低分，這些就是他的弱點。

建立孩子的長處

發展長處就像發展語言一樣，每個正常的孩子都有能力去學世界上的每一

表 12-1　孩子的長處統計

☐智慧與知識

1. 好奇心______
2. 熱愛學習______
3. 判斷力______
4. 原創力______
5. 社會智慧______
6. 觀點見解______

☐勇氣

7. 勇敢______
8. 毅力______
9. 正直______

☐人道與愛

10. 仁慈______
11. 愛與被愛______

☐正義

12. 公民精神______
13. 公平______
14. 領導能力______

☐修養

15. 自我控制______
16. 謹慎______
17. 謙虛______

☐心靈的超越

18. 美的欣賞力______
19. 感恩______
20. 樂觀______
21. 心靈上______
22. 寬恕______
23. 幽默______
24. 熱忱______

種語言，有敏感耳朵的孩子早在牙牙學語時，就可以聽見世界上所有語言的基本音素。但是很快的，嬰兒就只學習發生在他生活周邊的人使用語言裡的聲音。等到十二個月大時，孩子發的音很明顯的類似他的母語，其他語言的特殊發音便逐漸消失。

我現在雖然沒有證據，可以說新生嬰兒擁有上述的二十四種長處，就像他們有能力去學世界上所有的語言一樣；但是孩子的長處在出生後的前六年，會像「牙牙學語的飄移」(babbling drift) 一樣，固定到他的專長上面。當小孩子發現自己在做某些事時特別受到稱讚、關愛和注意，就會刻意去做這方面的事。塑造孩子個性的鑿子是他的特長、興趣和才能三者的交互作用，當發現在自己的小小世界中什麼是擅長的、什麼是不行的，孩子就會特別去發展他的長處，放棄不擅長的部分。

曼蒂和我依照上述樂觀的看法獎勵孩子們的長處，不久以後，我們就發現每個孩子都把他的特有長處一再地展現出來了。

例如拉拉，她一直很在意社會公正，起初看到她自動與妮可分享積木時，我們還覺得很驚訝。有次在吃晚飯時，我對曼蒂談到自己正在看路卡斯（Anthony Lukas）的《大麻煩》（*The Big Trouble*），內容是講十九世紀初工會跟愛達荷州前州長抗爭的故事。我發現拉拉全神貫注的聽著，她對社會主義的議題很感興趣，只要是跟共產主義、資本主義、壟斷及反托拉斯的立法有關的議題，我那7歲的女兒都有興趣（「假如我把你的玩具都送給窮人家沒玩過玩具的孩子，只留一樣給你，你會怎樣？」）。

妮可一直都很有愛心和耐心，前面說過，她教會小達利著色和認字，我們常會看到他們兩個很晚了還在一起做這件事。從本章的開頭就可以知道，達利是個很勤勉、很有毅力的孩子，當他對某件事感興趣時，沒有任何東西可以阻擋他。

所以我對如何建構孩子長處的第一個忠告，是任何長處一出現時就給予鼓勵。慢慢的，你會發現孩子偏向於只做幾樣他最拿手的行為，這就是他長處發展的開始。剛才孩子做的測驗可以幫助你找出他的長處並且精益求精。

我的第二個也是最後一個建議，是在你的家庭生活中盡量鼓勵孩子去展現他的長處，當這個長處出現時，明確的指稱出來並且獎勵他。

上個星期，拉拉承受了一個很大的打擊，她學長笛和豎笛已經有五年，到了可以進階的地步，所以我們替她換了新老師。這位新老師告訴拉拉她過去學的都是錯的，重新教她該怎麼站、怎麼呼吸、怎麼按手指頭。拉拉強忍住她的震驚與失望，花兩倍的時間重新學習新老師的教法，我們把它叫作拉拉的毅力範例。

妮可教小卡莉音樂，她在房間排好了洋娃娃和小嬰兒的樂器，播放幼稚園的兒歌，隨歌起舞，教卡莉如何按節奏打拍子，我們把它叫作妮可的耐心與仁慈範例。

因為我們是在家教學（home schooling），可以依照孩子的特長來設計課程。我必須聲明並不是說公立學校有什麼不好，我跟許多公私立學校都密切合作過，而且非常敬仰老師們的教學。我們在家教學主要是因為：一、我們經常旅行，將孩子的教育寓於旅行之中；二、我們兩人都是很盡責的老師；三、我們不希望將目睹孩子成長的快樂交予他人。所以，下面我將介紹一門我們今年的課程——專門依孩子的長處而設計的課程。

曼蒂決定她今年要教地質學。所有的孩子都喜歡石頭，地質學是化學、古生物學及經濟學的最佳入門課。課程中，每個孩子都依各自的特長去負責某一種礦物：妮可負責寶石和珠寶，因為她喜歡漂亮又有社會智慧，她的題目是礦石如何變成珠寶來增添社交場合的美麗。拉拉研究石油壟斷，包括洛克菲勒家族（John D. Rockefeller）的慈善事業，因為她注重公平。達利已經開始石頭的收集了，常常跟隨我們的水電工人史提夫（他也是業餘的礦物學家）去採集標本，他已收集到很豐富的標本，他的毅力和勤勉因這些田野採集而更發揚光大。

有一天，在長時間的標本收集後，史提夫累了，叫達利上車好回家去。達利在工地的一堆石頭上面，汗流滿面髒兮兮的回答說：「礦物學家是不休息的。」

13 總結

當你的正向情緒已經提升，知道如何得到大量的滿足感後，現在轉到本書的最後一個主題：如何找到生活的意義和目標。能夠活出愉悅的、美好的和有意義的三種生活，才算是活出完整的生命。

你曾在第一章做過一個暫時快樂的測驗，已經讀了本書的大部分，聽了我一些勸告，也做了一些練習，現在讓我們來看看你現在的快樂程度。假如你想同自己以前的成績或常模做比較，你可以在網路上做。

我對這點的主要看法，是世界上有許多不同的途徑可以到達真實的快樂，每個人的方式都非常不一樣。在本書的第一部分，我討論了正向情緒，以及你如何可以提升你的正向情緒。正向情緒有三種（過去、現在、未來），你可以分別各自耕耘它們。過去的正向情緒（例如：滿足）可以用感恩、寬恕及把你自己從不好的意念中釋放出來來增

表 13-1　佛狄斯情緒問卷

一般來說，你覺得有多快樂或是多不快樂？請選出下面最能描述你一般快樂程度的句子。

______	10	非常的快樂（覺得狂喜、狂歡、狂樂）
______	9	很快樂（覺得很好、心曠神怡）
______	8	快樂（心志高昂、感覺良好）
______	7	中度快樂（覺得還不錯、愉悅）
______	6	有一點快樂（比一般人快樂一點）
______	5	持平（不特別快樂，也不特別不快樂）
______	4	有一點不快樂（比持平低一點）
______	3	中度不快樂（心情有些低落）
______	2	不快樂（心情不好，提不起勁）
______	1	很不快樂（憂鬱、心情沉悶）
______	0	非常不快樂（非常憂鬱、心情谷底）

請進一步考慮你的情緒，一般來說，你覺得快樂的時候百分比有多少？有多少百分比的時間你覺得不快樂？有多少百分比你覺得在持平的情緒？寫下你最好的估計，在下面填上三個問題的百分比，請確定它們加起來等於100%。

一般來說：

我覺得快樂的時間是 ________%

我覺得不快樂的時間是 ________%

我既不快樂也不覺得快樂的時間是 ________%

＊根據 3050 份對美國成人的取樣統計，一般人快樂的指數是 6.92（滿分為 10）；一般人覺得快樂的時間是 54.13%，不快樂的時間是 20.44%，持平的時間是 25.43%。

加。未來的正向情緒（例如：樂觀）可以用辨識及反駁自動出現的悲觀念頭來增加。

現在的正向情緒可以區分成兩種非常不同的層次：愉悅和滿足感，這是快樂兩條不同途徑的最好例子。愉悅是暫時的，是情緒的感受，它可以靠去除習慣化、鑑賞和淨心來增強；一個人可以用追求過去、現在、未來的正向情緒來得到愉悅的生活。

滿足感是比較永恆的，它的特性是專注、投入和福樂。最重要的是它沒有——而不是有——感受到正向情緒（或任何自我意識）。滿足感來自長處和美德的發揮，所以本書的第二部分談到二十四種普遍性的長處，並提供測驗讓你自己去找出個人長處來。在第三部分，我討論了在三個生命之環，工作、愛情和為人父母中，如何去發展這些個人長處。這帶到了我認為美好生活的公式，我認為只有在這三個領域中盡量的使用個人長處，你才可能得到真實的快樂和大量的滿足感。

當我希望你的正向情緒已經提升，知道如何得到大量的滿足感後，我現在轉到本書的最後一個主題：如何找到生活的意義和目標。我認為愉悅的生活是包含在成功的追求正向感覺，以及放大這些情緒的技術；相反的，一個美好的生活並不是使正向情緒到達最高點，而是成功的應用你的個人長處來得到大量的、真實的快樂；有意義的生活則更多了一個特質：必須把你的個人長處應用到比你本身更大的目標才行。能夠活出這三種生活，才算活出**完整的**生命。

14 意義和目的

一個繼續選擇複雜的過程最後一定是止於萬能、全知和善良。我們所能做到的就是選擇自己成為這個歷程中的一分子，使它更為前進。參與這個歷程使我們的生活與一個非常大的東西連結上，使你的每一天都過得有意義。

「自從大一新生時，在普林斯頓的長春藤俱樂部吃晚飯那次以來，我還沒有覺得這麼尷尬、手足無措過。」我對岳父耳語道。過去我唯一的遊艇俱樂部經驗是在迪士尼樂園，但是現在，孩子們、曼蒂和我以及岳父母卻在真正的遊艇俱樂部用餐。侍者稱隔壁桌的人「總司令」，結果他真的是總司令。窗戶外面的船也不是大號的划槳船，而是可以真正駛到海洋的大船。這次是鄧卜利頓爵士（Sir John Templeton）邀請我到他的俱樂部用餐，我帶了曼蒂和孩子們，曼蒂又邀請了她的父母。這是一個私人俱樂部，占據巴哈馬群島上新普羅維頓斯的整個西北角，擁有一哩長的細白沙灘、手球場，穿著制服的侍者說著混合加勒比海口音的英文，像皇宮一樣的別墅裡住著電影明星、歐洲皇室和全世界的億萬富翁，因為每一個人都喜歡巴哈馬輕鬆的稅制。在這個非常不協調的情境下，我得出了如何找到生命意義的點子。

發生的場合是十個科學家、哲學家和神學家聚在一起，討論演化是否有目的和方向的祕密會議。早幾年前，我會認為這個問題不值得談，是基本教義派對達爾文的反擊，但是自從《非零年代》（*NonZero*，中譯本張老師文化出版）一書來到我的桌上，它在科學上的原創性和證據使我從它出發，去考慮我追求生命意義和目的的方法。

我來到這個俱樂部的目的之一，就是想認識這本書的作者賴特（Bob Wright），他書中的想法與我不謀而合，正向情緒、正向人格、正向機構如果沒有更深的前提，僅是在時下流行的自我改進潮流中隨波逐流而已。正向心理學必須往下在正向生物學中找到依附點，向上到正向哲學中、甚至正向神學上找到理論根據才行。我希望聽到賴特對「非零」做更深的闡述，我也希望能表述自己認為如何在一般人和非一般人的生活中，找到意義和目的的方法。另一個理由則是到這個伊甸園，拜訪邀請我們的主人——鄧卜利頓爵士。

第二天早上，我們在一間光線明亮的會議室開會，巨大烏梨木桌一端坐的是鄧卜利頓爵士。多年前，他將自己在鄧卜利頓基金（Templeton Fund）的股份賣掉，致力於慈善事業，他的基金會每年提供幾百萬美金支持介於宗教和科學的研究。穿著墨綠色西裝外套的爵士是位精神奕奕的87歲老人，他畢業於耶魯大學，是羅德獎學金（Rhodes scholar）的得主、廣泛閱讀的讀者，以及許多書的作者。他個子不高，皮膚晒成棕色，眼睛閃爍著愉悅之光，他用下面的問題做開場：

「人類生活可不可能有高貴的目的？我們的生活意義可以超越我們替自己創造的意義嗎？演化的天擇使我們走上現在這條路嗎？科學可以告訴我們神的目的是否存在嗎？」

雖然他過去的表現向來很寬容、很支援學術界，你仍然可以感受到會場的緊張氣氛，甚至可以說是恐懼，因為學術界可以說是非常仰賴私人基金會的捐款做研究。當捐款者威嚴的坐在那裡時，學術界擔心他們會說溜了嘴而導致金主不快，以致多年來辛苦經營的關係被破壞。會場中幾乎每一個人都曾經接受到鄧卜利頓爵士的資助，每一個人也都希望他能繼續贊助自己的研究。

威爾生（David Sloan Wilson）這位傑出的演化生物學家一開始演講，就先勇敢的承認他是個無神論者，希望這個會議是個有包容性、寬廣胸襟的會議。「我不認為演化有目的，尤其沒有神的目的。」這正是佛萊明（Ian Fleming）在他的〇〇七小說《霹靂彈》（*Thunderball*）中的場景。契斯森米亥靠過來以〇〇七的口氣對我耳語：「你不應該這樣說，四號情報員，今晚你將與魚蝦共眠。」

我禁不住笑出聲音來，我猜想契斯森米亥與威爾生並不真正了解鄧卜利頓爵士。我與他的基金會密切來往了一陣子。兩年前他們突然找上我，要我去主持一個為期兩天、以希望與樂觀為主題的工作坊，這個工作坊的目的是向我致敬。曼蒂與我上網去閱讀這個基金會的歷史，發現他們贊助很多宗教方面的研究。

曼蒂提醒我APA的主席代表著十六萬名會員，許多人會尋求APA主席的聯盟，用他的名字和職稱來替他們的產品或活動背書。所以我邀請這個基金會的總裁到我家來，對他表示雖然我覺得很光榮，但必須拒絕。我告訴他正向心理學和我都是不出租的，但無論怎麼表達都無法避免我的這席話聽起來很驕傲、自以為是。

想不到他並沒有生氣，與我談了一個小時，所說的話我在他們後來的行為中都得到了驗證。來訪的總裁亞瑟．舒華滋（Arthur Schwartz）指出，正向心理學所要做的事與鄧卜利頓爵士所要做的事很相似，但並不相同，兩者在重要地方有雷同。這個基金會注重宗教和心靈層次，但是也很注重科學的部分。我的方法是入世的、科學的，這個基金會可以經由幫助我去幫助社會科學走向研究什麼是正向人格和正向價值。他向我保證這個基金會只會在兩者的共同點上與我合作，不會將我吸收進去，他同時也讓我知道我不可能被納入這個基金會。

所以在盡力隱藏笑聲的同時，我想我知道鄧卜利頓爵士要什麼，跟威爾生和契斯森米亥所想的都不一樣。在過去的二十年裡，鄧卜利頓爵士一直在從事一項非常私人的追求。他完全不受基督教教條的束縛，事實上，他非常不滿意從這些教條所衍生出來的教義。他認為這些教義沒有跟上科學的進步，也無法適應實證科學所帶來的真實世界的劇烈變化。

鄧卜利頓爵士在很多形而上學的看法，與威爾生、契斯森米亥和我一樣。他剛過87歲生日，想知道還有些什麼等在他前面；而他想知道這些並不僅為私人原因，也是為了人類更好的未來。就好像過去的皇室贊助者一樣，爵士他很有錢，所以不必單獨思考這個問題，可以找一群傑出的頭腦幫他一起思考。他也不想聽陳腔爛調，因為那些只要打開星期六早上的電視布道節目便可以聽見。他最想知道的是我們全體對這些永恆的問題——我們從哪裡來？我們要往何處去？——最深沉、最肺腑之言。很奇怪的是，我這一生頭一次認為自己對這個問題有原創性的見解，而我所要說的內容是受到賴特的啟發。假如我所說的有道理的話，它會提供正向心理學一個最重的錨，使它有所根據和依附。

賴特站到講臺上，他在這個學術高峰會議上是個奇怪的角色。從外形來說，他瘦長憔悴，但是看起來比他的生命更大，令人不敢輕忽他的存在。當他說話時，嘴唇嘸起來好像在吸檸檬；當他回答一個他不喜歡的問題時，則好像嘴裡吸的是一顆酸檸檬。他的聲音很柔和，有一點低低的單調，像是把德州的慢腔調加快到紐約市的速度。不過奇怪的是他的學歷而不是他的外表或聲音，他是會場中唯一不屬於學術界的人士（當然主人除外），他是一位新聞記者，而這個行業向來被大學圈的人鄙視。

賴特是《新共和》（*New Republic*）的專欄作家，這個位置過去一百年來坐的都是非常有政治天才的人。九〇年代初期他出版了一本《性．演化．達爾文》（*The Moral Animal*，中譯本張老師文化出版），認為人類的道德是有演化基礎的，人的道德既不是武斷的，也不是社會化的產物。這本書出版的十年前，他剛從普林斯頓大學畢業，曾經在《大西洋》（*Atlantic*）雜誌上發表了一篇文章談印歐語系的起源，這是現行西方語言的始祖。

你可能會認為政治、演化、生物、語言和心理學什麼都寫的人，應該是一知半解的業餘者，但是在我跟他見面之前，我的院長普瑞斯頓（Sam Preston，他也是世界上頂尖的人口統計學家）告訴我，他認為《性・演化・達爾文》是他讀過最重要的一本科學書。麻省理工學院的語言心理學家平克（Steven Pinker）也告訴我，賴特的那篇印歐語系文章非常重要，承先啟後。在達爾文和史密森（James Smithson；譯註：華盛頓特區史密森尼博物館的創始人）的傳統中，賴特是少數今日尚存的業餘科學家。賴特在科學上的成就使我想起摩爾（G. E. Moore）在一九三〇年代替維根斯坦寫給劍橋大學博士學位授予委員會的一封信，維根斯坦那時剛從納粹統治下的德國逃到倫敦，他們想聘他做哲學講座教授，但是維根斯坦沒有學術的學位，所以摩爾把維根斯坦在當時已經成為經典之作的著作《邏輯哲學論》（*Tractatus-Logico-Philosophicus*）作為他的博士論文。摩爾在信上寫道：「維根斯坦先生的這本書是天才的作品，完全符合劍橋博士的水準。」

很湊巧的，賴特這本《非零年代》也剛出版，《紐約時報》的書卷版在上週日評論了這本書，並把它作為封面故事，使學術界人士非常羨慕，也不敢像以前那樣輕視新聞記者了。即使這樣，賴特在下一個小時所說內容的深度和密度，仍然讓每一個人吃驚。

他一開始便說生命的祕密不是DNA，而是在同一時期的另一個發現：馮紐曼（John Von Neumann）和摩根斯坦（Oskar Morgenstern）所提出的非零和遊戲（nonzero sum game）。一個輸——贏遊戲中，贏家和輸家是正反相連的，而在雙贏遊戲中的淨利是正數。他認為生命的基本原則是一個傾向於雙贏的最高生殖成功策略，生物系統是一個沒有設計者的設計，是被達爾文的天擇系統迫向複雜的雙贏情境。一個能把粒線體納入細胞中共生的細胞，就贏過了不能這麼做的細胞。複雜的智慧是個不可避免的結果，假如給予足夠的時間，天擇區辨性的生殖成功策略一定會得出複雜的智慧。

賴特說不但生物的改變走上了這條路，人類的歷史也一樣，考古人類學家如十九世紀的摩根（Lewis Henry Morgan）便是如此認為。幾百年來世界政治的改變都是由野蠻到文明，這就是一個雙贏為核心的改變，人類在進步中。一個文化越是正數的遊戲結果，越能存活下去並發揚光大。賴特當然知道歷史上到處有恐怖事件發生，歷史的進步並不像一輛不停向前走的火車頭，而是像一匹負重的老馬，經常不肯向前走，甚至偶爾會退後。但是整個人類的歷史是向前移動的，並沒有忽略這種像後退的腳步，譬如納粹對猶太人的滅種運動、恐怖主義散播炭疽病的行為，和塔斯馬尼亞（Tasmanian）原住民的滅種屠殺。

我們現在正在暴風雨的末端，馬上來臨的是平靜。網際網路、全球化和沒有核子戰爭並不是偶然，它是人類選擇雙贏情境的結果。賴特總結說道，人類正站在一個轉捩點，從這以後人類的未來會比過去更快樂。會議室中的所有人都覺得透不過氣來。

聽眾們震驚極了，學術界的人一向以自己的批評和反諷能力自傲，我們不習慣聽任何樂觀的話。我們從來沒有聽過這種前途一片大好的看法——尤其從一個典型的悲觀者嘴裡說出。我們更驚訝的是，這篇樂觀的論文來自嚴謹的推論，而且引用我們都接受的科學的原則和數據。我們走出會場進入加勒比海的正午陽光下，覺得一陣暈眩。

第二天我有一個機會可以跟賴特深談。我們坐在遊泳池畔，他的兩個女兒伊蓮娜和瑪格麗特正在和拉拉和妮可玩水。黑人侍者穿著鑲金邊的雪白制服在替有錢的常客送飲料。我和家人昨晚在拿騷市郊迷路了，看到這裡刻意不讓外來觀光客發現的窮困情境，我的公平正義感被引發出來，為這些人感到憤怒和無助，這個感覺到今早都沒有消失。我對賴特的全球化財富及雙贏局面感到懷疑。我不知道這種認為世界正走向烏托邦的信念，是否跟說的人正享有財富和特權有關。我不曉得正向心理學是否只對在馬斯洛（Abraham Maslow）基本需求三角形最頂端的人才有吸引力。樂觀、快樂、一個合作的世界？我們在這個會議中究竟在鬼扯什麼呀？

「所以，馬汀，你想要知道雙贏的應用來找出生命的意義嗎？」賴特禮貌的問句打斷了我灰色的思緒，這種灰色與蔚藍的天空、明亮的早晨陽光非常的不搭調。

我從兩個非常不同的觀點來切入，第一是心理學，然後是神學。我告訴賴特我一直在努力改變：身為心理學家致力於科學的研究及建構最好的生命。我告訴他自己並不是反對負面的心理學，我從事負面心理學已經有三十五年。但是我看到平衡正負面心理學的迫切性，在我們知道了這麼多瘋狂的病症後，是否也應該了解一下正常人是怎麼回事呢？假如他的主張是對的，那麼現代人應該更想知道生命的意義是什麼。

「所以，我一直在思索美德和正向情緒：如：歡樂、滿足、快樂和良善。我們為什麼要有正向情緒？為什麼不能將生活建構在負向情緒上？假如我們只有負向情緒——害怕、恐懼、悲傷——日子一樣能過。吸引力可以解釋成負向情緒的去除，所以我們會接近解除我們害怕和悲傷的人；逃避可以解釋為負向情緒的增加，所以我們遠離使我們害怕和悲傷的人。演化為什麼要在給了我們一個不愉快感覺的系統後，再給我們一個快樂的系統？一個系統不就夠了嗎？」

我接著告訴賴特「非零」可能可以解釋這個問題。負向情緒有沒有可能是演化出來幫助我們克服輸——贏的局面？當我們在你死我活的競爭中，在吃或被吃的情況下，害怕和焦慮是我們的驅使者和嚮導；當我們掙扎著要避免失敗或反抗暴力時，悲傷和憤怒是我們的驅使者和嚮導。當我們感到負面情緒時，代表著我們在輸——贏的局面下，這種情緒使我們打、逃或放棄，這些情緒同時也使我們集中注意去處理手邊的問題，暫時擱下別的事情。

那麼，有沒有可能正向情緒是演化出來指引我們走向雙贏的情境？當我們在一種每個人都贏的情境——求偶、結伴打獵、扶養孩子、合作、種植作物、教書、學習——之下，快樂、良善、滿足、歡樂就會驅動我們，引導我們的行為。正向情緒是感覺系統中的一部分，它使我們警覺到雙贏的可能性，也建構出一套行為可以擴展並建構智慧和社會資源。簡單的說，正向情緒建構我們生命的教堂。

「假如這是對的，那麼人類的未來比你描述的還要好。假如我們現在站立在雙贏時代的門檻上，那麼我們就是在一個感覺良好的時代邊緣線上——真正的自我感覺良好。」

「你剛剛還提到意義和神學的觀點，馬汀？」懷疑的表情始終沒有離開賴特的臉，但因為他的嘴唇沒有做出吸檸檬的樣子，我確定正向心理學及雙贏的想法已經進入他的心中，「我以為你是個不信教的人。」

「我是，至少過去是。我以前一直沒有辦法相信一個超越時空的萬能造物主，一個設計和創造宇宙的神。雖然我也很想相信，但我就是無法認為生命的目的除了我們自己選擇的意義之外，還可以有任何的意義。但是現在我開始認為自己可能是錯的，或至少有一部分是錯的。我現在要說的與已經有信仰的人無關，他們已經過著自己認為有意義的生活，這也是我認為的意義。但是我希望能為那些不信教、有懷疑個性、只相信證據的團體，找到一個有意義過一生的方法。」

我現在講話要很小心了。我並沒有讀神學方面的書，當我看到神學方面的臆測時，懷疑那是年老科學家大腦灰質細胞死亡的緣故。過去我一直都在無神論和不可知論中間游離，但是賴特的書改變了我。我第一次感到可能有一個比我、比人類還大的東西存在，我現在對神的感覺，是我們這些只看證據、很少有啟發，或是只有希望、很少有信仰的人可以相信的。

「賴特，你記得五〇年代阿西莫夫（Isaac Asimov）最後一個問題（The Last Question）的故事嗎？」他搖搖頭，喃喃的說那時他還沒有出生。所以我大概把故事說了一下。

這故事是說在二〇六一年，太陽系統開始冷卻。科學家問一部大型電腦：「熵（entropy）可不可以逆轉？」電腦回答道：「無足夠的資料得出有意義的答案。」地球的居民開始逃向年輕的星球。當星際繼續冷卻時，他們再問一部小型超級電腦，裡面存有全部的人類知識，回答仍是：「無足夠數據。」這樣過了一陣子，電腦越來越精良，而宇宙越來越冷，答案卻始終都一樣。最後又過了幾億年，這個宇宙的熱都散光了，人也跑光了，所有的知識壓縮成幾乎絕對零度的超空間（hyperspace）裡的一個小物質。這片小物質問自己：「熵可以逆轉嗎？」它回答道：「讓光出現。」於是光就出現了。

「賴特，這個故事裡寓有神學理論，它是雙贏的延伸。你寫道一個沒有設計者的設計，這個趨向於複雜的設計就是我們的目的終點。你說它是個終點，因為它是大自然天擇和文化選擇看不見的手在操縱，它偏向雙贏。我認為這個一直增加的複雜就是一直增加力量的知識，我也認為這個一直增加的複雜是一直增加的良善。因為善良是所有演化出來的文明共同的一個美德。在比較小的知識、力量和善良與比較大的知識、力量和善良的競爭中，大的通常會贏。當然它會有不順利和後退的時候，但是基本上，它會製造出一個自然進步的知識、力量和善良。我要問你的是，從長遠看來，這個增加力量、知識和善良的歷程是走向何方？」

我第一次在賴特臉上看到了吸吮檸檬表情，所以我馬上接著說：「在基督教傳統裡，上帝有四個特質：無所不能、無所不知、善良和創造宇宙。我想我們必須放棄最後這個特質，這也是最令人困擾的特質。假如上帝是個設計者，而且是一個好的、無所不能的設計者，為什麼世界上還會有這麼多善良的孩子死亡，恐怖份子濫殺無辜呢？上帝創造的特質同時也與人的自由意志相抵觸。上帝怎麼可能創造出一個有自由意志的種族，誰又創造出上帝呢？」

對於這些問題神學家都有很好的答案。對我們來說是邪惡的事，對上帝不可測的計畫來說可能不是邪惡。人的自由意志與神的四個特質是個比較困難的問題。喀爾文（John Calvin）和路德（Martin Luther）放棄了人的自由意志來拯救上帝的無所不能；跟這些新教創始者相反的過程神學（process theology）則是近代的發展，認為上帝造物時是以增加複雜度為目標。但是複雜度的增加帶來自由意志及自我意識，所以人類的自由意志是上帝權力的上限，過程神學的上帝放棄了無所不能使人類得以享受自由意志。至於誰創造了造物者這個問題，過程神學放棄了創造論，轉而說過程變得越來越複雜、一直繼續下去，沒有起頭也沒有結尾。所以過程神學的上帝是允許自由意志的，但是它的代價是無所不能、無所不知和創世紀。過程神學失敗的原因，是它將上帝傳統的特質剝奪光了，我認為它把上帝的能量除去太多變成不是萬能了。但這是我所知的最好的嘗試，將創造者與無所不能、無所不知及善良復合在一起。

「有一個方法可以解決這個難題：承認造物者的這個特質與其他三個相抵觸。這個特質是有神論的中心，但是它讓有科學頭腦的人無法接受。造物者是超自然的，一個智慧的設計者，它在時間之前就已存在，同時不受自然法規的規範。就讓創造的神祕歸到物理學的宇宙論（cosmology）去吧！我倒是樂得擺脫。」

「這使我們現在的上帝與創世紀無關，但仍然是無所不能、無所不知和善良。現在的大問題是：上帝存在嗎？這種神現在無法存在，因為我們又會再碰到兩個相同的問題：假如現存的神是無所不知、善良正直的話，為什麼世界上還會有邪惡存在？如果現在的神是萬能和全知的話，人類怎麼可以有自由意志？所以過去沒有神，現在也沒有神存在。但是問題仍在那兒，在最長遠的未來，這個雙贏的原則要把我們帶到哪裡去？去向一個不是超自然的神，一個需要透過自然的雙贏法則，才能得到萬能、全知和善良的神。或許，神就是我們的終點。」

我在賴特的臉上看到認同，也摻雜著不確定性，但是他的嘴脣沒有動。

一個繼續選擇複雜的過程最後一定是止於萬能、全知和善良。當然，這不可能在我們有生之年完成，甚至無法在人類有生之年達到這個目的。我們所能做到的就是選擇自己成為這個歷程中的一份子，使它更為前進。這是一個使意義進入我們生活的門，一個有意義的生活必須與比我們更大的東西連結上，這個東西越大，我們的生活越有目的。參與這個歷程使我們的生活與一個非常大的東西連結上，使你的每一天都過得有意義。

你現在知道該為你的生活採取哪一個方向。你可以選擇走向這個目標的生活，或是選擇與這完全無關的生活，你甚至可以選擇故意妨害它的生活。你可選擇以增加知識為中心的生活：學習、教書、教育你的孩子、科學、文學、新聞學以及許多不同的機會；你也可以選擇增加力量的生活，透過技術、工程、建築、醫療服務或製造業來達到這個目的；你還可選擇增加善良的生活，透過法律、宗教、道德、政治、為國服役當警察、救火員或慈善事業來達成。

美好生活來自每一天應用到你的個人長處；有意義的生活還要加上一個條件：將這些長處用於增加知識、力量和善良上。能這樣做的生活是孕育著意義的生活，假如神是生命的終點，那麼這種生活是神聖的。

A3323

《學習樂觀・樂觀學習》

洪蘭／譯

你習慣用什麼方式、以什麼角度來解釋發生在你身邊的事件？思維習慣可以改變事情的情境，悲觀或樂觀的解釋形態將導致同一件事完全不同的發展結果。令人振奮的是，習慣性的思維不是先天的特質，而是後天學習得來；既是學習而來，就有改造的可能性。本書提供一套改變思想習慣的 ABCDE 法則，透過務實的方法學習樂觀，樂觀學習。

塞利格曼博士在遠流出版的相關好書

A5009

《一生受用的快樂技巧》

洪莉/譯

要教養出一個樂觀的孩子，父母須先改變自己的悲觀，改變批評孩子的方式，在適當的時候提供孩子征服的經驗，更可以直接教導孩子學習樂觀的技巧。利用 ABC 模式改變孩子的解釋形態、反駁悲觀的想法、化解災難及提高孩子的社交技能等等，協助孩子反覆練習這些技巧，才能在悲觀來臨時立即予以反擊。如果孩子能及早免於悲觀的侵擾，他們將能以更積極樂觀的態度面對自己的人生。

國家圖書館出版品預行編目 (CIP) 資料

真實的快樂 / 馬汀 . 塞利格曼 (Martin Seligman) 著 ;
洪蘭譯 . -- 三版 . -- 臺北市 : 遠流 , 2020.01
面 ;　公分 . -- (大眾心理館 ; A3358)
譯自 : Authentic Happiness

ISBN 978-957-32-8717-9 (平裝)

1. 樂觀 2. 生活指導

176.51　　　　　108022934

大衆心理館 A3358
真實的快樂 全新改版
作　　者／馬汀．塞利格曼（Martin Seligman, Ph.D.）
譯　　者／洪蘭博士
副總編輯／陳莉苓
特約編輯／袁中美
封面設計／江儀玲
行　　銷／陳苑如
排　　版／陳佩君

發行人／王榮文
出版發行／遠流出版事業股份有限公司
104005 臺北市中山北路一段 11 號 13 樓
郵撥／ 0189456-1
電話／ 2571-0297　傳真／ 2571-0197
著作權顧問／蕭雄淋律師

2023 年 10 月 16 日　三版四刷
2009 年 12 月 16 日　二版一刷
2003 年 8 月 1 日　初版一刷
售價新台幣 350 元（缺頁或破損的書，請寄回更換）

遠流博識網
http://www.ylib.com
e-mail:ylib@ylib.com

真實的快樂

AUTHENTIC

HAPPINESS